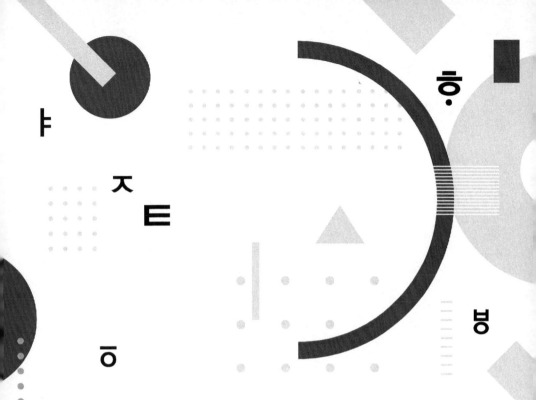

개정판

중세국어문법의
이론과 실제

박덕유

박문사

머리말

 본서의 목적은 현대국어의 기저가 되는 중세국어를 바르게 해석하고 이해하는 데에 있다. 대학에서 <중세국어문법>을 강의한 지가 벌써 25년째를 맞이한다. 그간 중세국어 강의를 준비하고 가르치면서 모아온 내용을 종합하고 다듬어 책을 발간(2010년)한 것을 수정 보완하여 이번에 개정판을 내게 되었다.

 중세문법의 기본적인 지식을 학습하기 위해서는 중세국어의 역사적 변천과정을 음운·형태·문장론 측면에서 각 시대별로 그 특징을 이해해야 하며, 이를 올바르게 이해하기 위해서는 몇 가지의 방법과 과정을 거쳐야 한다.

 첫째, 고전에 쓰여진 말, 곧 고전국어에 대한 충분한 지식이 있어야 한다. 국어의 형성과 변천, 다시 말해서 국어의 역사인 음운, 형태, 문장에 나타난 국어의 變遷史(변천사)를 알아야 한다. 세부적인 문법지식을 암기하려 하지 말고, 전체의 윤곽과 흐름을 아는 것이 중요하다. 너무 세밀한 문법지식보다는 문장을 이해하는데 필요로 하는 기본적인 지식을 아는 것이 필요하다.

 둘째, 국문학 변천에 대해서도 史的인 안목으로 개관하여 그것을 자기 지식으로 삼아야 한다. 그러기 위해서는 어떤 작품이거나 작가와 시대적 환경 및 時代思潮(시대사조)의 특성을 파악해야 한다.

 셋째, 이런 기본지식을 구비한 뒤에 비로소 고전의 내용탐구가 가능하다. 전체 문장의 의미를 파악하고 難解(난해)한 어휘와 어구를 문법적으로 분석하여 그 의미를 이해하는 것이 바람직하다.

따라서 제1장에서는 문자와 음운(문자, 표기법, 음운)을, 제2장에서는 형태(단어의 형성, 체언의 용법, 용언의 용법)를, 제3장에서는 문장(문장의 짜임새, 문법 요소)을 통해 중세어의 변천과 특질에 대한 문법 지식을 학습하도록 구성했다. 그리고 제4장에서는 주요 작품인 <훈민정음 언해본>과 <용비언천가>를 통해 중세문법의 주요 내용을 정리하도록 하였으며, 제5장에서는 작품의 어형 분석을 실었다. 국어의 역사적 변천의 이해를 돕기 위해 국어의 계통과 특질, 국어의 형성과 시대 구분을 통해 이론적 고찰을 먼저 하고, 우리말의 변천을 고려어·조선전기어·조선후기어로 시대별로 나누어 국어의 역사적 변천의 특징을 고찰할 수 있는 고전 작품을 선정했다. 이 책을 편찬하는 데 참고할 사항은 다음과 같다.

1. 중세국어에 대한 이해를 돕기 위해 연구문제와 중세문법, 그리고 음운, 형태, 문법에 대한 종합문제를 실었다.

2. 본서에 실은 고전국어 자료선정은 고대국어, 고려국어, 조선전기 국어, 조선후기국어로 나누어 그 시대별로 국어사의 귀중한 자료가 되는 語文(어문)을 중심으로 엮었다.

3. 본서에 실은 語文은 가급적 原本 내용을 그대로 실었으며, 그것에 대해 세부적인 해설과 어형 분석을 실었다.

현대국어를 정확히 이해하기 위해서는 중세국어 문법의 원리를 체계적으로 알아야 하고, 그 문법 지식을 바탕으로 고전작품을 읽고 해석할 수 있는 능력을 함양해야 한다. 본서는 이러한 목적과 필요성을 인식하고 만든 책이다. 본서를 만들기까지 기도로 후원해준 가족에게 고마움을 전하고, 건강을 허락하신 하나님께 영광을 돌리며, 기꺼이 출판해주신 박문사 관계자 여러분께 진심으로 감사드린다.

2018년 8월 10일

박 덕 유

중세국어문법의 이론과 실제 ━━━━━━━━━━━━━━━━ ▧▧▧▧

목차

제1장
문자와 음운

중세국어문법의

이론과 실제

중세국어문법의 이론과 실제

제1장
문자와 음운

1. 문자

訓民正音[1]은 당시 우리말을 한자로 표기하던 불편을 덜어주기 위해 중국 음운학의 지식을 활용하여 세종이 창제한 新文字이자, 그에 대한 책이름이다. 훈민정음은 집현전 학사인 성삼문, 정인지, 신숙주, 최 항, 박팽년, 이 개, 강희안, 이선로 등의 도움을 받아 세종 25년(1443) 12월 상순에 완성하여, 세종 28년(1446) 6월 상순에 간행되었으며, 초성 17자, 중성 11자 모두 28자로 된 훈민정음 制字(제자)의 基本原理(기본원리)는 발음기관의 모양을 본떠 만든 象形(상형)의 원리이었다. 훈민정음 해례본의 내용은 世宗御製 序文과 이 새로운 문자에 대한 음가와 운용법을 제시한 例義(예의) 부분과 解例(해례) 본문(制字解, 初聲解, 中聲解, 終聲解, 合字解, 用字例), 그리고 책 끝에 실린 정인지 서문으로 되어 있다.

---

1) '訓民正音'은 '正音'(訓民正音의 略稱), '諺文'(漢文字와 비교하여 한글을 낮추어 부른 이름), '反切'(中宗때 崔世珍의 「訓蒙字會」에서 처음으로 지칭한 이름), '國書'(金萬重이 「西浦漫筆」에서 지칭한 명칭), '國文'(甲午更張 이후 국어를 높이기 위한 이름), 朝鮮文字(日帝때 일본 문자와 구별하기 위한 이름), '한글'(1926년 周時經이 우리 글자의 보배로움과 민족의식을 강조하는 의미에서 지은 이름으로 '하나인 글자, 바른 글자, 위대한 글자'의 뜻을 지님) 등 다양한 명칭으로 불림(이철수, 박덕유:1999:156).

해례본은 한문본이며, 이것의 예의 부분만을 언해한 언해본이 따로 전한
다. 이 해례본은 1940년 경북 안동에서 故 全鎣弼(전형필) 씨가 발견하여
세상에 알려진 것으로 현재 澗松文庫(간송문고)에 소장되어 있다.2) 이
판본은 발견 당시 표지와 첫머리 두 장이 훼손되어 없어졌으므로 후에
붓글씨로 적어 넣었는데, 그 보사 중 서문의 말미가 되는 '便於日用耳'를
'便於日用矣'라 하여 '耳'를 '矣'로 잘못 적었다.3) 형식이나 字體(자체)
로 보아 세종 28년의 原刊本(원간본)으로 추정되며 현재 국보 70호로
보존되어 있다. 예의본은 한문본과 언해본으로 나뉘어지며, 한문본은 해
례첨가본과 실록본, 예부운략본 등이 있다. 그리고 언해본은 월인석보본
과 서강대본이 있다. 역자는 모두 미상이며 세조 초(1459년)로 추정된다.

훈민정음은 이 땅에 고유문자가 없음을 탄식하여 민족의 고유문자를
가져야겠다는 자주적 민족정신에서 창제되었으며, 어려운 표의문자인 한
자를 알지 못하는 백성을 위해 창제한 표음문자로 우수한 문자를 만든
점이 높이 평가할 만하다. 그러나 훈민정음은 문자를 만든 것이지, 우리
말을 만든 것은 아니다. 예를 들어 '하늘', '구름', '오늘'이라는 말은 세종
이 만든 것이 아니라, 오래 전부터 우리 민족이 사용해온 말로 훈민정음
창제 이전에는 '漢捺'[하늘>하늘], '屈林'[굴람>구름], '烏捺'[오늘>오늘]
이라는 한자 문자로 표기해 왔다.

훈민정음 해례본의 내용은 다음과 같다.
1. 本文(본문)
   (1) 御製序文 : 훈민정음 창제목적

---

2) 해례편이 있다고 해서 책 이름을 <訓民正音解例本> 또는 <原本訓民正
   音>이라고 한다.
3) 강신항(1994:61) 참조.

    (2) 例義 : 음가, 운용법, 종성, 병서, 순경음, 방점

 2. 解例(해례)

    (1) 制字解(제자해) : 제자원리, 제자기준, 자음체계, 모음체계 등 설명

    (2) 初聲解(초성해) : 초성에 대한 설명

    (3) 中聲解(중성해) : 중성에 대한 설명

    (4) 終聲解(종성해) : 종성에 대한 설명

    (5) 合字解(합자해) : 초성, 중성, 종성 문자를 합해서 표기하는 예
                          및 성조에 대한 설명

    (6) 用字例(용자례) : 초성, 중성, 종성별로 중세국어에서 단어의 표
                          기 예를 보임

 3. 정인지의 서문 : 新文字(신문자), 제자원리, 창제자, 신문자의 우월
                     성, 편찬자 등 명기

세종은 정음청을 궁중에 설치하여 집현전 학자들과 함께 실용정신에 입각하여 이를 만들었다. 글자를 초성, 중성, 종성 등 삼분법으로 나누어, 초성은 발음기관의 모양을 본떠 상형자의 기본자를 만들었고(ㄱ, ㄴ, ㅁ, ㅅ, ㅇ), 그 밖의 글자들은 기본자에 획을 더한 가획자(ㅋ; ㄷ, ㅌ; ㅂ, ㅍ; ㅈ, ㅊ; ㆆ, ㅎ)와 이체자(ㆁ, ㄹ, ㅿ)로 만들었다. 그리고 중성은 기본 3字를 天地人(· ㅡ ㅣ) 三才(삼재)를 본떠 만들었고, 나머지 글자들은 서로 합하여 만들었으며(ㅗ, ㅏ, ㅜ, ㅓ, ㅛ, ㅑ, ㅠ, ㅕ), 종성은 초성을 그대로 사용하였다.

1.1. 訓民正音의 制字原理(제자원리)

　　훈민정음의 초성은 발음기관의 모양을 본떠 만들었는데, 조음 방법에 대해서는 언급하지 않고, 조음 위치에 따라 기본자와 가획자, 그리고 이체자로 분류하여 17자를 만들었다.

(1) 初聲(자음, 17자)

五音	象形	기본자	가획	이체
牙音	혀뿌리가 목구멍을 막는 꼴(牙音象舌根閉喉之形)	ㄱ	ㅋ	ㆁ [ŋ]
舌音	혀가 윗잇몸에 붙는 꼴(舌音象舌附上齶之形)	ㄴ	ㄷ, ㅌ	ㄹ (반설)
脣音	입의 꼴(脣音象口形)	ㅁ	ㅂ, ㅍ	
齒音	이의 꼴(齒音象齒形)	ㅅ	ㅈ, ㅊ	△[z] (반치)
喉音	목구멍의 꼴(喉音象喉形)	ㅇ[ɦ]	ㆆ[ʔ], ㅎ	

* ㅇ[ɦ]: 성문마찰음 　　* ㆆ[ʔ]: 성문폐쇄음

[참고] 초성 23자의 체계[3]

| | 全淸 | 次淸 | 全濁[4] | 不淸不濁 |
	예사소리	거센소리	된소리	울림소리
牙音(엄쏘리)	ㄱ 君 군	ㅋ 快 쾡	ㄲ 虯 끃	ㆁ 業 업
舌音(혀쏘리)	ㄷ 斗 둫	ㅌ 呑 튼	ㄸ 覃 땀	ㄴ 那 낭
脣音(입시울쏘리)	ㅂ 彆 볋	ㅍ 漂 푷	ㅃ 步 뽕	ㅁ 彌 밍
齒音(니쏘리)	ㅈ 卽 즉	ㅊ 侵 침	ㅉ 慈 쯩	
	ㅅ 戌 슗		ㅆ 邪 썅	
喉音(목소리)	ㆆ 挹 흡	ㅎ 虛 헝	ㆅ 洪 ꭗ	ㅇ 欲 욕
半舌音(반혀쏘리)				ㄹ 閭 령
半齒音(반니쏘리)				△ 穰 샹

⑵ 中聲(모음, 11자)

‘하늘(天), 땅(地), 사람(人)’을 본떠서 만들었다. 이 중 기본자와 초출자
는 단모음이고, 재출자는 이중모음이다.

三才	字形	象形	혀의 位置와 音響度	制字原理	順序
·	圓	天	舌縮而聲深	形之圓象乎天	天開於子
ㅡ	平	地	舌小縮而聲不深不淺	形之平象乎地	地闢於丑
ㅣ	立	人	舌不縮而聲淺	形之立象乎人	人生於寅

기본자: ·, ㅡ, ㅣ / 초출자 : ㅗ, ㅏ, ㅜ, ㅓ / 재출자 : ㅛ, ㅑ, ㅠ, ㅕ

이중모음 : ㅛ, ㅑ, ㅠ, ㅕ, ·ㅣ, ㅢ, ㅚ, ㅐ, ㅟ, ㅔ, ㅘ, ㅝ

삼중모음 : ㅙ, ㅖ, ㅒ, ㅞ

[참고] 初出字 二字合

	母音	陰陽	結合方式	開口度	合成
初出字 二字合	ㅗ (洪)	陽	上下	ㅗ與·同而口蹙	·與ㅡ 合成
	ㅏ (覃)	陽	左右	ㅏ與·同而口張	ㅣ與· 合成
	ㅜ (君)	陰	上下	ㅜ與·同而口蹙	ㅡ與· 合成
	ㅓ (業)	陰	左右	ㅓ與·同而口張	·與ㅣ 合成

---

3) ‘ㆆ, ㅇ’은 형식적인 자음이지 실질적인 자음이 아니며, 위 음운에 빠진
‘ㅸ’은 당시 훈민정음에 사용된 음운이다. 이는 동국정운식 한자음에 순
경음을 채택하지 않았기에 제외된 것이다. 그리고 23자는 초성 17자에
‘ㄲ, ㄸ, ㅃ, ㅆ, ㅉ, ㆅ’의 6자를 합한 것이다.
4) 전탁음은 각자병서의 글자로 ‘ㄲ, ㄸ, ㅃ, ㅆ, ㅉ, ㆅ’ 음운이다. 이는 오늘날
처럼 된소리 음가로 사용된 것이 아니라, 중국 원음에 가깝게 표기된 것이
다. 그리고 ‘ㄲ, ㄸ, ㅃ, ㅆ, ㅉ’은 각각 전청음인 예사소리를 병서한 것이지
만, ‘ㆅ’은 예사소리의 병서가 아니라, 차청음인 거센소리의 병서이다.

(3) 終聲[받침]

훈민정음에서 종성에 관한 설명은 '終聲復用初聲, 初聲合用則並書 終聲同 然ㄱㆁㄷㄴㅂㅁㅅㄹ八字可足用也'라고 언급하였다.

① 終聲復用初聲法(종성부용초성법) : 받침은 초성 글자를 그대로 사용한다.

예) 곳 됴코<龍歌 2장>, 깊고<龍歌 34장>, 빛나시니이다<龍歌 80장>

* 이 원칙의 적용은 용비어천가(8종성+ㅈ,ㅊ,ㅍ)와 월인천강지곡(8종성+ㅈ,ㅊ,ㅌ,ㅍ)이다.

② 八終聲法(팔종성법) : 八終聲可足用

세종 때부터 17세기까지 사용된 것으로 받침으로 8자(ㄱ,ㆁ,ㄷ,ㄴ,ㅂ, ㅁ,ㅅ,ㄹ)만으로 족하다는 원칙으로 '닞다>닛디, ᄉᆞ뭊다>ᄉᆞ뭇디, 븥는> 븓는' 등

③ 七終聲法(칠종성법) : 17세기 말부터 20세기 초까지 사용된 것으로 7자(ㄱ,ㄴ,ㄹ,ㅁ,ㅂ,ㅅ,ㆁ)를 사용하는 원칙으로 '돈도록→돗도록, 걷고→ 것고, 묻친→뭇친, 벋→벗, 뜯→뜻, 몯→못' 등

그러나 현재는 표기상의 7종성법이 아니라 발음상의 칠종성법(ㄱ,ㄴ, ㄷ,ㄹ,ㅁ,ㅂ,ㅇ)을 사용한다.

[참고] 중세국어, 근대국어, 현대국어의 종성 표기

훈민정음 해례의 종성해에서 종성부용초성 원칙을 규정하고 있다. 이는 초성 (ㄱ, ㅋ, ㆁ, ㄴ, ㄷ, ㅌ, ㄹ, ㅁ, ㅂ, ㅍ, ㅅ, ㅈ, ㅊ, ㅿ, ㅇ, ㆆ, ㅎ)글자를 받침에 그대로 사용한다는 것이지만, 팔종성(ㄱ, ㆁ, ㄴ, ㄷ, ㄹ, ㅁ, ㅂ, ㅅ)만으로도 족하다는 원칙이다. 그런데 8종성법에서 'ㄷ'과 'ㅅ'의 발음상 표기 구별이 어려우므로 17세기 이후 'ㄷ'을 'ㅅ'으로 표기

함으로써 7종성법을 사용하게 되었다. 현대국어의 종성법은 근대국어와 마찬가지로 7종성법이지만, 'ㅅ'을 'ㄷ'으로 적는 규정이다. 근대국어가 문자 표기상의 7종성법이었다면, 현대국어는 발음상 표기의 7종성법이다. 즉, 근대국어가 '돋도록→돗도록, 벋→벗' 등으로 표기했다면, 현대국어는 '낫[낟], 낟[낟], 낱[낟], 낯[낟], 낳[낟]'으로 발음 표기한다.

1.2. 連書法(연서법), 竝書法(병서법), 附書法(부서법), 成音法(성음법), 加點法(가점법)

例義(예의)에는 글자 운용에 관련된 이어쓰기(連書), 나란히쓰기(竝書), 붙여쓰기(附書), 음절이루기(成音), 점찍기(加點) 등의 몇 가지 附帶(부대) 규정이 명시되어 있다.

⑴ 連書法(니서쓰기, 이어쓰기)

脣音(순음) 아래에 'ㅇ'을 이어쓰는 것으로 'ㅸ, ㅱ, ㆄ, ㅹ' 등이 있으며, 순수국어에 사용된 것은 'ㅸ'뿐이며, 나머지는 동국정운식 한자음에 쓰였다.

⑵ 竝書法(갈바쓰기, 나란히쓰기)

초성이나 종성에 둘 이상의 낱글자를 합하여 쓸 경우 'ㄲ,ㄸ,ㅄ,ㅆ, ㅵ…'처럼 가로로 나란히 쓰는 규정으로 같은 음운을 반복한 각자병서와 서로 다른 음운을 나란히 쓴 합용병서가 있다.

첫째, 各自竝書(각자병서)는 같은 자음을 나란히 쓰기한 것으로 'ㄲ, ㄸ, ㅃ, ㅉ, ㅆ, ㆅ' 등을 들 수 있다. 이들 글자는 현대어의 된소리 글자로 초성 체계에서는 全濁音(전탁음)으로 규정되어 있으며, 주로 한자음의 표기에 사용되었다. 당시에는 현대어처럼 된소리 음가를 갖지 못하였으

며, 세종 때부터 세조 때까지 사용된 것으로 '覃땀, 便뼌, 字쫑, 洪薻' 등
을 들 수 있다.   ﹅

둘째, 合用竝書(합용병서)는 서로 다른 자음을 나란히 쓰기한 것으로
2자 병서와 3자 병서가 있다. 2자 병서로 'ㅅ'계로 ㅺ, ㅼ, ㅽ, ㅆ 있으며
20세기 초(1933)까지 사용되었다. 그리고 'ㅂ' 계는 'ㅲ, ㅳ, ㅄ, ㅷ'로 18
세기까지 사용되었으며, 3자 병서로 사용된 'ㅄ'계는 'ㅴ, ㅵ'로 16세기까
지 사용되었다. '쫄(女兒), 짜(地), 뜯(意), 뿔(米), 쁘다(彈), 꿰다(貫), 삐
(時)' 등을 들 수 있다.

(3) 附書法(브텨쓰기, 부쳐쓰기)

초성과 중성이 합쳐질 때 중성(모음)이 놓이는 자리를 규정한 것으로
오늘날의 표기법도 이에 따르고 있다. 즉, 자음에 모음을 붙여씀으로써
한 음절이 되도록 적은 것으로 초성의 아래에 붙여쓰는 下書(하서)로 'ㅗ,
ㅜ, ㅛ, ㅠ', 초성의 오른편에 붙여쓰는 右書(우서)로 'ㅏ, ㅓ, ㅑ, ㅕ, ㅐ,
ㅔ' 등을 들 수 있으며, 초성의 아래와 오른편에 붙여쓰는 下書+右書로
'ㅚ, ㅟ, ㅘ, ㅝ, ㅙ, ㅞ' 등을 들 수 있다.

(4) 成音法(음절 이루기)

'凡字必合而成音(믈읫 字ㅣ 모로매 어우러ㅿㅏ 소리 이ㄴ니)'의 규정으
로 모든 소리는 서로 어울려야 음절을 이룰 수 있다는 뜻이다. '초성+중
성+종성⇒성음'이 원칙이지만 고유어에서는 '초성+중성⇒성음'도 가능
하다.4)

---

4) 동국정운식 한자음에서는 이 원칙을 적용하여 '끠뀯, 那낭, 世솅, 乎葽'
  등처럼 종성을 적었고, 고유어에서는 '새로, 나ㄴ, 펴디' 등처럼 종성을
  적지 않았다.

(5) 加點法(傍點法)

소리의 높이를 나타내는 去聲, 上聲, 平聲을 표시하는 것인데, 각 음절의 왼쪽에 한 점(去聲), 두 점을 찍거나(上聲), 점을 찍지 않거나(平聲)하여 聲調를 나타내 보인 것이다.[5]

四聲	加點	聲調	訓正解例	訓正諺解	訓蒙凡例
平聲	無點	低調	安而和(春)	뭇ᄂ가ᄫᆞᆫ 소리	ᄂ가온 소리
上聲	二點	先低後 高調	和而擧(夏)	처서미 ᄂ갑고 乃終이노픈 소리	기리혀 나종 들티ᄂ 소리
去聲	一點	高調	擧而壯(秋)	뭇노픈 소리	곧고바ᄅᆞ노픈 소리
入聲	(不定)	(不定)	促而塞(冬)	샐리 긋듣ᄂ소리	곧고섈ᄅᆞᆫ 소리

① 平聲　곶(花), 활(弓), 긷(柱)

② 上聲　:돌(石), :눈(雪), :범(虎)

③ 去聲　·갈(刀), ·짜(地), ·솔(松)

④ 入聲　平聲的 入聲　긷(柱), 녑(脅)

　　　　上聲的 入聲　:낟(穀), :깁(紈)

　　　　去聲的 入聲　·입(口), ·몯(釘)

[참고] 15세기 단어는 동일한 형태이라도 성조에 의해 뜻이 구별되었다.

평성	:	거성	거성	:	상성
비(梨)		·비(船)	·눈(眼)		:눈(雪)
손(客)		·손(手)	·말(斗)		:말(言)
풀(臂)		·풀(蠅)	·발(足)		:발(簾)

---

5) 李喆洙(2002:231) 참조.

2. 표기법

중세국어의 표기법 특징은 소리나는 대로 적는 표음주의법을 사용하였으나 종성에서는 '종성부용초성' 표기법으로 표의주의법을 따라 적음으로 상반된 표기 정책으로 인해 백성이 어려워하고 혼란스러워하자 종성 표기에 표음주의법에 따른 8종성법(ㄱ,ㆁ,ㄷ,ㄴ,ㅂ,ㅁ,ㅅ,ㄹ)을 허용하였다.

독실ᄒ다, 용모, 낟[곡식], 돈, 갑옷, 님금, 삿갓, 믈

2.1. 연철(이어적기, 표음적) 표기

중세국어에서는 오늘날처럼 表意主義(形態主義)법을 사용하여 끊어 적은 것이 아니라, 表音主義法을 사용하여 소리나는 대로 이어 적었다. 이는 앞 음절의 받침을 다음 음절의 첫 자음으로 내려 쓰는 표기법으로 받침 있는 체언이나 용언의 어간에 모음으로 시작하는 조사나 어미가 이어질 때에 연철표기를 하였다.

불휘 기픈 남ᄀᆞᆫ ᄇᆞ라매...곶 됴코 여름 하ᄂᆞ니 <용비어천가 2>
굴허에 ᄆᆞ를 디내샤 도ᄌᆞᆨ굴 다 자ᄇᆞ시니... <용비어천가 48>
일 져므리 ᄒᆞ야 허므리 업스라 ᄒᆞ고 <선사내훈 1:84>

그리고 '받, 놉고, 곳, 노씁고'처럼 체언과 용언의 기본 형태를 밝히지 않고 소리나는 대로 대표음을 표기하였는데, 현대 맞춤법 원리에 따라 고쳐 쓰면 '밭(田), 높고(高), 꽃(花), 놓습고(置)'가 된다.[6] 위의 예문 '업스라'는 '없+으라'로 연철표기로 적은 것이다.

2.2. 분철(끊어적기, 표의적) 표기

기본적인 형태를 살려 표기하는 것으로 오늘날 표기법인 表意主義에 따른 것이다. 형식형태소의 모음이 오더라도 앞 음절의 받침을 다음 음절의 첫 자음으로 내려 쓰지 않는 표기이다. 즉, 체언과 조사(국+을), 어간과 어미(먹+어), 어원이 확실한 파생어(얼+음)에서처럼 끊어적기를 하는 것이다. 아래 예문처럼 울림소리가 받침으로 오는 특수한 경우에는 분철표기를 하기도 했다.

눈에 보는가, 그르세 담아, 일을, 숨을, 좋을, 안아, 무슴이

이러한 표기는 일부 작품인 月印千江之曲(월인천강지곡)에 주로 나타났으며, 분철표기는 다음과 같은 경우에 일어났다.[7]

첫째, 'ㄱ[g]' 자음이 'ㅇ[ɦ]' 자음으로 바뀐 자리('ㄹ' 자음이나 'ㅣ' 모음 밑에서)로 '딩굴어늘(<딩굴거늘), 놀애(<놀개), 믈와(<믈과), 몰애(<몰개(砂), 이오(<이고), 두외오(<두외고)' 등을 들 수 있다.

둘째, 'ㄹ' 받침 밑에서 'ㅸ'이 '오/우'로 변한 경우로 '글발>글왈, 갈바(걸)>글와, 불바(踏)>불와, 열븐(薄)>열운' 등을 들 수 있다.

셋째, 'ㄹ' 받침으로 끝난 어간이 사동접미사(오/우, 이)나 피동접미사(이)를 만날 때, '일우다(成), 살오아>살와(살게 하여), 늘이다(飛, 날게 하다), 들이다(聞, 듣게 되다)' 등처럼 분철표기를 하였다.

넷째, 특수곡용어 'ㅅ', '르(르)'가 곡용한 경우는 '앗이(아우가), 엿이(여우가), 놀이(노루가), 실을(시루를)' 등에서처럼 분철표기를 하였다.

---

6) 고등학교 문법(2002:280) 참조.
7) 尹錫昌 외(1973:529) 참조.

다섯째, '리/르' 어간에 모음의 어미가 이어지는 일종의 설측음화일 경우에는 '다르아>달아, 니르어>닐어, ᄆᆞ르아>몰아'의 경우에서처럼 분철 표기를 하였다.

여섯째, 일부 문헌에서는 '곳, 앞'의 경우처럼 단독으로 사용하거나, '깊고, 빛나시니이다'의 경우처럼 자음 어미 앞에서 표의적 표기법(종성부용초성법)을 사용하였다.

일곱째, 'ᅀ업스시니'처럼 半齒音(반치음)이 어근 앞에서는 연철되지 않으며, 'ᄒᆞᆰ구들, 짜ᄣᅬᆲ듯' 등에서처럼 겹받침도 자음 앞에서는 그대로 종성으로 쓰였다.

2.3. 혼철(중철, 과도기적) 표기

우리말의 표기는 15세기의 연철 위주의 표기에서 차츰 분철 표기로 발전하여 왔다. 그러나 연철도 분철도 아닌 과도기적 표기가 16세기에 나타나 17,8세기의 근대국어에 나타났다. 앞 음절의 받침으로 적은 것을 다음 음절의 첫 자음으로 쓰는 경우로 이러한 혼철이 나타나는 특성과 예는 다음과 같다.

첫째, 체언과 조사가 연결될 때 체언의 끝소리가 겹쳐서 표기되었다.

밥비, 옷새, 님믈, ᄂᆞᆺ출

둘째, 어간에 어미가 연결될 때 어간의 끝소리가 겹쳐서 표기되었다.

깁퍼, 뭇친

셋째, 'ㅍ'을 'ㅂ'과 'ㅎ'으로 나누어 표기했다.

놉흐시고, 압히는

[참고] 연철, 혼철, 분철 표기

이에 대한 시기를 정확히 언급하기는 어렵다. 예를 들어 아래 예문처럼 <樂學軌範(악학궤범)>은 조선 성종(1457-1494) 때 편찬된 것이며, <樂章歌詞(악장가사)>는 중종에서 명종 대(1506-1550)에 편찬된 것으로 추정된다. 그런데 <동동>은에서 '니믈'처럼 연철표기를 사용한 것은 이해되지만, <정과정>은 동일 출전인 <악학궤범>인데도 불구하고 '님을'처럼 분철표기를 사용하였다. 한편, 훨씬 후대에 편찬된 <정석가>는 '님믈'처럼 혼철 표기를 사용하여 이에 대한 체계적인 표기법을 설명하기가 어려운 경우가 있다.

내 <u>님을</u> 그리ᄉᆞ와 우니다니, 님은 흔딕 녀져라 아으
          <정과정곡, 악학궤범>
<u>니믈</u> 흔딕 녀가져 願을 비ᅀᆞᆸ노이다 <동동, 악학궤범>
유덕ᄒᆞ신 <u>님믈</u> 여히ᅀᆞ와지이다 <정석가, 악장가사>

2.4. 漢字音 표기

漢字音 표기의 대표적인 것은 東國正韻式(동국정운식) 한자음 표기이지만, 이외에 월인천강지곡의 한자음 표기와 현실적 한자음 표기가 있다.

(1) 東國正韻式 漢字音(동국정운식 한자음) 표기

훈민정음은 우리말을 쉽게 적는다는 목적 이외에도 당시의 한자음을 중국의 원음에 가깝게 표기해야 한다고 생각했다. 이에 중국 음운학의 기본이 되는 명나라의 洪武正韻(홍무정운)의 음운체계를 바탕으로 하여 세종 30년 東國正韻(동국정운)을 간행하여 우리나라 한자음의 표준으로

삼았다. 따라서 세종 때 발간된 釋譜詳節(석보상절, 1447), 月印千江之曲
(월인천강지곡, 1447)과 세조 때 발간된 訓民正音 諺解本(훈민정음 언해
본, 1459)의 한자음 표기는 이를 표준으로 삼았는데, 이를 동국정운식
한자음이라 한다. 이 한자음은 중국 한자음을 중심으로 하였기 때문에
현실에 통용되던 당시 우리나라 한자음과는 거리가 먼 이상적 한자음이
므로 세조 이후(1485)는 쓰이지 않았다. 이에 몇 가지 특징을 제시하면
다음과 같다.

첫째, 중국의 원음에 가까운 표기로 'ㄲ, ㄸ, ㅃ, ㅉ, ㅆ, ㆅ, ㆆ, ㅿ'
등을 초성에 사용하는 것으로 '虯뀰, 覃땀, 步뽕, 邪썅, 字쫑, 洪뽕, 흅흠,
道人똘신, 其二끵ᅀᅵ' 등을 들 수 있다.

> [참고] 15세기의 각자병서인 ㄲ, ㄸ, ㅃ, ㅆ, ㅉ 등은 된소리 기능을 하지
> 못하였고, 대신 합용병서가 된소리 기능을 하였다.
>
> 쓰다(用), 쌀(米), 꿈(夢), 뜻(意), 뻬다(貫), 빼(時)

둘째, 초성, 중성, 종성을 반드시 갖추어 표기하였으며, 한자음 종성의
받침이 없으면 'ㅇ, ㅱ'을 붙여서 표기하였다.

> 世솅, 虛헝, 步뽕, 斗듷, 票푱, 流륳

셋째, 'ㄹ' 받침으로 끝난 한자어에는 반드시 'ㆆ'을 붙인다. 이는 以影
補來(이영보래)의 일종이다.

> 戌슗, 彆볋, 佛뿛, 日ᅀᅵᇙ, 月윓, 不붏

[참고] 以影補來(이영보래)

　影母(ㆆ)로써 來母(ㄹ)를 돕는다는 뜻으로 東國正韻 서문의 "又於質勿諸韻 以影補來因俗歸正"(또한 質韻과 勿韻에 있어서 影母(ㆆ)로써 來母(ㄹ)를 補充하여8) 俗音을 바로 잡았다)에서 비롯된 말이다. 東國正韻의 한자음 표기에서 舌內入聲의 한자 韻尾(운미)는 中古 한자에서는 /t/로 발음되었는데 東音에서는 /ㄹ/로 변하였으므로 이것을 'ㄹㆆ'으로 표기하도록 규정한 것이다. 이 표기는 현실 발음과 중국의 본래 발음과의 절충을 꾀한 표기 원칙이다.

(2) 月印千江之曲(월인천강지곡)의 한자음

　1449년(세종 31)에 간행된 월인천강지곡은 다른 문헌과는 달리 한글을 먼저 표기하고 뒤에 한자를 썼으며, 동국정운식 한자음으로 표기했으나 종성이 없는 경우에는 'ㅇ, ㅱ'을 붙여 쓰지 않았다.

　님금 位ㄹ, 졍精샤舍애, 끠其읧一, 외巍외巍 무無량量무無변邊

(3) 현실적 한자음

　성종 이후에 간행된 小學諺解(소학언해), 內訓(내훈), 思美人曲(사미인곡), 樂章歌詞(악장가사) 등 대부분의 문헌에는 먼저 한자를 쓰고 뒤에 당시의 현실적 한자음을 병용하였다.

　孔공子ᄌᆞㅣ <소학언해>
　主쥬人신이 가난호ᄆᆞ로 <내훈>
　無무心심흔 歲셰月월은 <사미인곡>
　딩아돌하 當今당금에 계샹이다 <악장가사>

---

8) 'ㄷ → ㄹ+ㆆ'로 표기하였는데 이는 소리를 빨리 끝닫아 입성임을 표시한다.

⑷ 한자음 표기가 없는 경우

<용비어천가>, <두시언해>, <악학궤범> 등은 한자만 적고 한자음 표기는 적지 않았다.

古聖이 同符ᄒᆞ시니 <용비어천가>

防戍ᄒᆞᄂᆞᆺ 邊方ᄉᆞ술히 <두시언해>

燈ㅅ블 다ᄒᆞ라 萬人비취실 즈싀샷다 <악학궤범>

[참고] 붙여쓰기

현대 맞춤법에서는 語節 단위로 띄어 쓸 것을 규정하고 있는데, 중세어의 문헌은 붙여쓰기의 규칙을 적용하였다.

나랏말ᄊᆞ미中國에달아 <훈민정음 언해>

불휘기픈남ᄀᆞᆫ보ᄅᆞ매아니뮐ᄊᆡ <용비어천가 2>

3. 음운

3.1. 자음[초성]

자음인 초성 17字[9]는 훈민정음 제자원리에서 이미 설명하였듯이 발음기관의 조음 위치에 따라 모두 五音(牙, 舌, 脣, 齒, 喉)으로 만들었다. 우선, 혀뿌리가 목구멍을 막는 꼴(牙音象舌根閉喉之形)의 牙音(아음)으로 'ㄱ, ㅋ, ㆁ[ŋ]'을 들 수 있는데 이는 현대 자음의 연구개음에 해당된다. 두 번째로 혀가 윗잇몸에 붙는 꼴(舌音象舌附上顎之形)의 舌音(설음)으로 'ㄴ, ㄷ, ㅌ, ㄹ'을 들 수 있는데 이는 현대 자음의 치조음에 해당된다. 세 번째로 입의 꼴(脣音象口形)의 脣音(순음)으로 'ㅁ, ㅂ, ㅍ'을 들 수 있는데 이는 현대 자음의 양순음에 해당된다. 네 번째로 이의 꼴(齒音象齒形)의 齒音(치음)으로 'ㅅ, ㅈ, ㅊ, ㅿ'을 들 수 있는데 현대 국어의 자음에는 치음이 없다.[10] 다섯 번째로 목구멍의 꼴(喉音象喉形)의 喉音(후음)으로 'ㅇ[ɦ], ㆆ[ʔ], ㅎ'을 들 수 있는데 현대 자음의 聲門音(성문음)에 해당된다.

이 가운데에서 현대 자음과 다른 음운('ㆁ, ㆆ, ㅇ, ㅿ')에 대해 살펴보고자 한다.

(1) 'ㆁ'(옛이응)

'ㆁ'(옛이응)은 현대 국어에 쓰이는 종성의 'ㅇ'[ŋ]에 해당되는 것으로 글자의 모양만 바뀌었으며, 임진왜란 이후에는 종성에만 사용되었고, 초

---

9) 훈민정음의 초성 17자는 'ㄱ,ㅋ,ㆁ,ㄷ,ㅌ,ㄴ,ㅂ,ㅍ,ㅁ,ㅅ,ㅈ,ㅊ,ㆆ,ㅎ,ㅇ,ㄹ,ㅿ'이다. 이외에 초성에 오는 음운은 연서자와 병서자가 있었다.

10) 세종이 치음으로 'ㅅ, ㅈ, ㅊ, ㅿ'을 든 이유는 기본자와 가획의 원리를 적용한 것으로 볼 수 있다.

성에는 쓰이지 않았다.

첫째, 중세국어에서는 초성에서도 사용되었다.

'바올(발음은 방올), 굴허에(발음은 굴헝에), 이에, 사ᄅᆞ시리잇고, 미드니잇가'

둘째, 종성에 사용되었다.

'즁싱, 밍ᄀᆞ노니' 등

(2) 'ㅇ[ɦ]'(이응)

'ㅇ[ɦ]'은 두 가지 종류로 사용됨을 알 수 있다.

첫째는 어두음이 '아, 오'처럼 모음임을 나타내거나 두 모음 간에 쓰여 '아옥'(葵), '에우다'(圍) 등의 'ㅇ[∅]'처럼 두 모음이 각각 다른 음절임을 나타낸다.11) 이는 중세국어 주격조사가 받침 아래에 사용한 '이'(독립된 음절) 와 같은 것으로 'ㅣ'(일종의 반모음 형식으로 앞의 음절에 붙여 씀)와는 구별된다.

둘째로 'ㅇ[ɦ]'은 자음 음소로 성문유성마찰음이다.

달아, 알어늘, ᄆᆞᆯ와, 놀애, ᄆᆞᆯ애
앗이, ᄀᆞ애, 것위
이오, 소리오

---

11) 안병희 외(1990:58)에서는 <훈민정음> 해례 합자해의 "如孔子ㅣ魯ㅅ사ᄅᆞᆷ 之類"에서 '孔子ㅣ'는 '공ᄌᆞ'의 모음 다음 'ㅣ'에 'ㅇ'을 덧붙이지 않은 것은 이 'ㅣ'가 독립된 음절이 될 수 없고, 앞의 '子(ᄌᆞ)'의 모음과 합하여 이중모음이 된다고 설명했다. 즉, '공ᄌᆞ+ㅣ'는 '공ᄌᆡ'가 되는 것이다.

위에서 이들의 소리값이 없다면 '다라, 아러늘, 므롸, 노래, 모래'가
되어야 하고, '아싀, ᄀ새, 거쉬'가 되어야 하며, 이요, 소리요'로 적어야
한다.12)

[참고] ᅌ[ŋ]와 ㅇ[∅]

중국 等韻學에서 疑母인 ᅌ[ŋ]와 喩母인 ㅇ[∅]음이 따로 존재했었으
나 원대 이후 漢語의 語頭 [ŋ]음이 소실되어 ᅌ음과 ㅇ음이 相似라고
하였다. 우리나라 제자해에서 ᅌ의 음가를 '舌根閉喉聲氣出鼻'라고 해
서 [ŋ]이라 하였고, 종성해에서 ㅇ의 음가를 '聲淡而虛'라고 해서 Zero라
고 하였다.13) 중세국어의 'ᅌ'은 牙音의 이체자로 현대국어 'ㅇ'[ŋ]과 같
은 음가를 가지지만, '이어귀, 바올, 미드니잇가' 등처럼 초성에도 사용되
었다. 그리고 'ㅇ'[ɦ]은 유성성문마찰음으로 '이고>이오, 알고>알오, 몰
개>몰애, ᅀᅡ개>ᅀᅡ애' 등 '모음, ㄹ, ᅀᅠ' 아래서 'ㄱ[g]>ㅇ[ɦ]'의 변화된
음가(자음)이므로 연철시켜서 표기하지 않았다. 또한, 'ㅇ'은 후음의 불
청불탁음으로 '아ᅀᅳ, 爲윙ᄒᆞ야'처럼 음가없이 어두음의 모음임을 표시하
거나 '那낭', '此충'처럼 성음법(초성+중성+종성)에 의해 한자음 종성에
사용되었다.

(3) 'ㆆ'(여린 히읗)

'ㆆ'(여린 히읗)은 성문폐쇄음으로 우리말에서는 발음되지 않으며, 우
리말의 음운도 아닌 글자이다. 이는 동국정운식 한자음의 표기를 위해
만들어진 것으로 보인다. 'ㆆ>ㅇ'으로 변천되다가 세조 때 소멸되었다.

첫째, 동국정운식 한자음 표기에서 초성의 표기에 '挹흡, 安한'처럼

---

12) 'ㅇ'은 자음 음가 '[ɦ]'음을 가진 음소이다. 선어말어미 '오/우'가 'ㅣ'나
   반모음 [j] 뒤에서 '요/유'로 변해야 하는데, 그렇지 않은 것은 'ㅇ'이 하나
   의 자음 음소라는 것을 알려 준다.
13) 姜信沆(1994:101-102) 참조.

사용되었다.

둘째, 사잇소리의 표기로 받침없는 한자음 다음에 쓰는 'ㅇ'과 안울림 소리 사이에 '虛헝ㆆ字쭝, 快쾡ㆆ字쭝' 처럼 쓰였으며, 고유어인 '하ᇙ 뜯'에서 사잇소리로 사용되었다.

셋째, 이영보래로 쓰였는데 '戌슗, 彆볋' 등을 들 수 있다.

넷째, 우리말의 표기에서 관형사형 어미 'ㄹ'과 함께 쓰임으로 뒤에 오는 소리를 된소리로 만들어 주거나 소리를 끊어 읽는 절음부호로 사용 되었다. 즉, 된소리 부호인 '홇배, 자싫제, 누리싫제'와 절음부호인 '홇노 미, 도라옳군사' 등을 들 수 있다.

⑷ 'ㅿ'(반치음, 여린 시옷)

'ㅿ'(반치음, 여린 시옷)은 치조유성마찰음으로 울림소리 사이에서만 사용되다가 소멸되었다. 'ㅿ'은 13세기 이후에 음가가 's>z'로 변천했고, 다시 16세기에 'z>∅'로 변천했다.

첫째, 'ㅅ'에 대립되는 치조유성마찰음으로 '아ᅀᆞ(아우), 여ᅀᅳ(여우), ᄀᆞᅀᆞᆯ(가을), ᄆᆞᅀᆞᆯ(마을), ᄆᆞᅀᆞᆷ(마음)' 등을 들 수 있다.

둘째, 'ㅅ'을 끝소리로 가진 체언에 조사가 연결된 경우로 'ᄀᆞᆺ(邊)애> ᄀᆞᅀᆡ, 엇(母)이>어ᅀᅵ' 등을 들 수 있다.

셋째, 'ㅅ' 받침으로 끝나는 불규칙 용언 어간에 모음의 어미가 연결된 경우로 '닛어>니ᅀᅥ(이어), 붓+어>브ᅀᅥ(부어)' 등을 들 수 있다.

넷째, '눖믈'처럼 'ㅿ'이 울림소리 사이에서 사잇소리로 쓰였다.

다섯째, 'ㅿ>ㅈ'의 특수한 변화를 갖는 경우로 '몸ᅀᅩ>몸조(몸소), 손 ᅀᅩ>손조(손수)' 등을 들 수 있다.

(5) 'ㅸ'(순경음 ㅂ)

'ㅸ'은 순음인 'ㅂ'에 'ㅇ'을 연서한 문자로 울림 소리 사이에 쓰인 양순유성마찰음[β]이었으나 15세기 중엽(세조)에 단모음 '오/우'나 반모음([w])으로 변하였다. 즉, 'ㅂ>ㅸ>ㅗ/ㅜ'로 양성모음 앞에서는 'ㅗ', 음성모음 앞에서는 'ㅜ'로 변하였다.

> 첫째, 'w+ᄋ>오, w+으>우'의 예로 '곱+ᄋ+니>고ᄫᆞ니>고오니', '덥+으+니>더ᄫᅳ니>더우니(단모음 '오/우'로 변천)
>
> 둘째, 'w+아>와, w+어>워'의 예로 '곱+아>고ᄫᅡ>고와', '덥+어>더ᄫᅥ>더워'(반모음 'ㅗ/ㅜ'로 변천)
>
> 셋째, 'w+이>이'의 예로 '곱+이>고ᄫᅵ>고이(곱게)', '쉽+이>'쉬ᄫᅵ>수ᄫᅵ>수이>쉬(쉽게)'(음가 [∅]로 변천)
>
> 넷째, 'ㅂ>w>이[∅]>ㅂ'의 예로 '표범>표ᄫᅥᆷ>표웜>표엄>표범', '알밤>알ᄫᅡᆷ>알왐>알암>알밤' 등이 있다.

〈참고〉

'ㅸ'의 음가는 신라와 고려시대에도 존재한 것으로 추정할 수 있다. 『계림유사』에 '二曰途孛, 酒曰酬孛'이라 하여 'ㅸ[β]' 음가를 인정하였다. 즉, '이(二)'를 '두ᄫᆞᆯ>두울>둘', '술(酒)'을 '수ᄫᆞᆯ>수울>술'이라 하였다. 'ㅂ'이 울림소리 사이에서 'ㅸ'으로 음가가 유성음화 된다는 것을 세종은 알고 있었으며, 'ㅂ'이 유성음화 되는 것을 방지하기 위해 사잇소리를 만든 것이다. 예를 들어 '등불'의 경우, 'ㅂ'이 유성음화되어 '등ᄫᅮᆯ>등울'이 되어야 하기 때문에 앞의 음절이 울림소리이면 '燈(등)ㄱ블>등ㅅ블'처럼 사잇소리를 삽입시킴으로써 유성음화되는 것을 방지한 것이다.

(6) 'ㆅ'(쌍히읗, 'ㅎ'의 된소리)

'ㆅ'(쌍히읗, 'ㅎ'의 된소리)은 주로 'ㅣ' 선행 모음인 'ㅕ' 앞에서 쓰이면서 그것을 긴장시키는 기능을 하였다. 'ㆅ'[x]은 'ㅎ'[h]의 된소리로 '혀다>혀다>켜다'에 사용된 것으로 '니르혀다'(起, 일으키다), 도르혀다(廻, 돌이키다), 치혀시니(치키다, 잡아당기다), 혈믈(썰물)' 등의 예를 들 수 있듯이 'ㅋ'과 'ㅆ'으로 변천하였으며, 이는 세조 때 소멸되었다.14)

(7) 'ㅇㅇ'(쌍이응)

'ㅇㅇ'(쌍이응)은 어두에서는 사용되지 않고, 이중모음을 가진 일부 피동(사동) 어간에 국한되어 사용되었으며, 특별한 음가를 가졌다기보다는 주로 'ㅣ' 선행 모음 앞에서 그것을 긴장시키는 기능을 가졌다.15)

'ᄒᆡ여(하여금, 시켜), 괴ᅇᅧ다(사랑받다), 얽미ᅇᅵ다(얽매이다)' 등

(8) 병서

병서는 자음을 가로로 나란히 쓰는 것으로 동일한 음운을 나란히 쓰는 各自竝書(각자병서)와 상이한 음운을 나란히 쓰는 合用竝書(합용병서)가 있다.

---

14) '치혀다'(끌다) "드리예 ᄲᅥ딜 므를 넌즈시 치혀시니"<용가 87>, '도르혀'(부사, 도리어), '도르혀다'(돌이키다) '도르혀(혀)'(廻首) "도르혀 向ᄒᆞᆯ씨니"<월석 2:60>

15) ':ᄒᆡ·여'(하게 하여, 하여금) [ᄒᆞ(동)+이(사동)+어(어미)](轉成부사), '괴여'(我愛人, 사랑하다), '괴·여(괴이어)'(人愛我, 사랑함을 받아), '쥐·여'(쥐이어) "ᄂᆞᄆᆡ 소내 쥐여이시며"<월석 2:11>

① 각자병서

‘ㄲ, ㄸ, ㅃ, ㅉ, ㅆ, ㆅ, ᅇ’는 각자병서한 글자로서, 현대의 된소리 글자와 모습이 같으나, 그렇게 널리 쓰이지 못하였다. 실제로 우리나라 한자음에는 경음이 없었으며 고유어에도 각자병서의 된소리 음은 매우 제한적으로 사용되다가 圓覺經諺解(원각경언해, 1465) 이후에 합용병서로 바뀌었다.

> 싸호ᄂᆞᆫ 한쇼ᄅᆞᆯ <용비어천가 9>
> 어울워 ᄡᅳᆯ디면 ᄀᆞᆯᄫᅡ쓰라 <훈민정음 언해>
> 니ㅅ소리>니쏘리(사이시옷과 다음에 오는 첫소리 ‘ㅅ’과 합하여 된소리로 사용됨)

② 합용병서

합용병서에는 ‘ㅅ’계인 ‘ㅺ, ㅼ, ㅽ, ㅾ’, ‘ㅂ’계인 ‘ㅲ, ㅳ, ㅄ, ㅶ, ㅷ’, ‘ㅄ’계인 ‘ㅴ, ㅵ’이 있으며, 특수한 경우로 어두에 오는 ‘ᄮ’과 어말에 오는 ‘ㄺ, ㄳ’ 등이 있었다.

> ① ‘ㅅ’系 : ᄭᅮᆷ(夢), ᄯᅡ(地), ᄲᅧ(骨), ᄶᅩᆨ(쪽)
> ② ‘ㅂ’系 : ᄢᅳ다(끄다), ᄣᅳᆮ(意), ᄡᆞᆯ(米), ᄧᅡᆨ(隻), ᄡᅳ다(用), ᄩᅳ다(彈, 타다)
> ③ ‘ㅄ’系 : ᄢᅳᆷ(틈,隙), ᄣᅵ(時), ᄦᅦ다(貫), ᄦᅢ(時), ᄩᆞ리다(裂), ᄦᅵ르다(刺), ᄣᅮᆯ(蜜)
> ④ 기타 : ᄮᆞ히(사내), ᄒᆞᆰ(흙), 낛(낚시)

3.2. 모음[중성]

훈민정음 제자원리에서 기술했듯이 기본자 ‘ㆍ ㅡ ㅣ’의 결합으로 초출자인 ‘ㅗ, ㅏ, ㅜ, ㅓ’, 재출자인 ‘ㅛ, ㅑ, ㅠ, ㅕ’, 그리고 이중모음인

‘ㅛ, ㅑ, ㅠ, ㅕ, ·ㅣ, ㅓ, ㅚ, ㅐ, ㅟ, ㅔ, ㅘ, ㅝ’, 삼중모음인 ‘ㅙ, ㅞ, ㅒ, ㅖ’ 등을 만들 수 있다.

　기본자 중 소멸된 모음은 ‘·’(아래 아)이다. 이 글자는 後舌低母音으로 오늘날은 편의상 ‘ㅏ’로 발음하지만 ‘·’와 ‘ㅏ’는 그 형태적 표기에 따라 엄밀하게 의미가 구별되었다.

　　ᄒᆞ다[爲] : 하다[多, 大]　　ᄃᆞ리[橋] : 다리[脚]

　　살[矢] : 술[肉]　　　　　　　낯[個] : ᄂᆞᆾ[面]

　　말[言] : ᄆᆞᆯ[馬]　　　　　　　가ᄂᆞ[行] : ᄀᆞᄂᆞ[細]

　　갓[皮] : ᄀᆞᆺ[邊]　　　　　　　대[竹] : ᄃᆡ[所]

　　나ᄂᆞ[吳] : ᄂᆞᄂᆞ[飛]

　‘·’ 음의 소멸은 16세기 이후이며, 문자의 소멸은 1933년이다. 첫음절에서는(18세기 후반) 주로 ‘·>ㅏ’로(ᄆᆞᆯ[馬]>말, ᄆᆞᆰ다[淸]>맑다), 2음절에서는(16세기 중반) 주로 ‘·>ㅡ’(ᄀᆞᄃᆞᆨ[滿]>ᄀᆞ득(16세기)>가득(18세기)이며, 이외에 ‘·>ㅗ(ᄉᆞ매>소매), ·>ㅓ(ᄇᆞ리다>버리다) ·>ㅜ(아ᅀᆞ>아우), ·>ㅣ(아ᄎᆞᆷ>아침)’ 등으로 변천되었다.[16]

　중세국어의 단모음은 7개로 양성모음인 ‘·, ㅏ, ㅗ’와 음성모음인 ‘ㅡ, ㅓ, ㅜ’, 그리고 중성모음인 ‘ㅣ’가 있다.

　[참고] 중세국어, 근대국어, 현대국어의 단모음 체계

　　중세국어의 단모음은 ‘ㅏ, ㅓ, ㅜ, ㅗ, ㅡ, ㅣ, ·’의 7모음 체계였다. 이 가운데 ‘·’ 음가가 소멸되기 시작하여 16세기에는 둘째 음절에서 ‘ㅡ’ 나 ‘ㅏ’로 바뀌었다. 이중 모음에는 ‘ㅑ, ㅕ, ㅛ, ㅠ, ㅘ, ㅝ’처럼 반모

---

16) ‘ᄆᆞ슬[村]>ᄆᆞ슬(16세기)>마을(18세기)’의 변천처럼 뒤 음절의 ‘·’가 먼저 소멸되었고, 나중에 첫 음절의 ‘·’가 소멸되었다.

음이 앞서는 이중 모음(상향이중모음)과, 'ㅐ, ㅔ, ㅚ, ㅟ, ·ㅣ, ㅢ'처럼 반모음(ㅣ[j])이 뒤에 놓이는 이중 모음(하향이중모음)이 있었다. 예를 들어 '① 妖怪르뷘 새(ㅏ+ㅣ[j]+∅) 오거나 ② 막대예(ㅏ+ㅣ[j]+예) 샹커나, 싸해 업데여(ㅓ+ㅣ[j]+어) ③ 孝道ㅎ고, 히미 세오(ㅓ+ㅣ[j]+오), ④ 불휘(ㅜ+ㅣ[j]+∅) 기픈 남근 ⑤ 구스리 바회예(ㅗ+ㅣ[j]+예) 디신들' 등을 들 수 있다.

근대국어에서는 '·' 음가의 소멸로 첫음절에서 '·'가 'ㅏ'로 바뀌었으며, 이중 모음이었던 'ㅔ'와 'ㅐ'가 단모음으로 바뀌었다. 따라서 18세기말에 국어의 단모음은 'ㅏ, ㅓ, ㅜ, ㅗ, ㅡ, ㅣ, ㅔ, ㅐ'의 8모음 체계로 바뀌게 되었다.

현대국어에서는 이중 모음 'ㅟ'와 'ㅚ'가 단모음으로 바뀌어서 'ㅏ, ㅓ, ㅜ, ㅗ, ㅡ, ㅣ, ㅔ, ㅐ, ㅟ, ㅚ'의 10모음 체계가 되었다. 그 결과 이중 모음의 경우, 반모음이 뒤에 놓이는 이중 모음은 'ㅢ'만 남게 되고, 반모음이 앞서는 이중 모음이 주를 이루게 되었다. 그러나 'ㅚ'와 'ㅟ'는 다시 이중 모음으로 발음되는 것으로 분류하고 있다.

3.3. 음운의 여러 규칙

(1) 모음조화(母音調和)

모음조화는 '나는, 하늘흘, 손으로 : 눈은, 님을, 쑴으로' 등처럼 체언과 조사 사이, '가는, 고바, 샌르다 : 여르니, 구버, 흐르다' 등처럼 용언과 어미 사이에서 앞 음절이 양성모음(·, ㅏ, ㅗ, ㅘ, ㅛ, ㅑ, ㅚ, ㅐ, ㅙ)이면 뒤의 음절도 양성모음, 앞 음절이 음성모음(ㅡ, ㅜ, ㅓ, ㅠ, ㅕ, ㅢ, ㅟ, ㅔ, ㅖ)이면 뒤의 음절도 음성모음을 이룬다. 모음조화는 15세기에는 엄격했으나, 후세에 내려오면서 문란해지다가 현재에는 의성어와 의태어, 용언의 활용형에서 부사형의 '-아(어)', 과거시제의 '-았(었)' 등에서 지켜진다. 모음조화가 혼란해진 원인은 'ㆍ'가 소멸된 것이 가장 큰 이유이며, 이외에도 발음의 강화현상과 한자어와의 혼용을 들 수 있다.

중성모음은 대체로 그 앞의 선행 모음에 따라 결정되지만, 중성모음 앞에 선행모음이 없으면 음성 모음과 어울린다.17) 그리고 모음조화가 일어나지 않는 경우는 현재선어말어미 'ᄂᆞ'의 경우로 '쓰ᄂᆞ니라, 우ᄂᆞᆫ' 등을 들 수 있다.

(2) 'ㅣ'모음 동화[母音變異]

'ㅣ'모음동화는 'ㅣ' 모음이나 반모음 'ㅣ' 〔j〕아래 단모음이 올 때, 단모음 'ㅏ, ㅓ, ㅗ, ㅜ, ㅡ' 모음이 'ㅣ'모음과 만나서 그 영향으로 'ㅑ, ㅕ, ㅛ, ㅠ, ㅐ, ㅔ, ㅖ, ㅚ' 등으로 변하는 현상이다. 이는 다시 동화의 방향에 따라 'ㅣ'모음이 앞이냐 뒤이냐에 따라 'ㅣ'모음순행동화와 'ㅣ' 모음역행동화로 나뉜다. 전자의 예로 '두외+아>두외야, 쉬+우+ㅁ>쉬윰', 후자의 예로 '겨집>계집, 곳고리>굇고리, 굴며기>갈몌기, 무더기>무데기, ᄒᆞ+이시아>히이시야, 겨시다>계시다' 등을 들 수 있다.

'ㅣ'모음동화가 일어나지 않는 경우는 'ㅣ'아래 'ㄱ'이 'ㅇ'으로 바뀐 경우로 '이고>이오, 히고>히오, 뷔거사>뷔어사'를 들 수 있으며, 또한 사동이나 피동 접미사(오/우)의 경우로 '샹ᄒᆞ+이+오+ᄃᆡ>샹히오ᄃᆡ', 그리고 의문형 어미 '오'의 경우로 '엇뎨 구틔여 혜리오, 뭇디 아니ᄒᆞ엿ᄂᆞ니오' 등을 들 수 있다.18)

---

17) 예를 들어 'ᄀᆞᄅᆞ치오ᄃᆡ(ᄀᆞᄅᆞ쿄ᄃᆡ)'의 경우 '치'의 'ㅣ'가 중성모음이므로 그 앞의 'ᄀᆞᄅᆞ'가 양성모음이므로 선어말어미 '오'를 취한다. 그리고 '잇+어, 끼+어'처럼 어두에 'ㅣ'모음은 일반적으로 음성모음인 '어'와 결합한다.

18) 그리고 뒤의 음절의 첫소리가 유음(ㄹ)과 치음(ㅈ,ㅊ,ㅅ)일 때도 일어나지 않는다. 예를 들면 '머리>머리, 보리>보리', '가지>가지, 까치>까치, 모시>모시'를 들 수 있다.

(3) 탈락과 축약

일종의 모음 충돌 회피로 탈락과 축약이 있다. 우선 탈락은 모음과 모음이 이어질 때와 매개모음 성격의 모음(ㆍ, ㅡ)에 일반 모음(ㅏ, ㅓ, ㅗ, ㅜ)이 이어질 때에 'ㆍ, ㅡ'가 탈락된다. 예를 들면 '쓰+움>쑴, 트+아>타, ᄒᆞ+옴>홈, ᄒᆞ올로>홀로' 등을 들 수 있다.

다음으로 축약은 '음운 A + 음운 B → 음운 C'의 형식으로 'ㅣ' 단모음 아래 'ㅏ, ㅓ, ㅗ, ㅜ'가 오거나, 'ㅏ, ㅓ, ㅗ, ㅜ, ㅑ, ㅕ' 아래 'ㅣ'모음이 이어지면 축약되고, 'ㅗ+ㅏ', 'ㅜ+ㅓ'도 축약된다. 예를 들면 '너기+어>너겨, ᄇᆞ리+옴>ᄇᆞ룜, 나+ㅣ>내, 오+아>와, 저+ㅣ>제, 어울+우+어>어울워' 등을 들 수 있다.

[참고] 모음 충돌 회피

모음과 모음이 결합하여 두 음절을 이루는 경우, 발음하기가 매끄럽지 않고 약간 거북한 경우가 있다. 이를 모음 충돌(Hiatus)이라 하고, 이를 해결하기 위해 반자음 [j]이나 자음 음가 'ㅇ[ŋ]'을 첨가한다.

ᄒᆞ+아>ᄒᆞ야, 머거ᅀᅡ>머거야
죠ᄒᆡ>죠히>조이>종이, 쇼아지>숑아지>송아지

(4) 자음 충돌 회피

어간이 'ㄹ'로 끝나는 용언의 경우, 어간 'ㄹ' 아래 어미 'ㄴ, ㅿ' 등이 이어질 때 어간의 'ㄹ'이 탈락된다. 예를 들어 '일(成)+ᄂᆞ니>이ᄂᆞ니, 밍글+노니>밍ᄀᆞ노니, 알+ᄂᆞᆫ>아ᄂᆞᆫ, 일+습>이습, 밍글+습>밍ᄀᆞ습' 등을 들 수 있다.

또한 매개모음 '-ᄋᆞ-/-으-'의 경우로 어간의 말음이 자음이고 어미도 자음이 이어질 때 매개모음 '-ᄋᆞ-/-으-'가 삽입된다. 예를 들어 '잡+ᄋᆞ+면>

자ᄇ면, 잡+ᄋᆞ+니>자ᄇ니, 잡+ᄋᆞᆯ+씨>자ᄇᆞᆯ씨', '먹+으+면>머그면, 먹+으
니>머그니, 먹+을씨>머글씨' 등을 들 수 있다.

(5) 설측음화(舌側音化)

　유음(ㄹ)은 초성에서 날 때에는 혀굴림소리(설전음)로 발음되며, 종성
에서 날 때에는 혀옆소리(설측음)로 발음된다. 예를 들어 '나라[nara]'의
'ㄹ'은 설전음[r]으로 혀를 굴려 내는 소리이며, '달아[tala]'의 'ㄹ'은 설
측음[l]로 이는 혀 끝을 잇몸에 대고 공기를 혀 옆으로 흘려 보내는 소리
이다. 이러한 설측음화 현상은 'ᄅᆞ/르' 어간에 모음이 연결될 때, 'ㆍ/ㅡ'
가 탈락되면서 'ㄹ'이 분철되어 설측음으로 발음된다.

　　① 'ㄹ-ㅇ'의 경우
　　다ᄅᆞ다(異) : 다ᄅᆞ+아>달아,　다ᄅᆞ+옴>달옴,　다ᄅᆞ+고>다ᄅᆞ고
　　오ᄅᆞ다(登) : 오ᄅᆞ+아>올아,　오ᄅᆞ+옴>올옴,　오ᄅᆞ+고>오ᄅᆞ고
　　니르다(言) : 니르+어>닐어,　니르+움>닐움,　니르+고>니르고
　　ᄆᆞᄅᆞ다(裁) : ᄆᆞᄅᆞ+아>ᄆᆞᆯ아,　ᄆᆞᄅᆞ+옴>ᄆᆞᆯ옴　ᄆᆞᄅᆞ+고>ᄆᆞᄅᆞ고

　　② 'ㄹ-ㄹ'의 경우
　　ᄲᆞᄅᆞ다(速) : ᄲᆞᄅᆞ+아>ᄲᆞᆯ라,　ᄲᆞᆯ+옴>ᄲᆞᆯ롬　　ᄲᆞᄅᆞ+고>ᄲᆞᄅᆞ고
　　모ᄅᆞ다(不知) : 모ᄅᆞ+아>몰라,　모ᄅᆞ+옴>몰롬,　모ᄅᆞ+고>모ᄅᆞ고
　　흐르다(流) : 흐르+어>흘러,　흐르+움>흘룸,　흐르+고>흐르고

(6) 구개음화(口蓋音化)

　중세국어에서는 'ㄷ,ㅌ'이 'ㅣ'모음이나 'ㅣ'선행모음(ㅑ,ㅕ,ㅛ,ㅠ) 앞
에서 발음되었으나, 17세기 말경부터는 'ㄷ,ㅌ'이 뒤의 'ㅣ' 모음의 영향

을 받아 발음하기 쉬운 경구개음 'ㅈ,ㅊ'으로 발음되었다. 이는 일종의 역행동화 현상이다. 예를 들면 '디다>지다, 둏다>좋다, 뎌긔>져긔>저기, 텬디>천지, 부텨>부쳐>부처, 부티다>부치다, 티다>치다' 등을 들 수 있다. 현대어와는 다르게 어근 자체에서도 구개음화 현상이 일어났다.

(7) 원순모음화(圓脣母音化)

순음 'ㅁ,ㅂ,ㅍ' 아래 오는 평순모음 'ㅡ'가 원순모음 'ㅜ'로 변하는 현상으로, 이는 발음의 편리를 꾀한 변화라고 볼 수 있다. 이 현상은 15세기에 나타나기 시작하여 17세기 말에서 18세기에 많이 나타났다. 예를 들면 '믈>물, 므러>물어, 블>불, 븟다>붓다, 플>풀, 플다>풀다' 등을 들수 있다. 15세기에는 '믈[水] : 물[群], 브르다[飽] : 부르다[殖, 潤]'처럼 구별되는 경우도 있다.[19]

(8) 전설모음화(前舌母音化)

중설모음인 'ㅡ'음이 치음 'ㅅ,ㅈ,ㅊ' 밑에서 전설모음 'ㅣ'로 변하는 현상으로 18세기 말 이후에 나타나는 일종의 순행동화 현상이다. '즛(貌)>짓, 거즛(假)>거짓, 츩(葛)>칡, 며츨>며칠, 법측>법칙, 거츨다>거칠다, 슳다>싫다' 등을 들 수 있다. 그리고 19세기에는 '싀골>시골, 일긔>일기, 픠다>픠다>피다, 견듸다>견디다, 븨다>븨다>비다, 긔챠>기차' 등처럼 'ㅢ>ㅣ'가 되는 전설모음화의 사례도 발견된다.

(9) 단모음화(單母音化)

치음인 'ㅅ,ㅈ,ㅊ' 뒤에서 이중모음인 'ㅑ,ㅕ,ㅛ,ㅠ'가 앞의 치음의 영

---

19) 원순모음화는 '어듭다>어둡다'처럼 순음이 아닌 'ㄷ'아래에서도 일어났다.

향을 받아 'ㅏ, ㅓ, ㅗ, ㅜ'의 단모음으로 바뀌는 현상으로 일종의 순행동화이다. 이는 18세기 말에 나타나기 시작하여 1933년 '한글맞춤법통일안'에서 확정되었다. '셤>섬, 쇼>소, 셰상>세상, 됴타>죻다>좋다, 쵸>초, 져>저(젓가락)' 등을 들 수 있다.

(10) 이화(異化)

한 단어 안에 같거나 비슷한 음운 둘 이상이 있을 때, 그 말의 발음을 보다 분명하게 하기 위해 그 중 한 음운을 다른 음운으로 바꾸는 것으로 동화와 반대되는 현상이다. 여기에는 자음의 이화와 모음의 이화가 있는데, 자음의 이화로는 '붊>북, 거붑>거북, 브섭>부억(부엌), 죵용>조용' 등이 있다. 그리고 모음의 이화로는 '소곰>소금, ㄱ르>ㄱ르>가루, 보롬>보름, ㄴ르>ㄴ르>나루, ㅎ르>ㅎ루>하루, 처섬>처엄>처음, 거우르>거울, 서르>서로' 등을 들 수 있다.

(11) 강화(强化)

발음을 뚜렷이 하기 위해 음운을 바꾸는 현상으로 평음을 강음으로 하거나 모음조화를 파괴함으로써 일종의 발음을 강화시키는 현상이다. 이런 청각인상을 강화하려는 작용에는 평음을 경음으로 하는 경음화 현상(곳>꽃, 불휘>뿌리)과 평음을 격음으로 하는 격음화 현상(갈>칼, 고>코), 모음의 발음을 강화하려는 이화현상(서르>서로, 펴어>펴아), 음운 첨가(호자>혼자)나 음절 첨가(마>장마, 앗다>빼앗다) 등을 통틀어 강화현상이라 한다.

(12) 첨가(添加)

발음을 보다 분명히 하기 위해 음운이나 음절을 덧붙이는 현상으로 어두음 첨가, 어중음 첨가, 어말음 첨가 등이 있다. 어두 음절 첨가로 '마>장마, 보>들보, 어중음 첨가로 '호자>혼자, ᄀ초다>곱초다>감추다, 머추다>멈추다, 졈다>젊다, 넙다>넓다, 머추다>멈추다, 마초다>맞초다> 맞추다, 나시>나이>냉이, 죠히>종이, 쇠야지>쇼아지>숑아지>송아지, 더 디다>던디다>던지다, 버버리>버버리>버워리>벙어리, ᄒ아>ᄒ야', 그리 고 어말음 첨가로 '짜>땅, 긷>기동>기둥' 등이 있다.

(13) 도치(倒置)

한 형태소 안의 두 음운이 서로 자리를 바꾸는 현상으로 음운의 도치 와 음절의 도치가 있다. 음운의 도치는 자음의 'ㄱ'과 'ㅂ,ㄹ'이, 'ㅈ'과 'ㄴ'이 서로 바뀌고, 모음의 'ㅏ'와 'ㅗ'가 발음의 혼동으로 뒤바뀜으로 어형이 바뀌는 경우이다. 예를 들면 자음의 '빗복>빗곱>배꼽, 이륵이륵> 이글이글, ᄌ늑ᄌ늑>느즉느즉'과 모음의 '아야로시>애야로시>애오라 지, 하야로비>해야로비>해오라기' 등을 들 수 있다. 음절의 도치는 선어 말어미의 순서가 뒤바뀜으로 '-거시-, -더시-'가 '-시더-, -시거-'로 바뀌 는 현상으로 오늘날에는 '-시-'가 앞에 온다. '하거시늘>ᄒ시거늘, ᄒ더 시니>하시더니, 어이어신마ᄅᆞᄂᆞᆫ>어이시건마는', '시혹>혹시'의 경우를 들 수 있다.

(14) 'ㄱ' 탈락 현상

'ㄱ' 탈락은 'ㅣ'나 'ㄹ'음 아래서 탈락하는 현상이지만, 실제로는 탈락 이 아니라 유성음 'ㄱ[g]'이 자음인 'ㅇ[ɦ]'으로 바뀐 것이다. 그러다가 16세기 말에 'ㅇ[ɦ]' 음가가 소멸되어 탈락한 것으로 본다.[20]

---

20) 尹錫昌 외(1973:540)에서는 서술격조사 '-이' 아래에서, 형용사 '아니다' 의 '-니' 아래에서 타동사 '디다'의 '디-' 아래에서, 미래의 '-리' 아래에서,

아바님도 어이<u>어</u>신마르는 <사모곡>
果實와 믈와 좌시고 <월인천강지곡>

(15) 'ㄹ' 탈락 현상

'ㄹ'이 탈락되는 현상은 '놀니>노니, 놀시오>노시오'에서처럼 'ㄹ'음
이 있으면 오히려 발음이 자연스럽지 못하다. 따라서 'ㄹ'음이 'ㄴ'이나
'ㅅ', 'ㄷ' 앞에서 탈락한다.21) 그리고 17세기에는 '앓>앞, 앓브다>알프
다>아프다>아프다, 곯브다>골프다>고프다>고프다'에서처럼 'ㅍ' 아래
에서도 탈락했다.

놀다(遊)+니다(行)>놀니다>노니다, 솔나모>소나모
우믓룡(<우믌룡)이 내손모글 주여이다 <쌍화점>
날은 엇디 기돗던고(<길돗던고) <사미인곡>
스믈 여듧字를 밍ᄀ노니(<밍글노니) <훈민정음 언해>

(16) 매개모음(媒介母音)

어간과 어미가 연결될 경우, 자음과 자음 사이에 발음을 부드럽게 하
기 위해서 그 사이에 '-ᄋ-, -으-'음을 넣는 것으로 일종의 자음충돌의 회
피현상이다. 오늘날에는 '-으-'로 통일되었다.

① 양성모음의 경우 : '-ᄋ-'
海東六龍이 ᄂᆞᄅᆞ샤(ᄂᆞᆯ으샤) <용비어천가>
君ㄷ字 처섬 펴아 나는 소리 ᄀᆞᄐᆞ니(ᄀᆞᇀ으니) <훈민정음>

명사나 용언의 어간이 'ㄹ'로 끝난 경우에 'ㄱ'이 탈락한다고 했다.
21) '우믈+ㅅ+룡>우믓룡(우물의 용)', '길+돗(느낌의 현재형)+던고>기돗던고
(길던고), 밍+글+ᄂᆞ+오+니>밍글노니>밍ᄀ노니(만드니)' 등.

들하 노피곰 도드샤(돋으샤) <정읍사>

② 음성모음의 경우 : '-으-'
난ᄀ티 들리도 업스니이다(없으니이다) <악장가사, 사모곡>
敬天勤民ᄒ샤사 더욱 구드시리이다(굳으시리이다) <용비어천가 125>

(17) 모음간 자음 탈락

15세기에 모음의 두 형태소가 결합하면서 'ㄹ'음과 'ㅎ'음이 탈락되었다. 예를 들면 '누리>뉘(세상), 나리>내(川)', '가히>개(犬), 막다히>막다이>막대' 등을 들 수 있다. 그리고 16세기에는 '이어긔>여기, 뎌어긔>뎌기>저기, 구드시니이다>구드시니다'처럼 초성의 'ㅇ'이 탈락했다.

(18) 유음화현상(流音化現象)

'ㄷ'이 모음 사이에서 유성음화되어 'ㄹ'로 바뀌는 현상으로 '초뎨>초례[次弟], 낟악>나락[穀], 듣으니>들으니[聞]' 등을 들 수 있으며, 'ᄒ리도소니>ᄒ리로소니, ᄒ리더니>ᄒ리러니'처럼 미래시제 선어말어미의 '-리-' 아래에서도 일어났다.

[참고] 'ㄹ>ㄷ'의 현상

이는 엄밀히 말해서 'ㄹ>ㄷ'의 변화가 아니라, 합성어 사이에서 사잇소리로 인하여 'ㅅ'이 첨가되어 'ㄹ' 받침이 탈락되는 현상이다. 즉 '술가락>술ㅅ가락>숫가락>숟가락, '설달>설ㅅ달>섯달>섣달, 이틀날>이틀ㅅ날>이틋날>이튿날'이 된다.

(19) 유추(類推)

음운의 변동에 있어서 유추는 성격이 비슷한 말에서 공통의 유형을 찾아, 이와 비슷한 다른 말을 공통된 유형에 맞추어 일치시키려는 심리적 현상에서 어형이 변화하는 것이다. 즉, 기억의 편리를 위하여 혼란된 어형을 어떤 유사한 기준형으로 통일시키려는 현상이다. '서르>서로(부사 '-오'의 형태), 사울>사홀>사흘(인흘, 열흘의 '-흘'), 아호>아홉(닐굽, 여듧의 '-ㅂ'), 마순>마은>마흔(설흔의 '-흔'), 처섬>처엄>처음(어름, 밀븜의 '-음') 등을 들 수 있다.

⑳ 오분석(誤分析)

오분석은 말의 형태를 잘못 분석함으로써 어형이 바뀌는 것을 말한다. 즉, 오늘날의 '같다'는 중세국어에서 'ᄀᆞᆮᄒᆞ다(如)'였으나, 표음적 표기로 'ᄀᆞᇀ다'라고 표기했는데, 후대의 사람들이 어형을 잘못 이해하여 'ᄀᆞᇀ+ᄋᆞ다'로 생각했기 때문에 'ᄀᆞᆮᄒᆞ다→ᄀᆞᇀ다→같다'로 변천했다. 원래 '풀(蠅)+이'(주격) 형태를 표음표기하면 '프리'가 된다. 따라서 '프리'를 단독 어형으로 보고 '프리+제로주격'으로 잘못 분석하여 '풀+이→프리→파리'로 표기한 것이다. 역시 '갖(枝)+이'(주격)의 형태를 표음표기한 '가지'를 단독 어형으로 보고, '가지+제로주격'으로 오분석하여 '갖+이→가지'로 표기한 것이다.

㉑ 모음 교체(Ablaut) 현상

동일한 형태소 중 모음만 달리하여 의미를 변별하는 현상이다. 이에 대한 예로 '맛 : 멋, 마리(首) : 머리(頭), 갓(皮) : 겆(表), '늙다(古) : 늙다(老), 남다(餘) : 넘다(越), 붉다(明) : 븕다(赤), 삭다(酵) : 석다(腐)' 등을 들 수 있다.

제2장
형태

중세국어문법의

이론과 실제

중세국어문법의 이론과 실제

제2장
형태

1. 형태소와 단어

중세국어도 현대국어와 마찬가지로 형태소는 일정한 의미를 갖는 최소의 단위로, 단어는 최소의 자립형태소로 정의되며, 자립형태소에 쉽게 분리되는 조사도 준자립성으로 보아 단어로 본다.

(1) 나랏말ᄊᆞ미中듕國귁에달아文문字ᄍᆞ와로서르ᄉᆞᄆᆞᆺ디아니ᄒᆞᆯᄊᆡ
<훈민정음 언해>

(2) 나랏+말ᄊᆞ미+中듕國귁에+달아+文문字ᄍᆞ와로+서르+ᄉᆞᄆᆞᆺ디+
아니ᄒᆞᆯᄊᆡ

(3) 나라+ㅅ+말ᄊᆞᆷ+이+듕귁+에+달아+문ᄍᆞ+와로+서르+ᄉᆞᄆᆞᆺ디+아
니ᄒᆞᆯᄊᆡ

(4) 나라+ㅅ+말ᄊᆞᆷ+이+듕귁+에+다ᄅᆞ+아+문ᄍᆞ+와로+서르+ᄉᆞᄆᆞᆺ+디
+아니ᄒᆞ+ᄅᆞᆯᄊᆡ

(1)의 문장은 띄어쓰기가 적용되지 않은 것으로 어절로 끊어서 보이면 (2)와 같다. 그리고 (3)은 어근과 접사(조사, 어미)의 형식으로 나누어 보인 것으로 이 중 '나라, 말ᄊᆞᆷ, 듕귁, 다ᄅᆞ, 문ᄍᆞ, 서르, ᄉᆞᄆᆞᆺ, 아니ᄒᆞ' 등은

의미의 독자성을 갖고 있는 어휘형태소, 즉 실질형태소가 되고, 'ㅅ, 이, 에, 아, 와로, 디, ㄹ씨' 등은 문법 기능만을 나타내는 문법형태소, 즉 형식형태소가 된다. 그리고 (4)에서 '나라, 말씀, 듕귁, 문쭝, 서르'는 자립형태소이며, 나머지는 의존형태소이다.

단어는 최소 자립형식으로 내부에 휴지를 둘 수 없으며 사이에 다른 말이 들어갈 수도 없다. 따라서 어절과 같지만 조사를 준자립성으로 보아 단어로 인정되므로 (3)에서 단어는 '나라+말씀+이+듕귁+에+달아+문쭝+와로+서르+ㅅ못디+아니홀씨'가 된다.

2. 단어의 형성

중세국어도 현대국어와 마찬가지로 어형성법에 따라 단일어와 복합어로 구분된다. 단일어는 어근이 하나이고, 복합어는 어근과 어근이 결합된 합성어와 어근에 접사가 결합된 파생어로 분류된다.

2.1. 단일어

어근이 하나의 어휘형태소로 이루어진 단어를 단일어라 한다.

    (1) 불휘기픈남ᄀᆞᆫ ᄇᆞᄅᆞ매아니뮐씨 <용비어천가 2>
    (2) 시미기픈므른ᄀᆞ믈애아니그츨씨 <용비어천가 2>

위의 예문 (1)의 '불휘, 나모1), ᄇᆞᄅᆞᆷ, 아니', (2)의 '심, 믈, ᄀᆞ믈, 아니'는

---

1) '남ᄀᆞᆫ'의 단독형은 '나모'이다. 즉, '나모+ㄱ+은>남ᄀᆞᆫ(나무는)'이 된다.

하나의 어근으로 이루어진 단일어이다. 또한, 용언의 경우 '깊+은, 뮈+ㄹ씨, 궂+을씨'에서 어근인 '깊, 뮈, 궂'도 단일어로 다룬다.

    (3) 모맷病업스샤딕 <용비어천가 102>
    (4) 四祖ㅣ便安히몯겨샤 <용비어천가 110>

  한자일 경우, (3) 단일 한자로 된 '病'은 단일어이지만, (4)의 '四祖'와 '便安'의 경우 '四祖'는 네 명의 조상(목조, 익조, 도조, 환조)을 의미하므로 이는 합성어로 보아야겠지만, '便安'은 이미 국어에서는 각 한자의 의미의 결합이기보다는 두 한자가 결합하여 하나의 의미를 갖는 것으로 굳어져 사용해 왔기 때문에 단일어로 보는 것이 좋다.

2.2. 복합어
  둘 이상의 형태소가 결합하여 이루어진 단어를 복합어라고 한다. 복합어는 '어근+어근'인 실질형태소와의 결합으로 이루어진 합성어와 '접두사+어근, 어근+접미사'의 결합으로 이루어진 파생어가 있다.

2.2.1. 합성어
  합성어는 '어근+어근'으로 이루어진 어형성법의 일종으로 크게 명사류 합성어, 수사 합성어, 동사류 합성어, 부사류 합성어로 분류할 수 있다.

  (1) 명사류 합성어
    ① 곳나모(花木), 밤낮(늘), 겨집동싱(妹), ᄆᆞ쇼(馬牛), 날돌(日月)
    ② 외셤(孤島), 흔가지(同), 늘그니(老人), 한쇼(巨牛)[2]

위의 예문 ①은 '명사+명사'로 이루어진 합성어이고, ②는 '관형사
(형)+명사'로 이루어진 합성어이다.

(2) 수사 합성어

  흔두(一二), 서너(三四), 너덧(四五)

(3) 동사류 합성어

  ① 죽살다(生死), 빌먹다(乞食), ᄂᆞ니다(飛行), 듣보다(聞見), 오ᄅᆞ내
     리다(上下), 노니다(遊行), 검븕다(黑赤), 됴쿶다(吉凶)3)
  ② 도라오다(歸來), 니러서다(起立), 안잿다(坐), 나ᅀᅡ가다(進)
  ③ 업시너기다(無視), ᄀᆞ르디르다(橫斷)
  ④ ᄀᆞᆺ없다(無邊), 맛나다(甘味), 녀름짓다(農事), 빛(光)나다, 본받다

위의 예문 ①은 '용언어간+용언어간'이고, ②는 '동사어간+아/어+동
사어간'이고, ③은 '부사+용언'이다. ④는 '명사+용언'이다.

(4) 부사류 합성어

  나날(日日), ᄆᆞ디ᄆᆞ디(節節), 가지가지(種種), 내내(始終), 몯내

2.2.2. 파생어

  파생어는 '접두사+어근', '어근+접미사'처럼 어근에 접사가 결합하는
어형성법의 일종이다.

---

 2) 한쇼>하(多, 大, 巨)+ㄴ(관형형어미)
 3) 됴쿶다>둏다(吉)+궂다(凶)

1) 접미파생어

(1) 명사류 파생어

① 체언 어기에 붙는 파생접미사

-이 : 압(父)이>아비, 엄(母)+이>어미, 엇(親)+이>어싀

　　　그력(雁)+이>그려기, 퓰(蠅)+이>프리

-억 : 털+억>터럭(毛), 줌+억>주먹

-옹 : 긷+옹>기동(柱)

-아지 : 강+아지>강아지, 숑+아지>숑아지

-님 : 아바님, 어마님, 아드님

-내 : 아바님내, 누의님내

-에 : 이에, 그에, 뎌에

-어긔 : 이어긔, 그어긔, 뎌어긔

-희 : 너희, 저희

-∅ : ᄀᆞ물+∅, 깃+∅[4]

-차히(채) : ᄒᆞ나차히, 둘차히, 세차히, 네차히

　체언 어기에 붙는 접미사는 이외에도 '벼-맡', '담+쟝이', '아기+씨' 등이 있다. '-에, -어긔'는 지시대명사에 붙는 접미사이고, '-희'는 인칭대명사와 결합한 접미사이다. 그리고 기수사와 결합한 '-차히'는 서수사가 된다.

② 용언 어간에 붙는 파생접미사

-이 : 죽살+이>죽사리(生死), 글짓+이>글지싀(詩作), 아기낳+이>

---

4) ᄀᆞ물다(旱) : ᄀᆞ물(명사, 가뭄)+∅(제로 접미사)+다>ᄀᆞ물다(파생동사)
　　깃다(巢) : 깃(명사, 보금자리)+∅(제로 접미사)+다>깃다(파생동사)

아기나히(産兒), 녀름짓+이>녀름지싀(農事)

-개/게 : 늘개, 벼게, 덥게

-익/의 : 높+익>노픽(高), 크+의>킈(丈), 넙+의>너븨(廣), 길+의>기리(長)5)

-암/엄 : 죽+엄>주검, 묻+엄>무덤, 구짇+엄>구지럼(叱)

-음/음(명사화접미사) : 살+음>사름, 열+음>여름(實), 얼+음>어름(氷), 그리+ㅁ>그림(畵)

-옴/움(명사형어미) : 살+옴>사롬(살아 있음), 열+움>여룸(열매 맺음)

츠+움>춤(舞), 웃+움>우숨(笑), 울+움>우룸(泣)

　　파생명사의 형식이 '용언 어기+익/으+ㅁ'인 반면에, 동명사는 '용언 어기+오/우+ㅁ'의 형식을 갖는다.6) 그러나 '츠+움>춤(舞), 웃+움>우숨(笑), 울+움>우룸(泣)' 등은 명사형어미인 동명사가 그대로 파생명사로 굳어진 것이다.

---

5) '노픽, 기리' 등은 형용사가 파생명사로 굳어진 예다. 단위를 나타내는 명사로 '노픽(高)[높-(형용사)+ -익(접미사)→노픽(파생명사)], 기리(長)[길-(형용사)+ -의(접미사)→기리(파생명사)]'외에 '기픠, 너븨, 킈(丈)'등을 들 수 있다. 한편 형용사에 '이'(부사화접미사)가 결합되기도 한다. '기피(副) "기피 ᄀ초시니"<월인 138>, 노피(副) "次第로 노피 이쇼ᄃᆡ"<월석 1:32>, 너비(副) "衆生을 너비 濟渡ᄒ시ᄂ니" <석보序 1>, 기리(副) "기리 혜요미"(長數)<두언 7:9>, 키(크게) "大集은 키 모들씨니"<석보 6:46>

6) 중세국어에서 '음/음'은 명사화접미사이고, '옴/움'은 명사형어미이다. 따라서 '살+음→사름(명사)', '살+옴→사롬(동명사)'로 구별된다.

⑵ 동사류 파생어

① 사동파생

-이 : 먹(食)+이>머기다, 맑(淸)+이>물기다, 웃(笑)+이>웃이다
들(入)+이>드리다, 빌(借)+이>빌이다, 얼(嫁)+이>얼이다(시
집보내다, 장가들이다), 울(鳴)+이>울이다, 흐르(流)+이>흘
리다

-히 : 굳(堅)+히>구티다, 늦(晩)+히>느치다, 묻(染)+히>무티다, 잡
(獲, 捕)+히>자피다, 넙(廣)+히>너피다, 곧(直)+히>고티다,
붉(明)+히>볼키다

-기 : 밧(脫)+기>밧기다(벗기다), 숨(隱)+기>숨기다, 옮(移)+기>옮
기다, 빗(梳)+기>빗기다

-ㅣ : 나(出)+ㅣ>내다, 보(見)+ㅣ>뵈다

-오/우 : 뮈(動)+우>뮈우다(움직이게 하다), 일(成)+우>일우다, 몯
(集)+오>모도다, 녙(淺)+오>녀토다(옅게 하다), 머믈(留)+
우>머물우다(머무르게 하다)

- 호/후 : 낟(現)+호>나토다, 맞(適)+호>마초다(맞추다=알맞게 하
다), 궂(備)+호>가초다(갖추게 하다), 멎(停)+후>머추다
(멈추게 하다)

사동 파생접미사 '-호/후-'는 어간 말음이 'ㄷ, ㅈ'의 경우에 나타난다.

② 피동파생

-이- : 좇(逐)+이>조치다(쫓기다), 닿(觸)+이>다히다(접촉되다), 믜
(惡)+이>믜이다(미움을 받다), 열(開)+이>열이다, 믈리좇
(退)+이>믈리조치다(물러나게 쫓기다=쫓기어 물러나다)

-히- : 잡(執)+히>자피다, 닫(閉)+히>다티다, 먹(食)+히>머키다,

-기- : 둠(沈)+기>둠기다(잠기다), 덦(染)+기>덦기다(오염되다), 솖
(烹)+기>솖기다(삶기다)

(3) 형용사류 파생어

① 체언 어기와의 결합

-둡(ᄃᆞ뵈)- : 의심+둡다, 쥬변(自由)+둡다, 뜯(意)+둡다
　　　　　　　의심ᄃᆞ뵈니(의심ᄃᆞ외니)

-룹- : 수고+룹다, 지혜+룹다, 외(孤)+룹다, 새(新)+룹다
　　　　수고ᄅᆞ뵈(수고ᄅᆞ이)

-젓- : 향기+젓>향기젓더니, 향기저스니라7)

② 용언 어간과의 결합

-ᄇᆞ/브- : 슳(悲)+브>슬프다, 믿(信)+브다(미쁘다), 곯(飢)+ᄇᆞ>골프
다(고프다), 젛(畏)+브>저프다(두렵다),

-압/업- : 므기(重)+업>므겁다, 붓그리(羞)+업>붓그럽다, 앗기(惜)+
압>앗갑다(아깝다)

-갑- : ᄂᆞᆺ(低)+갑>ᄂᆞᆺ갑다(낮다), 맛(嗅)+갑>맛갑다(맡다), 맛(適)+
갑다(알맞다, 마땅하다)

-ㅂ(ᄫᆞ)- : 그리(慕)+ㅂ>그립다, 그리ᄫᆞᆫ(그리운)
　　　　　　놀라(驚)+ㅂ>놀랍다, 놀라ᄫᆞᆫ(놀라운)

---

7) '-젓다'는 접미사로 '-룹다, -스럽다'와 같은 의미로 사용되었다.

⑷ 부사류 파생어

① 체언 어기와의 결합

-로- : 날(日)+로, 진실+로

-소(수) : 몸(身)+수(몸소), 손(手)+수(손수)

-리- : 이(此)+리, 그(其)+리, 뎌(彼)+리(저리), 아므(某)+리(아무리)

-내- : ᄆᆞᄎᆞᆷ(終)+내(마침내)

② 용언 어간과의 결합

-이 : ᄇᆞᆰ(明)+이>ᄇᆞᆯ기(밝게), 옳(正)+이>올히, 젹(小)+이>져기(적게), 굳(固)+이>구디(굳게), 멀(遠)+이>머리(멀리), 높(高)+이>노피(높게), 넙(廣)+이>너비(넓게), 크(大)+이>키(크게), 깊(深)+이>기피, ᄂᆞᆽ갑(低, 賤)+이>ᄂᆞᆽ가ᄫᅵ>ᄂᆞᆽ가이, 놀랍(驚)+이>놀라ᄫᅵ>놀라이, 슬프(悲)+이>슬피, 믿브(信)+이>믿비

-히 : ᄀᆞ득(滿)+히, 이러(如此)+히, 만(多)+히8)

-오/우 : 비릇(始)+오>비르소, 낫(進)+오>나소, 돌(廻)+오>도로, 맞(迎)+오>마조(마주), 고ᄅᆞ(均)+오>골오, 좇(隨)+오>조초(좇아), 넙(過)+우>너무

-아/어 : 몯(集)+아>모다(모아), 싣(得)+어>시러(얻어, 능히), 다ᄋᆞ(盡)+아>다아(다)(모두, 다하여)

[참고] 부사어 접미사

① (오, 어)ㅁ : 쉬엄쉬엄, 나옴나옴, 니섬니섬

---

8) '많다'는 '만ᄒᆞ다'가 기본형이며, '이렇다'도 '이러ᄒᆞ다'가 기본형이다. 따라서 'ᄀᆞ득ᄒᆞ+이>ᄀᆞ득히', '만ᄒᆞ+이>만히', '이러ᄒᆞ+이>이러히'로 설명할 수 있어 접미사 '-이'가 결합한 것으로 볼 수도 있다.

② ㅇ : 나명 들명, 오명 가명, 이링공 뎌링공

③ 곰(옴) : 둘하 노피곰 돋드샤

④ ㄱ : 여회약(이별하여), ᄉ랑ᄒ약(사랑하여)

2) 접두파생어

(1) 명사류 파생어

갓(덜됨)- : 갓스믈

굴(흰색)- : 굴거믜, 굴가마괴

납(壁)- : 납거믜

댓(크고 억센)- : 댓무수

들(野)- : 들기름

새(明)- : 새별

솃(小)- : 솃무수

아ᄎ(작은) : 아ᄎ설(暮歲, 섣달 그믐)

읻(二)- : 읻히

젼(全, 온전한)- : 젼술

ᄎ(출, 촛, 끈기있는)- : 출콩, ᄎ쌀, 출쩍(ᄎ쩍)

춤(眞)- : 춤기름

한(밖)- : 한뒤(露天)

항(上, 大)- : 항것(上典)

(2) 동사류 파생어

덧(몹시)- : 덧궂다(몹시 추하다)

모(不)- : 모ᄌ라다(不足하다)

비(嘲)- : 비웃다(조롱하다)

박(强)- : 박츠다(세게 차다)

엇(橫)- : 엇막다(엇비슷이 막다)

즌(마구)- : 즌넓다

티(>치위로)- : 티뜨다(치뜨다), 티받다(치받다, 숫(아오르)다), 티밀
　　　　　　다(치밀다), 티소다(치쏘다)

횟(강세)- : 횟돌다(휘돌다, 빙빙 돌다)

3. 체언의 용법

체언에 조사가 결합하여 일어나는 어형변화를 曲用이라 하고, 용언에
어미가 결합하여 일어나는 어미변화를 活用이라 한다.

3.1. 체언

명사, 대명사, 수사로 나누어 그 격변화를 알아보고자 한다.

3.1.1. 명사(名詞)

⑴ 보통명사와 고유명사

나랏 말쓰미 中國에 달아 <훈민정음 언해>

위의 예문에서 '나라'는 보통명사이고, '中國'은 고유명사이다.

⑵ 의존명사

자립성이 없지만 관형어의 수식을 받는 체언의 자리에 올 수 있는 명사를 의존명사 혹은 형식명사라고 한다. 의존명사에는 여러 가지 형태가 있는데, 그 중에서도 주요한 것이 '드'와 '亽'이다.

　ㄱ 드 - 드+이>디(주격), 드+ㄹ>들(목적격), 드+ㄴ>든(주제격), 드+이>듸(처소격), 드+이라>디라(서술격)

　ㄴ 亽 - 亽+이>시(씨)(주격), 亽+ㄹ>슬(목적격), 亽+ㄴ>슨(주제격), 亽+이>싀(처소격), 亽+이라>시(씨)라(서술격)

① '드'의 경우

　ㄱ 주격 <디> : 볼저긔 이 새로 난 디 아니며 <圓覺 상>

　ㄴ 목적격 <들> : 아니시며 거츠르신 들 <정과정>

　ㄷ 주제격(보조사) <든> : 원혼 든 佛子ㅣ 내 懺悔를 바드샤
　　　　　　　　　　　　　　　　　　　　　<석보상절 24:18>

　ㄹ 처소격 <듸> : 도즈기 겨신 듸를 무러 <용비어천가 62>

　ㅁ 서술격 <디라> : 因緣으로 世間애 나시논 디라
　　　　　　　　　　　　　　　　　　　　　<석보상절 13:49>

② '亽'의 경우

　ㄱ 주격<시> : 海中에 現홀 시 일후믈 海印이라 ᄒ니 <金三 2:18>
　　　　　　　　ᄀ장 다올 씨(亽+이)

　ㄴ 목적격 <슬> : 아소 님하 近代平生에 여흴 슬 모르옵새
　　　　　　　　　　　　　　　　　　　　　<만전춘별사>

ⓒ 주제격 <ㄴ> : 엇디 홀 ㄴ 사술 쎄혀 글 외오기며

<노걸대언해 상 3>

ⓓ 서술격 <시라> : 외요미 또 올호미라 호문 是와 非왜 훈 體ㄹ
시라 <南明 상39>

③ 기타의 경우

<바> : 어린 빅셩이 니르고져 홇배(바+ㅣ) 이셔도 <훈민정음>

<이> : 말ᄊᆞ물 슬ᄫᆞ리(솗+ᄋᆞ+ㄹ+이=사람) 하ᄃᆡ 天命을 疑心ᄒᆞ실
ᄊᆡ <용비어천가 13>

절로 가며 절로 오ᄂᆞ닌(오+ᄂᆞ+ㄴ+이+ㄴ=것은) 집 우흿
져비오 <두시언해 초 7:3>

<ᄣᅵ> : 바ᄆᆡ도 세 ᄠᅳᆯ(ᄣᅵ+을=번을) 說法ᄒᆞ더시이다

<월인천강지곡>

<양> : 王이 罪이 야ᄋᆞ로(양+ᄋᆞ로=모양으로) 詳考ᄒᆞ야

<석보상절 9:38>

<제> : 섬 안해 자싫 제(때) 한비 사ᄋᆞ리로ᄃᆡ <용비어천가 67>

<덛> : 그 더듸(덛+의=동안에) 엇디ᄒᆞ야 下界예 ᄂᆞ려오니

<사미인곡>

<디> : 大洞江 너븐 디(줄) 몰라서 <서경별곡>

<디위> : 崔九의 집 알ᄑᆡ 몃 디윌(디위+ㄹ=번을) 드러뇨

<두시언해>

<간> : 제 간(분수)을 더리 모ᄅᆞᆯᄊᆡ <월인천강지곡>

<동> : 우리 사ᄅᆞ미 오늘 주글 동 ᄂᆡ일 주글 동 <번역노걸대>

<만> : 열 돐 마내 윈녁 피ᄂᆞᆫ 男子ㅣ 두이오 <월인석보>

<ᄲᅮᆫ/분> : 제 몸 닷글 ᄲᅮᆫ ᄒᆞ고 <석보상절>, 비록 等ᄒᆞ샤도 잘 드르

실 보니오 <월인석보>

<ᄡᅳ름> 편안킈 ᄒᆞ고져 홀 ᄲᆞᄅᆞ미(ᄡᅳ름+이)니라 <훈민정음 언해>

[참고] 구별을 요하는 명사

갓(革, 가죽) : ᄀᆞᆺ(邊, 가)

갗(皮, 가죽) : 겿(表, 겉)

곧(處, 곳) : 곶(花, 꽃)

ᄀᆞ울(秋, 가을) : ᄀᆞ올(鄕, 고을)

날애(日에) : 나래, ᄂᆞ래(날개)

나조(夕, 저녁) : 낮(晝, 낮)

날(日) : 늘(刀, 칼날)

낯(個, 낱) : ᄂᆞᆾ(面, 낯)

내(川) : ᄂᆡ(烟, 연기)

녀름(夏, 여름) : 여름(果, 열매)

닢(葉, 잎) : 입(口) : 잎(戶, 문)

ᄃᆞ리(橋, 건너는 다리) : 다리(脚)

마리(髮, 머리털, 首, 으뜸) : 머리(頭)

마ᅀᆞᆯ(관청) : ᄆᆞᅀᆞᆯ(마을)

맛(味) : ᄆᆞᆺ(伯兄, 맏이)

ᄆᆞᆯ(馬) : 말(言語)

ᄆᆡ(野, 들) : 뫼(山)

물(群, 무리) : 믈(水)

몯(釘, 不) : 못(池, 연못)

발(足) : ᄇᆞᆯ(臂, 팔)

빋(價値) : 빗(光, 빛)

쇼(淵, 늪) : 쇼(牛, 소)

술(肉) : 살(화살)

서리(群多의 속) : 스시(兩者間 사이)

아래(下) : 아릭(前日, 전날)

지(灰, 재) : 재(고개)

3.1.2. 대명사(代名詞)

대명사는 명사를 대신하여 사용하는 것으로 인칭대명사, 지시대명사, 의문대명사가 있다.

⑴ 인칭대명사

인칭대명사에는 1인칭, 2인칭, 3인칭, 그리고 미지칭 대명사가 있다. 고등학교 문법(2002:285-286)에는 인칭대명사에 대해 아래와 같이 설명하고 있다.

㉮ ·내(나ㅣ)····스믈여듧 字를 밍ㄱ노니 <훈민정음 언해>

㉯ 長者ㅣ 네(너ㅣ) 아비라 <월인석보 8:98>

㉰ 그듸는····가난흔 젯 사괴요믈 보디 아니ㅎ는다9) <두시언해 25:56>

㉱ 어린 百姓이····ᄆᆞᄎᆞᆷ내 제(저ㅣ) 쁘들 시러 펴디 몯홇 노미 하니라 <훈민정음 언해>

㉲ 淨飯王이 깃그샤 부텻 소늘 손소 자ᄇᆞ샤 ᄌᆞ걋(ᄌᆞ갸ㅅ) 가ᄉᆞ매 다히시고10) <월인석보 10:9>

위 문장에서 (가)의 '나'는 1인칭 대명사, (나)의 '너'는 2인칭 대명사, (다)의 '그듸'는 '너'보다는 약간 대우하는 2인칭 대명사, (라)의 '저'는

---

9) "그듸는 管仲鮑叔의 가난흔 젯(齊나라의) 사괴요믈 보디 아니ㅎ는다"(君不見管鮑貧時交)

10) '깃그샤(기뻐하시고), '깄다'(기뻐하다), 손소(副 손수), 자ᄇᆞ샤(잡으시어), ᄌᆞ갸(人稱不定稱, '自己'의 높임말), ᄌᆞ걔(主格), ᄌᆞ걋(屬格), 다히다(대다)

앞의 '어린 百姓'을 가리키는 재귀대명사, 그리고 (마)의 'ᄌᆞ갸'는 '저'의
높임말의 재귀대명사로 제시하였다. 이는 현대국어의 3인칭 주어로 쓰이
는 재귀대명사 '당신'에 해당되는 것으로 볼 수 있다.

그리고 인칭대명사 중 미지칭 대명사에는 '뉘(누구)', '므슥(무엇)', '어
느(어느것)', '엇뎨(무엇)'[11]가 있다.

모ᄆᆞᆯ 百千 디위 ᄇᆞ료민ᄃᆞᆯ <u>므스기</u> 어려ᄫᆞ료[12] <석보상절 11:20>

죵과 물와ᄅᆞᆯ <u>현맨ᄃᆞᆯ</u> 알리오" <월인석보 52>

何ᄂᆞᆫ <u>엇뎨</u>라 ᄒᆞ논 마리라 <월인석보 序14>

그 마리 <u>엇뎨</u>오 <법화 2:27>

어느 노를 더 ᄇᆞ르시려뇨 <월인천강지곡 상19>

龍王ᄋᆞᆫ 겨쇼셔 이 두 믈을 <u>어느</u> 從ᄒᆞ시려뇨 <월인석보 7:26>

[참고] 현마, 엇뎨

· 현마(설마, 부사) : <u>현마</u> 七寶로 ᄭᅮ며도 됴타ᄒᆞ리잇가 <월인 121>

· 현마(차마, 부사) : <u>현마</u> 모딘 罪業을 짓디 아니ᄒᆞ리니"

<석보 9:31>

· 현마(아무리, 아무리해도, 부사) : <u>현마</u> 일훔과 얼굴왜 둘히 업스며"

<金三 2:38>

· 현·맛(얼마의, 관형사) : <u>현맛</u> 벌에 비느를 ᄲᅡ라뇨" <용가 28>

:엇뎨(어찌, 부사) : 누비옷 니브샤 붓그료미 <u>엇뎨</u> 업스신가"

<월인 120>

---

11) 중세국어에 많이 사용하는 '현마'는 '얼마'의 의미로 명사로 본다.

12) '디위(번, 境界)~·디·위(-지, -지마는, 語尾-디뷔), ᄇᆞ리다(버리다, 捨),
    므스기(무엇이)[므슥(指示대, 未知稱)+이(주격)], 어려ᄫᆞ료(어렵겠는가)

[참고] 인칭대명사의 곡용13)

曲用形	1人稱	2人稱		3人稱	不定稱
	나	너	그듸	저	누
主格	·내	:네	그듸	:제	·뉘
屬格	내	네	그딋	제	:뉘

　위의 표를 보면 성조로 문법기능이 다름을 잘 나타내고 있다. 즉, 주격
은 '·내(내가)', 소유격(관형격)은 '내(나의)', 또한 주격은 '·뉘(누구
가)', 소유격(관형격)은 ':뉘(누구의)', 주격은 ':네(네가)', 소유격(관형격)
은 '네(너의)', 그리고 주격은 ':제(자기가)', 소유격(관형격)은 '제(자기
의)' 등이다.

　① 조롱곳 누로기 민와 잡스와니 내 엇디ᄒ리잇고
<악장가사, 청산별곡>
　② 내 님을 그리ᅀᆞ와 우니다니 <악학궤범, 정과정곡>

　위의 예문 ①에서 '내'(나+ㅣ)에서 'ㅣ'는 주격이지만, '잡스와'(겸양
선어말어미)로 보아 관형격이 될 수도 있다. ②의 경우도 주격으로 볼
경우 '내가' 님을 그리워하는 것이다. 이는 '우니다니' 서술어가 '울+니+
더+오+니'로 형태 분석된다. 이 형태 분석에서 1인칭 화자의 의도를 갖는
선어말어미 '오'를 갖는 것으로 보아 '내'가 주격임을 알 수 있다. 그러나
주어가 생략되어 있다면 아래 예문에서 '내'는 '나의'로 관형격이 된다.

　(나가) 내(나의) 님을 그리ᅀᆞ와 우니다니

---
13) 李喆洙(2002:310) 참조.

(2) 처소대명사

처소를 나타내는 지시대명사에는 '이어긔'(여긔>여기), '그어긔'(거
긔>거기), '뎌어긔'(뎌긔>저기)가 있다. 이는 '이, 그, 뎌'가 발달하여 장
소를 나타내는 것으로 '이(그, 뎌) + ᅌ + 어긔(접미사)>이(그, 뎌)어긔'와
같이 하여 이루어진 말인데, 이 때에 'ᅌ'음은 모음과 모음이 맞부딪침(모
음충동회피)을 피하기 위하여 들어간 것이다.

　　　이어긔 이셔도 다 能히 굴히며 <석보상절 19:17>
　　　그어긔 受苦홀 사르미 <월인석보 1:29>
　　　이에 얼구를 逃亡ᄒ야 뎌어긔 生을 브루믈 <능엄경언해>

(3) 의문대명사

의문대명사에는 '어느', '어ᄂ'가 있는데 이는 관형사(어느, 무슴, 어
떤), 대명사(무엇, 어느것), 부사(어찌)로 쓰인다. 즉, '어느'(어ᄂ)란 말이
세 가지 다른 용법을 가지고 있다. 일반적으로는 관형사로 쓰일 때는 명
사 앞에 놓이는 것이 보통이고, 대명사로 쓰일 때는 앞에 나오는 명사의
뜻을 지칭하는 '어느것, 무엇'이라는 뜻을 나타내며, 부사로 쓰일 때는
용언이나 부사를 수식하며 '어찌'의 뜻을 갖는다.

　　　菩薩이 어느 나라해 ᄂ리시게 ᄒ려뇨 <월인석보 2:10> [어느]--관형사
　　　東山泰山이 어느야 놉돗던고 <관동별곡> [어느것, 무엇]--대명사
　　　國人 ᄠᅳ들 어느 다 슬ᄫᅳ리 <용비어천가> [어찌]--부사

3.1.3. 수사(數詞)

수사는 명사의 수량이나 순서를 가리키는 체언의 일종으로 양수사와
서수사가 있다. 'ᄒ나ᄒ, 둘ᄒ, 세ᄒ, 네ᄒ, 다ᄉ, 여슷, 닐굽, 여듧, 아홉,

열ㅎ 등 양수사[기수사]에 '자히(재), 차히(채), 찻'의 접미사를 붙이면
'ᄒᆞ나차히[14), 둘차히, 세차히, 다ᄉᆞᆺ차히(다ᄉᆞᆺ재)' 등 서수사가 된다.[15)
즉, 기본이 되는 수에 접미사를 붙여서 차례를 나타내는 것을 서수사라
고 한다. 현대어에서 서수사를 만드는 접미사는 '첫째, 둘째, 셋째'처럼
'째'를 사용하지만, 고어에서는 '자히, 차히'를 사용하고, 서수사의 관형
어적으로 사용될 때에는 '첫, 둘찻, 세찻, 네찻'처럼 '찻'이 쓰였다.

　① 닐굽 힛자히, 또 일힛자히사 <월인천강지곡>
　　　(칠년째, 이년째)
　② 세찻히(셋째 해) <월인천강지곡>
　③ ᄒᆞ나차히(첫째), 둘차히(둘째), 세차히(셋째) ... 열차히(열째)

　그리고 양수사의 관형어적 용법(관형사)으로는 '혼, 두, 세, 네, 다ᄉᆞᆺ'
등이 사용되었다.

　모딘 세 가지로 닐어사 <월인석보>
　다ᄉᆞᆺ 곳 두 고지 <월인석보>

3.2. 조사(助詞)

3.2.1. 격조사

　한 문장에서 선행하는 체언으로 하여금 일정한 자격을 갖도록 해주는
조사를 격조사라고 한다. 주격조사, 관형격조사, 목적격조사, 부사격조사,

---

14) '첫째'를 의미하는 序數詞가 현대 국어와 다르다.
15) '자히'와 '차히'가 특별한 구별을 가지고 사용된 것이 아니고 혼용되었다.

호격조사, 공동격조사 등이 있다.

(1) 주격조사

주격조사는 현대어에서는 받침이 있는 말 아래 '이'가, 받침이 없는 말 아래에서는 '가'가 쓰이나, 중세어의 받침 아래에서는 '이'를 사용하고, 'ㅣ'나 '반모음 'ㅣ[j]'를 제외한 모음 아래에서는 'ㅣ'를 사용한다. 독립된 음절을 갖지 못하므로 한글에서는 끝자에 어울려 쓰고, 한자에서는 따로 쓴다. '∅(Zero)'는 'ㅣ'나 'ㅔ, ㅐ, ㅚ, ㅢ, ㅚ, ㅟ, ㅖ' 등에서처럼 반모음 'ㅣ[j]'를 갖는 모음 아래에서 쓰인다.

> 예) 나랏 말쓰미(말쏨+이) 中國에 달아 <훈민정음 언해>
> 　　대장뷔(부+ㅣ) 세상에 나매 <홍길동전>
> 　　어린 百姓이 니르고져 훌배(바+ㅣ) 이셔도 <훈민정음 언해>
> 　　믈읫 字ㅣ 모로매 <훈민정음 언해>
> 　　安西都護ㅣ 되 프른 驄馬ㅣ <두시언해>
> 　　불휘(불휘+제로주격)16) 기픈 남ᄀᆞᆫ <용비어천가>
> 　　ᄀᆞᄅᆞ매 빅(빅+제로주격) 업거늘 <용비어천가>

[참고] 특수한 주격조사

고어에서는 '셔'계의 특수한 주격 조사가 있는데, 높임 명사 뒤에는 '끠셔', 단체 명사 뒤에는 '애이셔', 일반 명사 뒤에는 '셔', 그리고 '누' 의문사 뒤에는 'ㅣ라셔'가 붙는다. 그리고 현대어 모음 뒤에 쓰이는 주격 조사 '가'는 15세기에는 쓰이지 않았다. '가'의 최초의 사용은 정철의 모친의 편지글에서이다.

---

16) '불휘'의 '휘[huj]'는 음성기호가 반모음 'ㅣ[j]'로 끝나므로 제로주격(∅)을 사용한다.

① 和平翁主씌셔(께서) <한중록>

② 나라해이셔(나라+ㅎ+애이셔=에서) 도ᄌᄀᆨ기 자최 바다

<월인석보 1:6>

③ 누구셔 漁翁의 ᄒᆞ는 일이 閑暇ᄒᆞ다 ᄒᆞ든이 <고시조>

④ ᄀᆞᆺ득 노ᄒᆞᆫ 고래 뉘라셔(누+ㅣ라셔=누구가) 놀래관ᄃᆡ <관동별곡>

⑤ 츤 구ᄃᆞᆯ릐(구들에) 자니 빈가 세니러셔(설사가 나서) ᄌᆞ로(자주) 돈

니니 <정철 慈堂 安氏>

東萊가 요ᄉᆞ이 편티 아니ᄒᆞ시더니 <첩해신어>

빈가 올거시니 <첩해신어>[17]

(2) 관형격조사

관형격조사는 명사를 수식하는 일종의 속격 조사로 '익, 의, ㅅ'로 쓰인

다. '익'는 양성모음 밑에서, '의'는 음성모음 밑에서 사용되며, 'ㅅ'은

무정물을 지칭하거나 유정물 중 존칭 체언 결합에 사용되었다.[18]

도ᄌᄀᆨ긔 아ᄑᆞᆯ 디나샤 <월인천강지곡>

父母익 모ᄆᆞᆫ <능엄경언해>

나랏 말ᄊᆞ미 <훈민정음 언해>

부텻 功德을 <석보상절>

---

17) 尹錫昌(1973:559)에서 '-가'는 16세기 말기에 '捷解新語'에 비로소 나타나
며, 근자에 그보다 약간 앞선 문서, 선조 5년(1572)에 쓴 정철의 어머니
안씨의 내간에서 나오기도 하나 대체로 16세기 말에서 발달한 것이라고
보았다. 그러나 '가'의 주격조사가 일반화된 것은 19세기 말 이후로 보아
야 할 것이다.

18) '익/의'가 유정물 지칭의 平稱 체언에 결합되는 반면에 'ㅅ'은 유정물 尊
稱에 사용된다. "岐王ㅅ집 안해 샹녜 보다니 崔九의 집 알ᄑᆡ" <江南逢李
龜年>

또한, 선행 체언의 말음이 모음으로 끝날 때 'ㅣ'로 나타내기도 한다.

長子ㅣ 쑬이 粥을 받ㅈᄫ니 <월인석보 상63>
내 니믈 그리ᅀᅡ와 우니다니 <정과정곡>

[참고] 처소 부사격
형태는 '익/의'로 관형격이지만, '에 있는, 에 하는' 의미로 처소 부사격
으로 해석되는 경우가 있다.[19]

바회 우희(우+ㅎ+의=위에) 접듀ᄒ요이다 <정석가>
보믹(봄+익=봄에) 왯ᄂᆞᆫ 萬里옛 나그내ᄂᆞᆫ <두시언해, 귀안>

(3) 목적격조사

목적격 조사는 타동사를 갖는 체언에 붙는 조사로 '를(양성음절 모음
밑), 올(양성음절 자음 밑), 를(음성음절 모음 밑), 을(음성음절 자음 밑),
ㄹ(모음 밑)' 등이 있으며 대격조사라고도 한다. 목적격조사의 본래 형태
는 'ㄹ'이고, 자음 밑에 사용되는 '올, 을'의 '-ᄋᆞ-, -으-'는 매개모음이다.

말쓰믈 술ᄫ리 하ᄃᆡ 天命을 疑心ᄒ실ᄊᆡ <용비어천가 13>
놀애를 브르리 하ᄃᆡ <용비어천가 13>
블근새 그를 므러 寢室 이페 안ᄌᆞ니 <용비어천가 7>
ᄇᆞ야미 가칠 므러 즘겟 가재 연ᄌᆞ니 <용비어천가 7>
崔九의 집 알ᄑᆡ 몃 디윌(디위+ㄹ) 드러뇨 <두시언해>

---

19) 이를 특수처소격이라고 하는데 이에 대해서는 부사격 조사에서 구체적으
로 설명할 것이다.

⑷ 부사격조사

부사격조사에는 처소격, 도구격, 여격, 비교격, 공동격, 향진격 등이
있다.

① 처소격

처소격 조사는 공간이나 시간상의 위치를 표시하는 조사로 '애'
(양성음절 아래), '에'(음성음절 아래), '예'(' ㅣ '모음 아래)가 있고,
특정명사 아래에 쓰이는 '이, 의'가 있다. 현재에는 '에' 하나만 사
용된다.

긴 녀륾 江村애 일마다 幽深ᄒ도다 <두시언해>
침실 의페(문에) 안즈니 <용비어천가 7>
狹人ㅅ서리예(사이에) <용비어천가 4>

[참고] 특수처소격 조사

처소격조사는 양성음절 아래에서는 '애', 음성음절 아래에서는 '에',
중성인 ' ㅣ ' 모음 아래에서는 '예'가 쓰이는 것이 원칙이지만, 일부 명사
들은 이 원칙을 따르지 않고, 관형격 조사인 '이'와 '의'를 처소격 조사로
취한다.

㉠ '이'를 취하는 명사[20]

아츰(朝), 앎(前), 낮(晝), 봄(春), 밤(夜), 밭(田), 곶(花), 나모(木), 돗
(席), 나조(夕), ᄀᆞ올(鄕), ᄀᆞᄋᆞᆯ(秋), 자(尺)

ᄒᆞᆺ 아츠믜 믄득 貴히 ᄃᆞ외면 <내훈>

---

20) 이에 대한 예 제시는 尹錫昌(1973:554) 참조.

옰 <u>보민</u> 본딘 쏘 디나가ᄂᆞ니 <두시언해>

ᄀᆞᅀᆞᆯ히 霜露ㅣ와 草木이 이울어든 <월인석보>

ⓛ '의'를 취하는 명사

밧(外), 집(家), 곁(傍), 녁(側), 우(上), 밑(下), 쯰(時)

이 덤 <u>밧긔</u> 나명들명 <악장가사, 쌍화점>

<u>지븻</u> 音書ᄂᆞᆫ 萬金이 ᄉᆞ도다 <두시언해>

사호맷 무리 關山ㅅ <u>北녀긔</u> 잇ᄂᆞ니 <두시언해>

바회 <u>우희</u> 接柱ᄒᆞ요이다 <악장가사, 정석가>

② 도구격(具格)

도구나 수단을 나타내는 조사인 '(ᄋᆞ/으)로'의 형태이다. 이는 원인, 방향, 자격, 자료, 시발격 등으로 사용된다.

㉠ 원인 : <u>病으로</u> 請ᄒᆞ시고 天心을 일우오리라 <용비어천가>

ⓛ 방향[21] : 光明이 <u>밧ᄀᆞ로</u> 비취샤 <월인석보>

㉢ 자격 : <u>天尊ᄋᆞ로</u> 겨샤 <두시언해>

㉣ 자료 : <u>金으로</u> 밍ᄀᆞᅀᆞᆸ니라 <석보상절>

㉤ 시발 : 그 <u>후로</u> 일후미 나니 <월인석보>

③ 여격(與格)

여격은 다른 사람에게 무엇을 주거나 시킬 경우에 상대방을 나타내는 격으로 '체언+그에(게)', '체언+손ᄃᆡ', '체언+ᄃᆞ려' 등 '에

---

21) 방향을 나타내는 향진격은 처소격조사로 사용될 수도 있다.
   내히 이러 바ᄅᆞ<u>래(바롤+애)</u> 가ᄂᆞ니 <용비어천가 2>

게'의 평칭으로, 'ㅅ+그에(긔/게)=끠'는 '께'의 존칭으로 사용되었
다.22)

    내그에 맛딘 사ᄅᆞ미 죽거늘 <선창내훈 3:65>
    無學손듸 빈호는 사ᄅᆞ미라 <석보상절 13:3>

    王ㅅ그에 가리라 <월인석보>
    부텻게 가 <법화경언해>
    몸이며 얼굴이며 머리털이며 술흔 父母끠 받ᄌᆞ온 것이라 <소학언해>

    날ᄃᆞ려 니ᄅᆞ샤듸 <월인천강지곡 서11>
    내 너ᄃᆞ려 ᄀᆞᄅᆞ쵸마 <飜朴 상10>

④ 비교격
    비교격은 체언에 '라와, 도곤, 에셔' 등의 결합과 '과, 와'가 뒤에
'ᄀᆞᆮ다'나 '다ᄅᆞ다'와 사용된다.23)

    널라와 시름한 나도 자고 니러 우니노라 <청산별곡>
    盧山이 여긔도곤 낫단 말 못ᄒᆞ려니 <관동별곡>
    블고미 日月에셔 더으고 <몽법 65>
    닐옴과 ᄀᆞᆮᄒᆞ니라 <남명집언해>
    나디 바틔셔 남과 ᄀᆞ틀씨 <석보상절>

---

22) 'ᄃᆞ려'는 '니ᄅᆞ다(謂), ᄀᆞᄅᆞ치다, 자랑ᄒᆞ다' 등과 결합한다.
23) 비교격은 '-에', '-이'와의 결합에서도 보인다.
    나랏 말ᄊᆞ미 中國에 달아 <훈민정음 언해>
    즘승에 갓가오릴ᄉᆡ <소학언해>
    古聖이 同符ᄒᆞ시니 <용비어천가1>

軍容이 녜와 다루샤 <용비어천가>

⑤ 공동격(동반격)

공동격은 대체로 체언과 체언을 결합하는 '와/과'로 '와(로)'는 모음 밑에, '과'는 자음 밑에 쓴다.

나모와 곳과 果實와는 <석보상절 6:40>

文字와로 서르 스뭇디 아니홀씨 <훈민정음 언해>

하늘콰 짜콰 스쉬예24) <두시언해>

⑸ 호격조사

호격은 사람이나 사물의 이름을 부르는 격으로, 존경하여 부를 때(존칭호격)는 '하', 보통으로 부를 때(보통호격)는 '아(야)', 그리고 감탄적으로 사용하여 부를 때(감탄호격)는 '여(이여)'가 쓰였다. 그러나 무정물이나 일부 낮춤일 때에 '하'가 쓰이기도 했다.

님금하 아루쇼셔. 洛水예 山行가이셔 <용비어천가>

子眞아 正히 너를 스랑ᄒ니 <두시언해>25)

阿逸多야 내 이 如來人壽命 長遠 니룷 저긔 <월인석보 17:24>

됴ᄒ시며 됴ᄒ실쎠 大雄世尊이여 <법화경언해>

누릿 가온대 나곤 몸하 ᄒ올로 녈셔 <동동>

혀고시라 밀오시라 鄭少年하 <한림별곡>

---

24) '하늘콰>하늘+ᄒ+과', '짜콰>짜+ᄒ+과'

25) 자진아 바로 너를 생각하니

3.2.2. 보조사(補助詞)

보조사는 체언이나 부사와 결합하여 선행하는 말의 뜻을 더하거나 한 정시켜 주는 역할을 한다.

(1) 대조보조사

대조보조사는 '는'(양성음절 母音 밑), '은'(양성음절 子音 밑), '는'(음 성음절 母音 밑), '은'(음성음절 子音 밑), 'ㄴ'(母音 밑) 등이 있는데, 그 기저형은 'ㄴ'이다. 차이보조사, 또는 주제격조사라고도 한다.

> 한 病에 얻고져 ᄒᆞ논 <u>바ᄂᆞ</u> 오직 藥物이니 <두시언해>
> 시미 기픈 <u>므른</u> ᄀᆞᄆᆞ래 아니 그츨씨 <용비어천가>
> 이스<u>른</u> 오ᄂᆞᆲ 바믈조차 히니 <두시언해>
> 德<u>으란</u> 곰비예 받줍고 福<u>으란</u> 림비예 받줍고 <동동>26)

(2) 첨가보조사

첨가보조사는 '역시'의 의미를 나타내는 것으로 '도'에 의해 실현된다.

> 乃終ㄱ 소리<u>도</u> ᄒᆞᆫ가지라 <훈민정음언해>
> 소곰과 ᄂᆞ믈<u>도</u> 먹디 아니ᄒᆞ더라 <宣小6:29>

(3) 단독(한정)보조사

단독이나 한정의 의미를 나타내는 것으로 '만, ᄲᅮᆫ', '곳/옷' 등이 있다.

---

26) '~란'은 서술격조사+차이보조사의 원형인(라)+(ㄴ)=란(複合格이라 할 수 있음)이다. 그러므로 '란'의 뜻은 '이라는 것은'이 된다. 이것은 차차 굳어짐에 따라 '라는'의 형태로 변했다. '란'이 '라ᄂᆞ'의 줄어진 꼴로 볼 수 있다.

즐거본 것만 주어도 功德이 그지업스리어늘 <월인석보 17:48>

사른믜 일셰만 사라잇고 <飜朴 上1>

세쌘 닐어뇨 <석보상절 19:13>

이쌘 아니라 녀나믄 祥瑞도 하며 <월인석보 2:46>

疑心곳 잇거든 <월인석보 10:68>

나옷 無數훈 劫에 父母 孝道ᄒ고 <석보상절 6:29>

[참고] '비교'와 '만큼'의 의미

사름이라도 즁싱만 몬호이다 <월인석보 上52>

書ㅣ 업슴만 굳디 몯ᄒ니라 <宣孟14:2>

高城을랑 뎌만27) 두고 三日浦를 ᄎᄌ가니 <관동별곡>

⑷ 출발의 보조사

출발을 나타내는 보조사로 '(에)셔'가 있다. 이는 '서, 에서, 에서부터'
에 해당된다.

머리셔 보딕 <圓覺 序47>

셔울셔 당당이 보면 <두시언해 초15:21>

그저 더러븐 거긔셔 微妙훈 이를 나토오미 <석보상절 13:33>

南녁 그르매셔 나날 빗시우를 두드리놋다 <두시언해 초15:21>

⑸ 강세보조사

강세보조사란 특별한 의미는 없고, 대신 어감을 강하게 하는 구실을
한다.

---

27) 뎌만>저만큼

① 사

'사'는 명사의 처격 및 용언 밑에 사용되는 강세보조사로 '사>사>사>아>야'로 변천되어 오늘날에 '야'에 해당된다.

오샤<u>사</u> 사ᄅᆞ시릴ᄊᆡ 가샤<u>사</u> 이기시릴ᄊᆡ <용비어천가 38>

道理 일워<u>사</u> 도라 오리라 <석보상절 6:4>

어우러<u>사</u> 소리 이나니 <훈민정음 언해>

나거<u>사</u> ᄌᆞ무니이다 <용비어천가 67>

② 곳/옷

체언에 결합되어 강세를 나타내는 것으로 어떤 일이 있을 때마다 반드시 무슨 일이 따름을 나타내는 보조사로 '곳'은 자음 아래에서, '옷'은 말음이 모음이나 'ㄹ' 아래에서 사용된다. 현대국어의 '곧', '만'에 해당된다.

이 고대 ᄒᆞ다가 아논 ᄆᆞᅀᆞᆷ<u>곳</u> 내면 <蒙法 42>

疑心<u>곳</u> 잇거든 <월인석보 10:68>

사ᄅᆞᆷ<u>곳</u> 아니면 <金三 2:3>

일<u>옷</u> 니르면 一切 天人이 다 놀라야 疑心ᄒᆞ리라 <석보상절 13:44>

부텨<u>옷</u> 죽사릴 여희샤 <월인석보 1:21>

오직 졋 먹는 孫子<u>옷</u> 잇ᄂᆞ니 <두시언해 중4:8>

③ 곰

부사에 결합되는 강세접미사로 17세기 근대국어에서 소멸되었다.

ᄃᆞᆯ하 <u>노피곰</u> 도ᄃᆞ샤

어긔야 <u>머리곰</u> 비취오시라 <정읍사>

즈믄 히를 <u>외오곰</u> 녀신돌 <서경별곡>

<u>이리곰</u>28) 火災호물 여듧번 ㅎ면 <월인석보 1:49>

[참고] 곰/옴29)

　체언 밑에서 '씩'의 의미를 갖는데, 체언의 말음이 모음이거나 'ㄹ'일 때는 '옴'으로 나타난다.

銀돈 흔 낟곰 받ㅈㆆ니라 <월인석보 1:9>

이 네 弟子돌히 五百比丘옴 ㄷ려(더불어) <월인석보 7:21>

各各 흔 아돌옴 내야 <석보상절 6:9>

④ ㄱ, ㅇ

'ㄱ'은 용언이나 부사형어미에 아래에서 '서는'의 의미를 나타내고, 'ㅇ'은 성조(聲調)를 부드럽게 하기 위해 붙이는 강세 접미사이다.

工夫랄 <u>호약</u> 므슴믈 뼈 話頭를 擧티 아니ㅎ야도 <몽산법어 4 >

너희 出家ㅎ거든 날 <u>브리곰</u> 머리 가디 말라 <석보상절 11:37>

<u>이링공 뎌링공</u> ㅎ야 나즈란 디내와손뎌 <악장가사, 청산별곡>

뼈 만흔 굴며기ᄂ <u>오명가명</u> ㅎ거든 <고시조, 이황>

⑤ 잇둔(이쫀)

　체언에 붙어 주제를 강조하는 조사로 '이야'의 의미를 갖는다. 반어적 인 의문형으로 해석된다.

---

28) '이렇게'의 의미이다.
29) 안병희 외(1990:200-201) 참조.

雜草木 것거다가 ㄴ츨 거우 ㅅ본들 ㅁ숌잇든 뮈우시리여

＜월인천강지곡 上23＞

信잇든 아즐가 信잇든 그츠리잇가 ＜서경별곡＞

⑹ 감탄조사

중세국어의 감탄조사로는 '여(야), 도, 근여' 등이 쓰였다.[30]

大洞江 건너편 고즐여, 빈 타 들면 것고리이다 ＜서경별곡＞

鴛鴦도 즛도 츨샤, 이 밤은 언제 샐고 ＜사미인곡＞

혼 盞 먹새근여 쏘 혼 盞 먹새근여 ＜장진주사＞

3.3. 체언의 곡용

받침있는 체언이 조사와 결합할 때 변화가 일어나는데 체언이 단독형이거나 뒤에 오는 음절두음이 자음일 경우에 8종성법의 받침표기로 바뀐다. 그러나 모음이 오면 현대어 발음처럼 연음되어 표기되었다. 그 예를 들면 아래와 같다.[31]

넋(魂) : 넉, 넉도, 넉시

밭(田) : 받, 받도, 바티

닢(葉) : 닙, 닙도, 니피

곶(花) : 곳, 곳도, 고지

갗(皮) : 갓, 갓도, 가치

ᄀᆞᇫ(邊) : ᄀᆞᆺ, ᄀᆞᆺ도, ᄀᆞᅀᅵ

---

30) 체언에 '이야'가 결합하여 접속조사일 경우가 있다.
   ᄇᆞ람이야 물결이야 어둥졍 된뎌이고 ＜속미인곡＞

31) 이 예는 이철수(2002:276) 참조.

　그러나 '르'로 시작되는 겹받침은 대표음으로 표기되지 않다가, 근대
어에 와서야 대표음으로 표기되었으며, 모음과 만나면 연음으로 표기되
었다.

　　앞(前) : 앞, 앞도, 알픠
　　닭(鷄) : 닭, 닭도, 돌기

　'ㅺ'의 겹받침형의 '밨(外, 밖)'은 단독형이 '밧'이다. 따라서 'ㄱ' 곡용
어와 동일하다.[32]

　　밧(外) : 밧+ㄱ+이>밧기(주격),
　　　　　　밧+ㄱ+올>밧굴(목적격)
　　　　　　밧+ㄱ+의>밧긔(처격)
　　　　　　밧+ㄱ+은>밧근(주제격)
　　　　　　밧+ㄱ+º로>밧ㄱ로(사용격)

　李喆洙(2002:277)는 위와 같이 'ㅺ'을 말음으로 하는 체언으로 '돍→
돗, 帆(돛) / 筵(돗자리) /席(자리)', '붒→붓, 種(씨) / 灸(뜸)', '슜→슛,
炭(숯)', '잇→잇, 苔(이끼)' 등을 들었다.

　　帆은 비옛 <u>돗기라</u> <金三 3:24>
　　筵은 <u>돗기라</u> <楞嚴經諺解 1:29>
　　오시 ᄆᆞᄅᆞ니 벼개와 <u>돗괘</u> ᄆᆞᆰ도다 <두시언해 7:7>

---

32) 밧(밖)은 모음과 결합할 경우에는 'ㄱ'이 첨가되지만 단독(문 밧 나가오
　　면)으로 사용하거나 자음(밧도 이어도)과 결합할 경우에는 'ㄱ'이 첨가되
　　지 않는다.

釋種은 어딘 <u>붓기라</u> ᄒ논 마리라 <월인석보 2:7>

ᄒᆞᆫ <u>붓글</u> 쓰며 <구급방상 18>

炭은 <u>숫기라</u> <월인석보 23:92>

파른 <u>잇기</u> 나도다 <남명 上28>

(1) 'ㄱ' 곡용어(덧생김체언)

모음으로 끝난 단독형 명사에 조사가 결합될 경우, 뒤의 음절 자음이 받침으로 내려오면서 끝모음이 탈락되고 'ㄱ'이 첨가된다. 또한, 'ㅅ'으로 끝난 명사 다음에도 'ㄱ'이 첨가되는데 세부적으로 설명하면 다음과 같다.

우선, 모음으로 끝난 단독형 명사에서 끝모음이 탈락하고 여기에 'ㄱ'이 들어가고 조사가 붙는다.

    녀느(他, 남) → 년 + ㄱ + 이.......년기(다른 사람(남)이, 주격)
                 년 + ㄱ + 을.......년글(다른 사람(남)을, 목적격)
                 년 + ㄱ + 으로.....년그로(다른 사람(남)으로, 사용격)
                 년 + ㄱ + 은........년근(다른 사람(남)은, 주제격)
                 년 + ㄱ + 이다......년기다(다른 사람(남)이다, 서술격)

이러한 'ㄱ' 덧생김체언을 갖는 단어로는 '나모[木], 녀느[他], 구무[穴], 불무[冶], 밧[外], 돗[席], 숫[炭], 잇[苔], 붓[種] 등이 있다.

예) 불휘 기픈 <u>남근(나무는)</u>... <용비어천가>
    四海를 <u>년글(다른 사람을)</u> 주리여... <용비어천가>
    錦官쎗 <u>밧긔(밖에)</u> <u>잣남기(잣나무가)</u>... <두시언해>

'ㄱ'덧생김체언의 曲用을 표로 보이면 다음과 같다.

격 독립형	주격	목적격	주제격	처소격	사용격	공동격	서술격
나모[木]	남기	남ᄀᆞᆯ	남ᄀᆞᆫ	남긔	남ᄀᆞ로	나모와	남기라
구무[穴]	굼기	굼글	굼근	굼긔	굼그로	구무와	굼기라
녀느[他人]	년기	년글	년근	년긔	년그로	녀느와	년기라
불무[冶]	붊기	붊글	붊근	붊긔	붊그로	불무와	붊기라
밧[外]	밧기	밧ᄀᆞᆯ	밧ᄀᆞᆫ	밧긔	밧ᄀᆞ로	밧과	밧기라
숫[炭]	숫기	숫글	숫근	숫긔	숫그로	숫과	숫기라
잇[苔]	잇기	잇글	잇근	잇긔	잇그로	잇과	잇기라
돗[帆]	돗기	돗ᄀᆞᆯ	돗ᄀᆞᆫ	돗긔	돗ᄀᆞ로	돗과	돗기라
돗[筵, 席]	돗기	돗갈	돗ᄀᆞᆫ	돗긔	돗ᄀᆞ로	돗과	돗기라

[참고] 'ㄱ' 곡용어기

모음 어기의 變異 중에서 語基末 음절이 '모, 무, 느' 등인 모음 어기가 곡용할 때 어기말 모음 '오, 우, 으'가 줄어지고 /ㄱ/음이 삽입된다.

나모(木)>남ㄱ
나모 아래 안ᄌᆞ샤"<월인천강지곡 117>
남기 지 ᄃᆞ외면"<능엄경언해 4:37>

구무(穴)>굼ㄱ
孔巖 구무 바회"<용비어천가 3>
굼기 아니 뵈시며"<월인석보 2:56>

느(他)>녀ㄱ

녀느 사ᄅᆞ미 供養 ᄆᆞ차ᄂᆞᆯ <월인석보 1:13>

녀ㄱ 가면 몯 이기리니 <석보상절 6:22>

(2) 'ㄹ' 곡용어

모음으로 끝나는 단독형 명사에 조사가 결합할 경우에 끝 모음이 탈락하고 초성은 앞 음절에 올라가 붙으면서 'ㄹ'을 첨가시키는 현상이다. 공동격은 'ㄹ' 곡용하지 않는다. 이에 'ㄹ' 곡용 형식을 보이면 다음과 같다.

ᄒᆞᄅᆞ → 홀(끝모음이 준 형태) + ㄹ + 이, 올, 은, 익, ᄋᆞ로, 이라

ᄆᆞᄅᆞ → 몰(끝모음이 준 형태) + ㄹ + 이, 올, 은, 익, ᄋᆞ로, 이라

이에 'ᄒᆞᄅᆞ(하루)', 'ᄆᆞᄅᆞ[宗]'의 곡용 예를 보이면 다음과 같다.

독립형＼격	주격	목적격	관형격	사용격	주제격	공동격	서술격
ᄒᆞᄅᆞ(日)	홀리	홀를	홀릭	홀ᄅᆞ로	홀론	ᄒᆞᄅᆞ와	홀리라
ᄆᆞᄅᆞ(宗)	몰리	몰를	몰릭	몰ᄅᆞ로	몰론	ᄆᆞᄅᆞ와	몰리라

(3) 'ᅀᆞ, ᄉᆞ, ᄅᆞ, ᄅᆞ'로 끝나는 명사의 곡용

'ᅀᆞ, ᄉᆞ, ᄅᆞ, ᄅᆞ'로 끝나는 명사에 조사가 결합할 경우, 뒤 음절 'ᅀ', 'ᄅ'이 앞의 음절 받침으로 내려오고, 끝모음은 탈락한 형태에 조사를 붙이는 특수곡용어가 있다. 공동격을 취할 경우 독립형은 변하지 않는다.

독립형＼격	주격	목적격	관형격	사용격	주제격	공동격	서술격
아ᅀ (아우)	앗이	앗을	앗이	앗ᄋ로	앗은	아ᅀ와	앗이라
여ᅀ (여우)	엿이	엿을	엿의	엿ᄋ로	엿은	여ᅀ와	엿이라
노ᄅ (노루)	놀이	놀을	놀이	놀ᄋ로	놀은	노ᄅ와	놀이라
시ᄅ (시루)	실이	실을	실의	실으로	실은	시ᄅ와	실이라
ᄀᄅ (가루)	굴이	굴을	굴의	굴ᄋ로	굴은	ᄀᄅ와	굴이라
ᄌᄅ(柄)	줄이	줄을	줄의	줄ᄋ로	줄은	ᄌᄅ와	줄이라

⑷ 'ㅎ' 곡용어(종성체언)

중세국어에는 'ㅎ'을 끝소리로 갖는 체언이 있어, 단독으로 쓰일 때는 'ㅎ' 소리가 나지 않지만, 모음의 조사와 결합하면 'ㅎ'이 모음과 결합하여 나타난다. 이러한 형식은 '특수체언+ㅎ[소리]+격[조사]' 형식이다.

하늘[天]+ㅎ+ 이 - 하늘히(주격)
을 - 하늘흘(목적격)
은 - 하늘흔(주제격)
과 - 하늘콰(공동격)
애 - 하늘해(처소격)
:   :

'나라히, 나라홀, 나라해(나라, 國)', 'ㄱ슬히, ㄱ슬홀, ㄱ슬해(ㄱ슬, 秋)', '돌히, 돌홀, 돌해(돌, 石)', '안히, 안홀, 안해(안, 內)'처럼 'ㅎ' 말음은 체언의 끝소리가 '모음, ㄹ, ㄴ, ㅁ' 등 울림소리 뒤에 나타나는 것이 특징이다. 'ㅎ종성체언'은 모두 울림소리 아래 'ㅎ'이 붙어 있는 형태로 여기에 해당하는 어휘들은 대개 自然物, 數詞, 그리고 우주 천체에 관련된 명사들이다.

나라[國], 내[川], 뫼[山], 하늘[天], 짜[地], 미[野], 돌[石], 바다[海], 불[臂], 안[內], 길[道], 소[淵], 겨슬[冬], 나조[夕], ㄱ슬[秋], 우[上], 뒤[後], 여러[諸], 수[雄], 스ㄱ볼[鄕], 호나[一], 둘[二], 세[三], 네[四], 열[十], 스믈[二十], 갈[刀], 셔울[京], ᄂ물[菜], 자[尺], 별[崖], ᄆ슬[村], 올[今年], 눌[刃], 언[堤], 암[雌], 움[窟], 터[基]

이에 몇 가지 예를 들면 다음과 같다.

섬 안해 자싫제 한비 사ᅌᅵ리로딕 <용비어천가 67>
딩아 돌하... 바회 우희 接柱 ᄒ요이다 <정석가>
어디라 더디던 돌코 누리라 마치던 돌코 <청산별곡>
ᄃᄅ 이 넷 ᄀ올희 볼갯ᄂᆞ니라 <두시언해, 월야억사제>

4. 용언의 용법

　용언의 어미변화에 의한 변화를 활용이라 하는데, 용언 어간에 의한 활용과 어미에 의한 활용으로 나누어 살펴볼 수 있다.

4.1. 활용어간

4.1.1. 자음 어기의 경우

　(1) 받침이 자음으로 끝나는 'ㅌ'은 자음으로 시작되는 어미와 만나면 'ㄷ'으로, 'ㅍ'은 'ㅂ'으로 'ㅈ, ㅊ'은 'ㅅ'으로 표기된다. 그러나 모음과 만나면 받침 그대로 연철 표기된다.

　　붙(附) : 븓고, 븓게, 븓는 / 브터(붙+어), 브트니(붙+으니)

　　높(高) : 놉고, 놉게, 놉는 / 노파(높+아), 노프니(높+ㆍ니)

　　늦(晚) : 늣고, 늣게, 늣는 / 느저(늦+어), 느즈니(늦+으니)

　　좇(追) : 좃고, 좃게, 좃는 / 조차(좇+아), 초츠니(좇+ㆍ니)

　(2) 겹받침의 'ㅺ'은 'ㅅ', 'ㅼ'은 'ㅅ', 'ㅄ'은 'ㅂ'으로 표기된다. 그러나 모음과 만나면 뒤의 받침이 연음되어 표기된다.

　　섰(混, 섞다) : 섯고, 섯게, 섯는 / 섯거(섞+어), 섯그니(섞+으니)

　　맜(任, 맡다) : 맛고, 맛게, 맛는 / 맛다(맜+아), 맛드니(맜+ㆍ니)

　　없(無, 없다) : 업고, 업게, 업는 / 업서(없+어), 업스니(없+으니)

(3) 받침 'ㄹ'로 끝나는 어간은 'ㄴ, ㄷ, ㅈ'의 어미 앞에서는 탈락된다.[33]

　　알(知) : 아느니, 아던 사름, 아져
　　놀(遊) : 노니, 노ᄃᆞᆺ, 노져

(4) 받침이 'ㅎ'으로 끝나는 어간은 'ㄱ, ㄷ'의 자음 어미와 만나면 축약현
　　상으로 'ㅋ, ㅌ'로 표기된다.

　　둏(好) : 됴코(둏+고), 됴타(둏+다)
　　놓(置) : 노코(놓+고), 노타(놓+다)

(5) 어간과 어미가 불규칙적으로 바뀌는 것이 있는데 다음과 같다.

① 'ㅅ'과 'ㅿ'
받침이 'ㅅ'으로 끝나는 용언 어간이 모음과 결합하면 'ㅅ'으로 연음되
어 표기되지만, 유성음인 'ㅿ'으로 바뀌는 경우가 있다.

　　벗(脫)+어/으니>버서/버스니
　　솟(湧)+아/ᄋᆞ니>소사/소ᄉᆞ니

　　罪를 <u>버서</u> 地獄을 굴ᄋᆞ나니 <월인천강지곡 28>
　　醴泉이 <u>소사</u>나아 <월인천강지곡 16>

　　짓(作)+어/으니>지서/지스니

---

33) 그러나 현대어의 '아시니'와 달리 'ㅅ'과 만나면 탈락되지 않는다. 알+ᄋᆞ+
　　시+니>아르시니

닛(續)+어/으니>니서/니스니
붓(注, 腫)+어/으니>브서/브스니

게우즌 바비나 <u>지서</u> <상저가>
聖神이 <u>니샤</u>샤도 <용비어천가 125>
여러 가짓 香油 <u>브스</u>시고 <法華 6:42>
모기 막고 フ장(매우) <u>브서</u>34) <救急 57>

② 'ㅂ'과 'ㅸ'
받침이 'ㅂ'으로 끝나는 용언 어간이 모음과 결합하면 유성음 'ㅸ'으로
바뀌는 경우가 있다.

잡(執)+아/ᄋ니>자바/자ᄫ니
굽(曲)+어/으니>구버/구브니

어마님 <u>자ᄫ</u>샤 <월인천강지곡 上7>
<u>구븐</u>(굽은) 남フ로 밍フ론 그릇 <宣賜內訓 1:16>

곱(麗)+아/ᄋ니>고ᄫㅏ(고와)/고ᄫ니(고오니)
굽(炙)+어/으니>구ᄫㅓ(구워)/구브니(구우니)

<u>고ᄫᆫ</u> 쫄 얻니노라 <석보상절 6:13>
만히 머구ᄃᆡ 봇그며 <u>구ᄫ</u> 졄굿(마음껏) 먹더니 <월인석보 21:54>

---

34) '喉閉深腫(목이 막히고 크게 부어)'의 의미이다.

③ 'ㄷ'과 'ㄹ'
용언 어간 받침이 'ㄷ'인 경우에 모음과 결합하면 'ㄹ'로 바뀌는 경우
가 있다.

묻(埋, 染)+어/으니>무더/무드니
얻(得)+어/으니>어더/어드니
곧(直)+아/ᄋ니>고다/고ᄃ니
돌흘 무드시니 <월인천강지곡 上10>
피 무든 홀골 파 가져 <월인석보 1:7>
놉고 고ᄃ며 <석보상절 19:7>

묻(問)+어/으니>무러/무르니
걷(步)+어/으니>거러/거르니
듣(聞)+어/으니>드러/드르니
긷(汲)+어/으니>기러/기르니

도ᄌ기 겨신 딜 무러 <용비어천가 62>
거르며 셔며 <석보상절 6:33>
어마님 드르신 말 엇더ᄒ시니 <용비어천가 90>
瓶의 므를 기러 두고ᅀᅡ 가리라 ᄒ야 <월인석보 7:9>

④ '잇'과 '이시'
'잇'은 자음 어미 앞에서, '이시'는 모음 어미 앞에서 사용된다.

잇+고/더니>잇고/잇더니35)

---

35) 공명자음(ㄴ, ㄹ, ㅁ)을 제외한 자음 어미 앞에서 '이시-'가 '잇-'으로 바뀐

이시+어/오디>이셔/이쇼디

⑤ '녀'와 '니'
'녀'가 '-거'와 만나면 '니'로 바뀐다.
　녀+ㄹ시(씨)니/디>녈시(씨)니/녀디
　녀+거시든>니거시든

　流는 믈 흐를씨오 行은 녈씨니 <월인천강지곡 上31>
　東이 니거시든 西夷 브라슨ᄫᅡ니 <용비어천가 38>

[참고] '녀-'가 '거' 앞에서 '니-'로 바뀜
　예를 들면, '‥녀다(다니다, 行)~녀(보니), 녀(가다), 녀디(아니ᄒᆞᄂᆞ
다), 녀매 /니거든, 니거늘, 니거시니, 니거지라, 니거지이다'를 들 수 있
다. 그러나 '녀-'가 '거'類 어미 앞에서 '니-'로 바뀌지 않고 사용된 예가
더러 보인다.

　머리 그 中에 녀거든 <法華 3:155>
　불휘예 ᄂᆞ려 녀거늘 <두시언해 重2:64>

4.1.2. 모음 어기의 경우
　용언어간의 '-ᄅᆞ/르-'가 모음으로 시작하는 어미와 결합하면 초성음인
'ㄹ[r]'음이 종성음인 'ㄹ[l]'음으로 바뀌고, '-ᄋᆞ/으-'는 탈락된다.

　다. '이시다'(있다, 有)~이샤, 이셔, 이셔ᄂᆞᆫ, 이쇼니, 이시며, 이시나, 이시
란디, 이시료, 이시리니 : 잇다, 잇고, 잇더니

(1) 'ㄹ-ㅇ'의 경우

  ① 다ᄅ다(異)

    다ᄅ+아>달아, 다ᄅ+옴>달옴, 다ᄅ+고>다ᄅ고

  ② 오ᄅ다(登)

    오ᄅ+아>올아, 오ᄅ+옴>올옴, 오ᄅ+고>오르고

  ③ 니르다(謂)

    니르+어>닐어[36], 니르+움>닐움, 니르+고>니르고

  ④ ᄆᆞᄅ다(裁)

    ᄆᆞᄅ+아>ᄆᆞᆯ아, ᄆᆞᄅ+옴>ᄆᆞᆯ옴, ᄆᆞᄅ+고>ᄆᆞᄅ고

  ⑤ 고ᄅ다(調)

    고ᄅ+아>골아, 고ᄅ+옴>골옴, 고ᄅ+고>고ᄅ고

  ⑥ 기르다(養)

    기르+어>길어, 기르+움>길움, 기르+고>기르고

  ⑦ 두르다(圍)

    두르+어>둘어, 두르+움>둘움, 두르+고>두르고

(2) 'ㄹ-ㄹ'의 경우

  ① ᄲᆞᄅ다(速)

    ᄲᆞᄅ+아>ᄲᆞᆯ라, ᄲᆞᆯ+옴>ᄲᆞᆯ롬 ᄲᆞᄅ+고>ᄲᆞᄅ고

  ② 모ᄅ다(不知)

    모ᄅ+아>몰라, 모ᄅ+옴>몰롬, 모ᄅ+고>모ᄅ고

  ③ 흐르다(流)

    흐르+어>흘러, 흐르+움>흘룸, 흐르+고>흐르고

  ④ 부르다(呼)

---

36) 소학언해(1587)에는 'ㄹ-ㄹ'로 나타난다. 따라서 어간 말음 'ㄹ'의 영향으
   로 'ㄹ'이 덧나는 현상은 16세기로 볼 수 있다.
   예) 공ᄌᆡ 증ᄌᆞ다려 <u>닐러</u> ᄀᆞᆯ ᄋᆞ샤ᄃᆡ

　　　부르+어>불러, 　부르+움>불룸, 　부르+고>부르고
　⑤ 므르다(退)
　　　므르+어>믈러, 　므르+움>믈룸, 　므르+고>므르고

　또한, 용언어간의 '무/므'가 모음의 어미와 결합하면 'ㄱ'이 새로 첨가
되고 '우/으'는 탈락된다.[37)]

　① 주무다(鎭, 잠그다)
　　　주무+아>줌+ㄱ+아>잠가
　　　주무+옴>줌+ㄱ+옴>줌곰

　② 시므다(植, 심다)
　　　시므+어>심+ㄱ+어>심거
　　　시므+움>심+ㄱ+움>심굼

　그리고 용언어간의 '슥/스'가 모음 어미와 결합하면 'ㅿ'이 받침으로
내려가지만, 연철표기가 되기도 하고, 'ㅿ'이 'ㅅ'으로 바뀌기도 하며
'우/으'는 탈락된다.[38)]

　　① 부슥다(碎, 부수다) : 부슥+아>부어/부사/부어

---

37) 용언 어기의 말음절 '무/므'가 모음 어미 앞에서 '우/으'가 줄어지면서
　　'ㄱ'이 첨가하여 '심, 줌'으로 교체된다.
　　'시므다'(심다, 植)~시므는, 시므게, 시믈 식(植)/심거, 심군, 심곰, 심구되
　　'주무다'(잠그다<鎭>, 잠기다<浸>)~(門을 다) 주무고, (본져 프를)주무거늘/
　　줌겨, 줌고미
38) '부슥다'는 '부수다', '그스다'는 '끌다', '비스다'는 '빗다'의 의미이다.

法利ㅅ 功이 기퍼 모물 <u>봇아</u> 가포물 <永嘉 上20>

結實ᄒᆞ거든 <u>보ᅀᅡ</u> <두시언해 18:2>

地獄을 <u>봇아</u>ᄇᆞ려 하ᄂᆞᆯ해 나 <월인석보 21:181>

② 그스다(牽, 끌다) : 그스+어>긋어/긋어

긋 <u>긋어</u> ᄃᆞ려 도라오거늘 <法華 2:200)

무덦 ᄉᆞ리예 <u>긋어</u>다가 두리라 <월인석보 9:35>

③ 비스다(扮, 꾸미다) : 비스+어>비ᅀᅥ/빗어

粉과 臙脂와 고ᄌᆞ로 <u>비ᅀᅳᆫ</u> 각시 <월인천강지곡 상18>

ᄀᆞ장 <u>비ᅀᅥ</u> 됴ᄒᆞᆫ 양ᄒᆞ고 <월인석보 2:5>

沐浴ᄒᆞ고 香 ᄇᆞᄅᆞ고 ᄀᆞ장 <u>빗어</u> <월인석보 7:3>

용언 어기가 타동사를 수반할 경우에는 '아'가, 자동사를 수반할 경우에는 '거'가 쓰였다.[39]

부텻 말ᄊᆞ물 <u>바다</u>(받+아) 精進ᄋᆞ로 進行을 ᄉᆞ랑ᄒᆞ라 <석보상절 23:12>

사ᄅᆞᆷ이 지블 <u>어더</u>(얻+어) 내 몸을 ᄑᆞ라지이다 <월인석보 8:80>

艱難ᄒᆞᆫ 사ᄅᆞᆷ 보아든 다 布施ᄒᆞ더라 <석보상절 6:15>

ᄯᅡ히 훤하고 됴ᄒᆞᆫ 고지 <u>하거늘</u> <월인석보 2:7>

석 ᄃᆞᆯ 사ᄅᆞ시고 나아 <u>가거시ᄂᆞᆯ</u> <월인석보 10:17>

---

39) 일반적으로 양성모음 아래 '-아', 음성모음 아래 '-어'(-아늘, -어든)가 사용되었다. '-거/가-'는 받침 'ㄹ'과 'ㅣ'모음이나 [j](이중모음의 반모음 ㅣ) 뒤에서 'ㄱ'이 탈락되며, '-아/어-'는 모음조화에 따르나, '-거/가-'는 모음조화에 따르지 않는다.

ㄱㄹ매 빈 <u>업거늘</u> 바ㄹ래 빈 <u>업거늘</u> <석보상절 23:21>

[참고] 형태가 유사한 용언

　　　ㄱ눈(細) : 가눈(行)

　　　ㄱ다(絕, 끊다) : 갓다(削, 깎다)

　　　것다(折, 꺾다) : 긋다(斷, 끊다, 그치다)

　　　ㄱ다(同, 같다) : ㄱ다, ㄱ다(備, 갖추다)

　　　굴외다(대적하다) : 굴히다(구별하다)

　　　괴다(愛, 사랑하다) : 스랑ㅎ다(思, 생각하다)

　　　그리다(戀·畵) : 기리다(칭찬하다)

　　　나다(生·成) : 눌다(飛)

　　　나아가다(進, 나아가다) : 나아가다(出, 나가다)

　　　남다(餘) : 넘다(溢)

　　　놁다(古, 낡다) : 늙다(老)

　　　닐다(起, 일어나다) : 일다(成, 이루다)

　　　더디다(投, 던지다) : 더듸다(遲, 더디다)

　　　다ᄋ다(盡, 다하다) : 더으다(加, 더하다)

　　　듣다(聞) : 뜯듣다(落, 떨어지다)

　　　둏다(好, 좋아하다) : 좋다(淨, 깨끗하다)

　　　펄다(振, 떨다) : 뻘다(拂, 먼지 따위를 떨다)

　　　멀다(遠) : 머흘다(險, 위험하다)

　　　뮈다(動, 움직이다) : 믜다(憎, 미워하다)

　　　뵈다(見) : 뵈아다(催, 재촉하다)

　　　밧다(脫衣, 벗다) : 받다(受·獻)

　　　밧다(脫, 벗다) : 벗다(避, 피하다)

　　　ᄇ리다(棄, 버리다) : 버리다(羅列, 벌리다)

　　　비기다(의지하다) : 빗기다(斜, 비끼다)

쓰다(書) : 쓰다(用·苦·冠)

슬다(사라지다) : 슳다(싫다, 슬프다, 슬퍼하다)

입다(혼미하다) : 닙다(입다)

여위다(파리하다) : 여희다(別, 이별하다)

잡다(獲) : 집다(握)

티다(擊, 치다) : 치다(養, 기르다)

한(多·大, 많은, 큰) : 흔(一)

하다(多, 많다) : ᄒᆞ다(爲, 하다)

하리다(참소하다) : ᄒᆞ리다(병이 낫다)

4.2. 활용어미

4.2.1. 어미의 교체

주어진 환경에 따라 활용어미가 교체된다.

(1) 현대어와 마찬가지로 어간의 모음의 종류에 따라 모음어미가 다르게
결합된다. 즉, 양성모음(ᄋᆞ, 아, 야, 오, 요)이냐, 음성모음(으, 어, 여,
우, 유)이냐에 따라 어미가 교체된다. 자음의 어미일 때에는 양성모음
과 음성모음 모두와 결합된다.

막+아/옴/고>마가/마곰/막고

먹+어/움/고>머거/머굼/먹고

(2) 선행 현태의 말음이 'ㄹ'이나 'ㅣ'모음, 또는 'ㅣ'모음 계열의 이중모음
이 오면 '-거, -게/긔, -고' 등은 'ㄱ'이 성문마찰음인 'ㅇ'으로 되어
'-어, -에/의, -오' 등으로 바뀐다.

① -거, -게/긔, -고

그리습거나 딩구습거나 홀 씨 <월인석보 2:66>

工夫를 그춤 업게 호리니 <蒙法 5>

正흔딕 가긔 호니 <석보상절 11:6>

便安코 즐겁긔 호야 <월인석보 9:26>

곳 됴코 여름 하느니 <용비어천가 2>

얼우시고 또 노기시니 <용비어천가 20>

모딘 쁘들 그치고 <석보상절 6:2>

모딘 힝뎌글 브리고 <석보상절 9:14>

② 어, -에/의, -오

왼녀긔 흔 點뎜을 더으면 뭇 노푼 소리오 點뎜이 둘히면 上썅聲
셩이오 點뎜이 업스면 平聲이오 <훈민정음언해>

집 우흿 져비오40) <두시언해, 강촌>

비록 알오져 호리라도 <석보상절 序3>

사룸 두외에 호시리라 <월인석보 1:8>

教化는 가른쳐 어딜에 두외올 씨라 <월인석보 1:19>

여러 알에 호몰 맛니며 <원각서 57>

後ㅅ 사른믈 알의 호는 거시라 <석보상절 序1>

들기 울오 브룸과 비왜 섯그니 <두시언해 22:3>

---

40) '이' 모음이나 반모음 'ㅣ[j]'과 모음 사이에서는 'ㄱ[g]'이 'ㅇ[ɦ]'으로 발음
된다. '그치고, 브리고'에서처럼 용언 어간과 결합하는 '-고'는 이 규칙에 적
용되지 않는다. 다만 '소리오, 져비오'에서처럼 명사와 결합하는 '-고'는 'ㅣ'
모음 뒤 서술격조사 '소리+(이)고, 져비+(이)고'이므로 'ㄱ'은 'ㅇ'으로 바
뀐다.

(3) 'ㄷ' 계통의 어미가 '-라' 뒤에서 'ㄹ' 계통의 어미로 바뀐다. 즉, 'ㄷ'으로 시작되는 '-다, -더, -도-, (-다가)'와 같은 'ㄷ'계통의 어미가 '-라' 뒤에서는 'ㄹ'계통의 어미 '-라, -러, -로-, (-라가)'로 교체된다. 따라서 {-라, -러, -로, -라가}는 {-다, -더, -도, -다가}의 形態的 異形態로 {-다, -더, -도, -다가 ∝ -라, -러, -로, -라가}로 나타낼 수 있다. 주요 교체 현상을 들면 'ᄒ다>ᄒ리라, ᄒ더니>ᄒ리러니, ᄒ도다>ᄒ리로다, ᄒ다가>ᄒ리라가' 등을 들 수 있다.

甘蔗氏라도 ᄒ더니라 <월인석보 1:8>

ᄒ다가 이긔면 거즛 이를 더르쇼셔 <월인석보 2:72>

得ᄒ리라 ᄒ샴 들히라 <楞解 1:17>

이러트시 고텨 두외샤미 몯 니르 혜리러라 <석보상절 1:21>

당다이 곧ᄒ리로다 <두시언해初 7:4>

(4) 양성모음으로 끝난 어간에 붙는 연결어미 '-아, -아셔, (-아도)'가 동사 'ᄒ-' 뒤에서 '-야, -야셔, (-야도)'로 바뀐다. 현대 국어 '여'불규칙의 소급형이다.

푸다(파다, 掘) : 푸아>파

　　　　　　　　 푸아셔>파셔

　　　　　　　　 푸아도>파도

ᄒ다(하다, 爲) : ᄒ아>ᄒ야

　　　　　　　　 ᄒ아셔>ᄒ야셔

　　　　　　　　 ᄒ아도>ᄒ야도

(5) 타동사에 나타나는 '-아/-어'가 자동사에서는 '거'로 바뀌고, 그리고
    '오' 뒤에서는 '나'로 바뀐다.

세 볼 값도슣고 흐녀긔 앉거늘 <석보상절 6:21>

그 龍을 자바 뜨저 머거늘 <석보상절 6:32>

그러나 藥을 주어늘 먹들 슳히 너기니 <월인석보 17:20>

그 짓 ᄯᆞ리 ᄢᆞᆯ 가져 오나늘 <석보상절 6:14>

ᄯᅩ 사ᄅᆞ미 오나ᄃᆞᆫ <法華 6:12>

4.3. 선어말어미

중세국어의 선어말어미에는 그 기능에 따라 높임표현[敬語法]의 선어
말어미, 시간표현[時相法]의 선어말어미, 화자의 의지표현[意圖法]의 선
어말어미 등으로 분류할 수 있다.

4.3.1. 높임표현의 선어말어미

높임표현의 선어말어미는 ① 문장의 주어인 주체높임을 나타내는 것
으로 '-시(샤)-', ② 목적어에 해당되는 사람이나 사물을 높이는 객체높임
의 '-ᄉᆞᆸ-, -ᄉᆞᆸ-, -ᄌᆞᆸ-', ③ 청자에 대한 높임으로 상대높임의 ᄒᆞ쇼셔체 선어
말어미인 '-이(잇)-'가 사용된다.

① -시- : 四祖ㅣ 便安히 몯겨샤(샤+아)41) 현고ᄃᆞᆯ 올마시ᄂᆞ뇨

<용비어천가 110>

---

41) 높임 선어말어미 '-시-'가 모음으로 시작되는 어미와 만나면 이형태 '-샤'
    가 되고 어미는 탈락된다. 예) 몯+겨시+아>몯+겨샤+아>몯+겨샤

野人이 굴외어늘 德源 올무샴42)도 하눓 뜨디시니

<용비어천가 4>

시름 무슴 업스샤딕43) 이 지븨 자려 하시니

<용비어천가 102>

② -습- : 房올 아니 받자봐 法으로 막습거늘 <원인천강지곡 상36>

　　　잡스와 두어리 마르른 <가시리>

-슙- : 그르세 담아 남녀를 내스봉니(내슙으니) <월인천강지곡>

　　　내 니믈 그리스와(그리슙아) 우니다니 <정과정>

-즙- : 부텻 功德을 듣즙고 <석보상절>

　　　三賊이 좇즙거늘 <용비어천가 36>

③ -이- : 聖孫이 一怒ᄒ시니 六百年 天下ㅣ 洛陽애 올무니이다

<용비어천가 14>

몃 間 ᄃ지븨 사ᄅ시리잇고44) <용비어천가 110>

4.3.2. 시간표현의 선어말어미

중세국어 시간표현 선어말어미에는 현재형의 '-ᄂ(ᄂ)-', 과거형의 '-더(러/다)-/-거-/-어(아)-/, 미래형의 '-리(ㄹ)-'가 있다.

(1) 현재시제

중세국어 현재시제의 선어말어미에는 '-ᄂ(ᄂ)-'가 있다.

---

42) 옮+ᄋ+샤('시'의 이형태)+오(선어말어미)+ㅁ(명사형어미)>옮ᄋ샴(오의 탈락)>올무샴

43) 없+으+샤('시'의 이형태)+오(선어말어미)+딕(설명형어미)>없으샤딕(오의 탈락)>업스샤딕

44) 상대높임 선어말어미 '-이-'가 의문형어미로 될 경우에는 '-잇-'으로 바뀐다.

① 져믄 아ᄃᆞ른 바ᄂᆞ롤 두드려 고기 낫굴 낙술 밍ᄀᆞᄂᆞ다 <두시언해>

② 믈근 ᄀᆞ랲 ᄒᆞᆫ 고비 ᄆᆞᄉᆞᆯᄒᆞᆯ 아나 흐르ᄂᆞ니 <두시언해>

③ 새로 스믈여듧字ᄍᆞᆼ롤 밍ᄀᆞ노니 <훈민정음 언해>

④ 이 믈이 쇠거름 ᄀᆞ티 즈늑즈늑 걷ᄂᆞ다 <老乞大下 8>

현재시제는 ①, ②에서처럼 선어말 어미 '-ᄂᆞ-'를 사용하였다. '-ᄂᆞ-'는 선어말 어미 '-오-'와 결합되면 ③에서처럼 '-노-'로 바뀐다. 그리고 ④에서처럼 근대국어에서는 '-ᄂᆞᆫ-'으로 사용되었다.

(2) 과거시제

중세국어의 과거시제 선어말어미에는 '-거(과)/어-', '-더(다)-'가 있다.

① 미친 ᄉᆞ름 되거고나(되었구나) <萬言詞>

② 곳 디ᄂᆞᆫ 時節에 ᄯᅩ 너를 맛보과(거+오)라 <두시언해>

③ 궁중에 사름 잇ᄂᆞᆫ 주를 알아니와 <내훈>

④ 눕ᄃᆞ려 니르디 아니ᄒᆞ더든(아니하였거든) <월인석보 19:34>

⑤ 내 니믈 그리ᄉᆞ와 우니다니 <정과정곡>

화자의 믿음이나 느낌의 태도를 나타낼 경우에 ①처럼 자동사에 '-거-'가, ③처럼 타동사 뒤에 '-어(아)-'가 붙는다. ②의 '-과'는 '-거-'에 선어말 어미 '-오-'가 결합된 경우이다. 그리고 ④의 과거 회상의 선어말어미 '-더-'는 선어말어미 '-오/우-'와 결합하면 ⑤처럼 '-다-'로 바뀐다.

그리고 중세국어에는 과거를 나타내는 선어말어미 형태의 '-앳/엣-'이 있는데, 이는 과거시제라기보다는 동작상인 '-아 잇/어 잇-'의 완료상으로 본다.

① 흔 번 주거 하늘해 **갯**다가 또 人間애 느려오면 <월인석보 2:19>

② 보미 **왯**는 나그내는 <두시언해>

③ 잣 앉 보미 플와 나모쏜 **기펫**도다 <두시언해>

과거 어느 한 시점을 나타내는 과거시제와는 달리 과거 어느 시점에서 행위가 시작되어 현재에 그 행위가 끝난 완료상의 의미로 ①의 '갯'은 '가+아+잇(가 있)'으로, ②의 '왯'은 '오+아+잇(와 있)'으로, 그리고 ③의 '기펫-'은 '깊+어+잇(깊어 있)'으로 분석된다.

(3) 미래시제

미래를 나타내는 선어말어미에는 '-리-'가 있다.

① 聖神이 니ᅀᆞ샤도 敬天勤民ᄒᆞ샤ᅀᅡ 더욱 구드시**리**이다 45)

<용비어천가 125>

② 靑山애 살어**리** 살어리랏다 <악장가사, 청산별곡>

위의 예문에서 ①은 '굳으실 것입니다'는 '-ㄹ 것-'으로 미래로 해석되는데, ②의 '-리-'는 '살겠도다'의 화자의 강한 의지를 나타내는 서법으로 보아야 한다. 이는 현재 사용되는 '-겠'의 용법 중 의지를 나타내는 경우와 같다.46)

---

45) 聖神이 이으셔도 敬天勤民(하늘을 공경하고 백성을 다스리기에 부지런함)하셔야 더욱 굳으실 것입니다.

46) '제가 먼저 일어서겠습니다'(의지), '나도 그 일을 할 수 있겠다.'(가능) 등과 같은 예문은 미래시제라기보다는 화자의 주관적 판단인 서법으로 보아야 할 것이다.

4.3.3. 피동 및 사동의 선어말어미

피동법은 어간에 피동접미사인 '-이, -히, -리, -기'가 결합한 것이며, 사동법은 어간에 '-이-, -히-, -리-, -기-, -오/우-, -호/후-, -ᄋ/으-' 의 사동접미사가 결합한다. 특수한 경우로 'ᅇ'를 사용하여 피동형으로 사용하였으며, 'ᄒ다'라는 동사에 '-이'를 붙여 '하게 하다', '시키다'의 뜻으로 사용할 때에는 그 줄어진 형태의 '히'를 사용한다.

(1) 피동접미사

니믜 알픽 드러 얼이노니(시집보내지니) <동동>
ᄆᄋᆷ의 믜친(및+히-ᄂ) 실음 <사미인곡>
믌 뉘 누리ᄂ 기퍼 ᄆ리 ᄌᆷ기고(잠기고) <두시언해초 15:8>
고흘이며 나라해 들리ᄂ디라 <宣小 6:78>
괴여(爲我愛人而) → 괴ᅇ(爲人愛我, 사랑을 받아)

(2) 사동접미사

그르세 담아 남녀를 내ᄉᄫ니(나+이+ᄉ+ᄋ+니=태어나게 하다)
　　　　　　　　　　　　　　　　　　　　<월인천강지곡>
모매 몬직 무티시고(묻+히+시+고=묻게 하시고) <월인석보 21:219>
모딘 도ᄌᄀᆯ 믈리시니이다(믈(退)+리+다=물러나게 하다)
　　　　　　　　　　　　　　　　　　　　<용비어천가 35>
투구 아니 밧기시면(밧+기=벗기시면) <용비어천가 52>
얼우시고 ᄯ 노기시니 <용비어천가 20>
征伐호믈 ᄀ초아(ᄀᆾ+호+아=갖추어) ᄒ놋다 <두시언해초, 25>
나랏 小民을 사ᄅ(살+ᄋ=살게 ᄒ다)시리잇가 <용가 52>
엇던 德으로 降服히(ᄒ+ㅣ=항복시키다)려뇨 <석보상절 6:28>

4.4. 어말어미

어말어미에는 현대어와 마찬가지로 종결어미(정동사어미)와 비종결어미로 나뉘고, 비종결어미는 연결어미(부동사어미), 보조적연결어미, 그리고 전성어미(동명사어미)로 나뉜다.

4.4.1. 종결어미

중세어의 종결어미에는 평서형어미, 의문형어미, 명령형어미, 청유형어미, 감탄형어미 등이 있다.

(1) 평서형어미

平敍形어미로 '-다, -라'가 있는데, 이는 아주낮춤인 ᄒᆞ라체이고, '-이다'는 아주높임인 'ᄒᆞ쇼셔체'를 나타내는 어미다.

저믄 아ᄃᆞᄅᆞᆫ 바ᄂᆞᆯ 두드려 고기 낫글 낙술 밍ᄀᆞᄂᆞ다

<두시언해, 江村>

새벼리 <u>놉거다</u> <飜老上 58>

한비 사ᄋᆞ리로ᄃᆡ 뷔어ᅀᅡ <u>ᄌᆞ모니이다</u> <용비어천가 67>

평서형어미 앞에 선어말어미 '-ᄂᆞ-, -거-, -더-, -리-, -과-, -니-, -오/우-' 등이 올 수 있는데, 'ᄒᆞᄂᆞ다, ᄒᆞ거다, ᄒᆞ더라, ᄒᆞ리라, ᄒᆞ과라, ᄒᆞᄂᆞ니라, 호라' 등에서처럼 '더, 리, 과, 니, 오/우' 등 다음에와 서술격조사 '-이-' 다음에는 '-다'가 '-라'로 바뀐다.

다ᄅᆞᆫ 이 볏 올히 붉깻<u>ᄂᆞ니라</u> <두시언해, 月夜憶舍弟>

ᄀᆞ마니 몯 이셔 自然히 니러 禮數ᄒᆞ<u>더라</u> <석보상절 6:30>

御製ᄂᆞᆫ 님금 지스샨 <u>그리라</u> <훈민정음 註1>

곳 디난 時節에 쏘 너를 맛보과라 <두시언해 初16:52>

小人이 진실로 일즉 아디 몯호라 <飜朴上 66>

(2) 의문형어미

중세국어 의문문은 판정의문문과 설명의문문의 두 가지 형태의 의문문이 있다. 전자는 '예, 아니오' 등 可否의 판정을 요구하는 의문문으로 조사나 어미의 모음이 '-가, -아, -어, -냐, -녀, -여'가 붙고, 후자는 의문사와 함께 제시된 의문문으로 그 의문사에 대한 설명을 요구하는 의문문으로 '-고, -오, -뇨' 등이 결합한다.

① ᄒᆞ쇼셔체의 의문형어미

판정의문문에는 '-잇가', 설명의문문에는 '-잇고'가 사용되었다. 그러나 설명의문문에도 일부 '-잇가'가 사용되기도 했다.

落水예 山行 가이셔 하나빌 미드니잇가 <용비어천가 125>

몃 間ᄃ지븨 사ᄅᆞ시리잇고 <용비어천가 110>

世尊하 내 어미 五百僧齊호ᄃᆡ 化樂天에 엇더 업스니잇가

<월인석보 23:68>

② ᄒᆞ라체의 의문형어미

판정의문문에는 '-가, -아(어)', 설명의문문에는 '-고, -오'가 사용되는데, '-어, -오'가 선어말어미 '-나-', '-리-'와 결합하여 '-녀(니어, 니여), -려(리여, 리아, 리야)'와 '-뇨(니오), -료(리오)' 등의 형태로 된다. '-아, -오'는 'ㅣ'모음과 'ㄹ' 아래에서 사용되며, 설명의문문은 의문사와 결합된다.

이 ᄯᆞ리 너희 죵가 <월인석보 8:94>

얻논 藥이 므스것고 <월인석보 21:215>

이는 賞가 罰아 <蒙山 53>

法法이 므슴 얼굴오 <楞解 3:59>

功德이 하녀 져그녀 <석보상절 19:4>

므슷 罪業을 짓관딕 이런 受苦를 ᄒᆞᄂᆞ뇨 <월인석보 23:78>

어루 이긔여 기리ᅀᆞᄫᆞ려 <월인석보 序9>

네 아ᄃᆞ리 허므 업스니 어드리 내티료 <월인석보 2:6>

어미 '-ㄴ다', '-ㄹ다'는 '의도'의 의문문으로 설명이나 판정의 구별이 없으며, 반드시 주어가 2인칭 대명사 '너, 그듸'로 나타내는 것이 특징이다.

네 엇뎨 안다 <월인석보 23:74>

그듸 엇던 사ᄅᆞ민다 <월인석보 10:29>

무로딕 무슴 病으로 命終흔다 <월인석보 9:36>

형아 네 언제 起身홀다 <박해상 9>

'-ㄴ가(고), -ㄹ가(고)'는 간접화법의 의문문이나 간접적인 의문을 나타내는 의문형 어미이다. '-ㄴ가'('-ᄂ가, -던가, -ㄹ까' 등)은 판정의문형 어미이고, '-ㄴ고'('-ᄂ고, -던고, -ㄹ꼬' 등)은 설명의문형 어미이다.

투구 세사리 녜도 잇더신가 <용비어천가 99>

어싀 아들 離別이 엇던고 <월인천강지곡 上52>

네 信티 아니홀가 젇노라 <牧牛訣 7>

뉘 能히... 妙法華經을 너비 니를고 <法華 4:134>

[참고] 반어의 의문법

중세국어에서 특이한 의문법의 형태로 '-이쑌, -이쑌녀, -잇ᄃ니잇가' 등이 있다. 수사의문문이라고도 하는데, 보조조사 '잇ᄃ'에 서술격조사 '-이-'와 판정의 의문형어미가 결합된 형태이다.

  ᄒᄆᆯ며 녀나ᄆᆫ 쳔랴이쑌녀⁴⁷⁾ <석보상절 9:13>
  ᄒᄆᆯ며 ᄯᅩ 方便ᄒᆞ야 뎌 火宅애 ᄲᅢ혀거류미쑌니잇가⁴⁸⁾ <法華 2:78>

[참고] 반말 어미

중세국어에는 상대높임법 중 이른바 '반말 어미'라는 종결법이 있다.

  ㈎ 곶 됴코 여름 하ᄂᆞ니 <용비어천가 2>
  ㈏ 부텻긔 받ᄌᆞᄫᅡ 므슴 호려 ᄒᆞ시ᄂᆞ니 <월인석보 1:10>
  ㈐ 너희ᄃᆞᆯ히 如來ㅅ秘密 神通力을 仔細히 드르리 <월인석보 17:3>
  ㈑ 므스게 ᄡᅳ시리 <월인석보 1:10>

㈎와 ㈐의 '-니, -리'는 평서형 반말 어미이고, ㈏와 ㈑의 '-니, -리'는 의문형 반말 어미로서 의문사 '므슴, 므슥'과 결합한다. 현대국어의 반말 어미 '-어, -지'가 句末抑揚(termination)과 의문사의 사용 여하에 따라 여러 가지 종결법으로 사용되는 것과 비슷하다.

(3) 감탄형어미

중세국어의 感歎文은 대부분 느낌의 선어말 어미인 '-도다'로 나타나는 것이 일반적이며, 이외에 '-ㄹ셔(쎠), -ㄴ뎌'를 더 들 수 있다.

---

47) 쳔랴이쑌녀(쳔랑+잇ᄃ+이+어) : 천량(재물)이랴?
48) ᄲᅢ혀거류미쑌니잇가 : ᄲᅢ혀다(빼내다)+거리다(건지다)>빼내어 건지리 잇가?

프른 미홀 <u>디렛도다</u>49) <두시언해 7:1>

몸하 ᄒ올로 녈셔 <악학궤범, 動動>

大王이 讚歎ᄒ샤디 됴홀씨 <u>됴홀쎠</u> <석보상절 11:27>

믈힛 <u>마리신뎌</u> 50)<악학궤범, 정과정>

또한, 형용사의 경우 선어말어미 '-거-, '-아(어)-' 다음에는 '게라, -애라(애라, 에라)처럼 '-ㅣ라'가 붙는다.

아디 <u>몯게라</u> 믈읫 몃 마릿 그를 지스니오 <두시언해 初22:16>

고지 안해 드니 새셔 <u>가만ᄒ얘라</u>51) <악학궤범, 動動>

셴 머리예 비치 <u>업세라</u>52) <두시언해 初 8:70>

그리고 '-고나', '-ᄂ(ᄂ)고나' 등이 사용되었다. 이는 현대어의 '-(는)구나'에 해당된다.

됴ᄒᆫ 거슬 모ᄅᆞᄂᆞᆫ듯 <u>ᄒ고나</u> <두시언해 初73>

네 독별이 <u>모ᄅᆞᄂᆞᆫ고나</u> <老乞大諺解 上24>

(4) 명령형어미

일반적으로 많이 사용되는 명령형어미는 '-라, -아(어)라'이지만, ᄒ쇼셔체의 '-쇼셔', ᄒ야쎠체의 '-아쎠' 등이 사용되었다.

① ᄒ라체 명령형어미

---

49) 디르(굽어보다)+엇+도다
50) 뭇사람들이 헐뜯던 말이로다.
51) 가만ᄒ(조용하다)+아ㅣ라(감탄형)>조용하구나.
52) 없+어ㅣ라=없구나=없도다.

현대국어의 '-하라'에 해당되는 명령형어미이다.

　　샹재 두외예 ᄒᆞ라 <석보상절 6:1>
　　올ᄒᆞ녀긔 브터 쓰라 <훈민정음 언해>
　　比丘ᄃᆞᆯ하 부텻 양ᄌᆞᄅᆞᆯ 보아라53) <석보상절 23:13>

근대국어에 와서 '아ᄉᆞ라'의 명령형어미도 보인다.

　　蠢彼島夷들아 수이 乞降ᄒᆞ야ᄉᆞ라(꾸물거리는 저 왜적오랑캐야
　　어서 항복하라) <선상탄>

② ᄒᆞ야쎠체 명령형어미
　　'-아(어)쎠'의 어미가 결합한 것으로 근대국어 이후에 소멸되었으며
현대어의 '-소, -오'에 해당된다.54)

　　그 ᄠᅳ들 닐어쎠 <석보상절 6:16>
　　내 보아져 ᄒᆞᄂᆞ다 ᄉᆞᆲ바쎠 <석보상절 6:14>

③ ᄒᆞ쇼셔체의 명령형어미
　　'-쇼셔'의 어미가 결합한 것으로 현대어의 '-소서'에 해당된다.
　　아소 님하 도람 드르샤 괴오쇼셔 <악학궤범, 정과정>
　　이 ᄠᅳ들 닛디 마ᄅᆞ쇼셔 <용비어천가 110>

---

53) 이는 믿음의 선어말 어미 '-아(어)-'를 취한 형태이다.
54) 근대국어에서는 'ᄒᆞ소'체로 사용된다. "구름 ᄀᆞ튼 손님ᄂᆡ야 앞길이나 틔
　　와 쥬소." <쌍벽가>

[참고] 원망(願望)의 명령형어미

　명령형어미 중 請願을 나타내는 '-고라, -고려'가 있다. '-고라'는 보다
직접적인 표현인 '-기를 바라노라'인 반면에 '-고려'는 완곡한 표현에 해
당되는 것으로 현대국어의 '다녀오시구려'에서처럼 '-구려'에 해당된다.

　　내 願을 일티 아니케 ᄒᆞ고라 <월인석보 1:13>
　　날ᄃᆞ려 ᄀᆞᄅ치고려 <飜朴上 13>

[참고] '-ㄹ셰라'

　'-ㄹ셰라'는 일종의 疑懼(경계하고 두려워함)의 뜻을 나타내는 어미
로, 감탄형이나 명령형과는 좀 다른 것으로 '-기 두렵다'의 의미를 갖
는다.

　　어긔야 즌 ᄃᆡ를 드ᄃᆡ욜셰라 <정읍사>
　　어긔야 내 가논ᄃᆡ 졈그를셰라 <정읍사>
　　혀고시라 밀오시라 鄭少年하 위 내 가논 ᄃᆡ ᄂᆞᆷ 갈셰라" <한림별곡>

(5) 청유형어미

　'ᄒᆞ져, ᄒᆞ사이다'는 'ᄒᆞ다'의 청유형어미이고, '-져'는 ᄒᆞ라체 청유형어
미이며, '-사이다'는 ᄒᆞ쇼셔체 청유형 어미이다.

① ᄒᆞ라체의 청유형어미

　'-져, -쟈(자), -쟈ᄉᆞ라(스라), -쟛고야'의 어미로 현대어 '-자(-자꾸
나)'에 해당된다.

　　天山이 어ᄃᆡ오, 이 활을 높이거쟈(걸자) <태평사>
　　어와 벗님ᄂᆡ야 山水구경 가쟈스라(가자꾸나) <상춘곡>

② ᄒᆞ야쎠체의 청유형어미

현대어 '-세'에 해당되는 것으로 '-새'가 붙는다.

아소 님하 遠代平生애 여힐ᄉᆞᆯ 모ᄅᆞᆸ새 <악장가사, 만전춘별사>
ᄒᆞᆫ 차례 ᄒᆞᆸ새(한 번 하세) <첩해신어>

③ ᄒᆞ쇼셔체의 청유형어미

현대어 '-ㅂ시다'에 해당되는 것으로 '-사이다, 스이다'가 사용되었다.

藥든 가ᄉᆞᆷ을 맛초ᄋᆞᆸ사이다 <만전춘>
나ᅀᆞ라 오소이다 <동동>

상대높임법의 'ᄒᆞ라체'와 'ᄒᆞ쇼셔체'의 종결 어미를 도시하면 다음과 같다.

	ᄒᆞ라체	ᄒᆞ쇼셔체
平敍形	-ᄂᆞ다	-ᄂᆞ이다
疑問形	-ᄂᆞ녀	-ᄂᆞ잇가(고)
命令形	-라	-쇼셔
請誘形	-져	-사이다

4.4.2. 연결어미

중세국어의 연결어미에도 현대국어의 연결어미와 마찬가지로 대등적(對等的) 연결어미('-고, -며, -며셔, -나, -건마ᄅᆞᆫ, -거나~-어나' 등)[55], 종속적(從屬的) 연결어미('-니, -오ᄃᆡ, -ㄹ씨, -관ᄃᆡ, -거든, -거늘, -고져, -디빙' 등), 보조적(補助的) 연결어미('-어/-아, -긔/-게, -디, -고' 등)가 있다.[56]

---

55) '-며셔'는 현대국어 '-면서'의 소급형이다.

1) 대등적 연결어미

대등적 연결어미는 현대어와 마찬가지로 나열과 병행의 '-고, -며, -며 셔'와 대조나 선택의 '-나, -거나, -마른(마른는, 마는)' 등이 있다.

(1) 나열과 병행

나열과 병행의 연결어미로 '-고, -며, -며셔' 등이 사용되었다.

(불휘 기픈 남군 바른매 아니 뮐씨) 곶 됴코[57] 여름 하느니

<용비어천가 2>

어미도 아드를 모른며 아들도 어미를 모른리니 <석보상절 6:3>

수머 살며셔[58] 어버시를 효양ㅎ더니 <번역소학 8:2>

(2) 대조와 선택

대조나 선택의 연결어미로 '-나, -거나, -마른(마른는, 마는)' 등이 사용 되었다.

그리습거나 밍マ습거나 홀 씨라 <월인석보 2:66>

호믹도 놀히언마른는 낟マ티 들리도 업스니이다 <사모곡>

2) 종속적 연결어미

종속적 연결어미는 조건을 나타내는 '-면, -거(어)든, -란디'와 이유를

---

56) 여기에서 '-긔/-게'는 'ㅣ' 모음과 'ㄹ' 아래에서 '-의/-에'로 바뀐다.

57) 됴코>둏(好)+고

58) 수머 살며셔>숨어 살면서

나타내는 '-(ᄋ/으)니, -ㄹ씨, -관디, -애(에)' 등, 그리고 양보의 '-나, -오
(우)디, -마른(마ᄂᆞ), -디비, -디위59)', 의도나 목적의 '-라, -려, -오(우)려',
願望의 '-고져, -고녀', 행위 미침의 '-ᄃᆞ록, -ㄹᄉᆞ락, -ᄃ로개', 그리고 연
속을 나타내는 '-락' 등이 있다.

(1) 조건
조건을 나타내는 연결어미로 '-면, -거(어)든, -란디'가 사용되었다.

　　왼녀긔 ᄒᆞᆫ 點을 더으면 뭇노ᄑᆞᆫ 소리오 <훈민정음 언해>
　　머리 ᄂᆞ출 對ᄒᆞ야 오거든 이ᄢᅴ 서르 아디 몯ᄒᆞ노라 <金三 3:27>
　　괴시란디 우러곰 좃니노이다 <서경별곡>

(2) 이유(원인)
이유를 나타내는 연결어미로 '-(ᄋ/으)니, -ㄹ씨, -관디, 조사로 -애(에)'
등이 사용되었다.

　　ᄀᆞᄅᆞᆷ 버므렛ᄂᆞ 길히 니그니 프른 ᄆᆡᄒᆞᆯ 디렛도다 <두시언해 초7:1>
　　ᄇᆞ르매 아니 뮐씨 곳 됴코 여름 하ᄂᆞ니 <용비어천가 2>
　　엇던 行願을 지스시관디 이 相ᄋᆞᆯ 得ᄒᆞ시니잇고 <월인석보 21:18>
　　ᄇᆞ르매 아니 뮐씨 <용비어천가 2>

(3) 양보
양보의 연결어미로 '-나, -오(우)디, -마른(마ᄂᆞ), -디비, -디위'가 사용

---

59) 安秉禧 외(1990:313)는 '-디비, 디위'를 긍정 대상의 종속어미로 보았지만,
　　'-지마는'의 의미로 보아 양보의 어미로 본다.

되었다.

> 德 심고물 ㅎ나 낟비 너기샤60) <월인석보 10:4>
> 이 거동이 님 괴얌즉 흔가마는 엇던디 날 보시고 네로다 <속미인곡>
> 비 업건마른 두리 업건마른 <용비어천가 34>
> 銅온 구두듸 能히 굳ㄴ니 <楞解 7:13>
> 降服히디위 佛子ㅣ 慈悲 아니ㅎ니라 <南明 하5>
> 正法을 빈호디비 업시우믈 말 씨오 <월인석보 10:20>

(4) 의도나 목적

의도나 목적의 연결어미로 '-라, -려, -오(우)려' 등이 사용되었다.

> 님그미 나가려 ㅎ샤 도즈기 셔볼 드더니 <용비어천가 49>
> 곳 것고려 ㅎ신대 <월인석보 2:36>
> 道理 빈호라 나아가샤 <월인석보 1:5>

(5) 원망[바람]

願望의 연결어미로 '-고져, -고뎌'가 사용되었다.

> 니르고져 홀배 이셔도 <훈민정음 언해>
> 눈므리 드리고뎌 ㅎ노라 <두시언해 중11:28>

(6) 행위 미침

행위 미침의 연결어미로 '-드록, -ㄹ스락, -드로개' 등이 사용되었다.

---

60) 낟비 너기샤>나쁘게 여기시어

바미 깁ᄃ록 볼갯도다 <두시언해 초7:6>
죽ᄃ로개 조차 ᄃ녀 <석보상절 19:22>

(7) 연속
연속을 나타내는 '-락'이 사용되었다.

그 金像이 象 우희 오르락 ᄂ리락 ᄒ야 <석보상절 11:13>

3) 보조적 연결어미

본용언에 부사형어미가 결합되고 이어서 보조용언이 결합되는데, 이를 연결시키는 연결어미를 보조적 연결어미라 한다. 이러한 장형구조의 형태가 중세국어에서도 발견된다.[61]

地獄을 븟아 ᄇ려[62] <월인석보 21:181>
赤眞珠ㅣ ᄃ외야 잇ᄂ니라[63] <월인석보 1:23>

〈참고〉 보조적 연결어미 '-게/-긔'

크긔 너기시ᄂ니 <박통上 50>
입게 사노이다[64] <월인천강지곡 142>
부텻 양ᄌ를 ᄀᄐ시긔 그리ᅀᆞᆸ거나 <월인석보 2:66>
사ᄅᆞ미 혜아료미 다 ᄢ러러지긔 우리틸씨라" <몽산법 31>

---

61) 고등학교문법(2002:290) 참조.
62) '븟다'(ᄇᅀᆞ다, 부수다), 'ᄇ리다'(完了보조동사)>버리다
63) 'ᄃ외다'(되다), '잇다'(狀態보조형용사)>있다
64) :입다(昏迷하다)

4.4.3. 전성(轉成)어미

전성어미도 현대국어와 비슷하게 명사형어미와 관형사형어미가 있다.[65]

名詞形어미('-옴/-움, -기, -디' 등)의 '-옴'은 음성모음으로 된 어간 아래에서 '-움'으로 바뀌고, 서술격 조사 아래에서는 '-롬'이 된다(예: '이롬'). '-디'는 '-기'와 비슷한 기능을 나타내는 명사형어미로 주로 형용사 '어렵다, 슳ᄒ다, 둏다' 앞에서만 사용된다.

꾸므로 뵈아시니 <용비어천가 13>
쏘 소합원 머고미 됴ᄒ니라 <救簡 1:39>
布施ᄒ기를 즐겨 <석보상절 6:13>
내 겨지비라 가져가디 어려블씨"<월인석보 1:13>
나가디 슬하야 <삼강연녀도 16>
ᄀ장 보디 됴ᄒ니라" <번박통上 5>

冠形詞形어미로 '-ㄴ, -ᄂ, -던, -ㄹ' 등이 사용되는데, 이 가운데 '-ᄂ'과 '-던'은 선어말 어미인 '-ᄂ -, -더-'에 관형사형 어미 '-ㄴ'이 붙은 것이다.

히 처섬 나ᄂ 싸히라 <월인석보 1:24>
업던 번게를 하늘히 블기시니 <용비어천가 30>

고등학교 문법(2002:294)에서는 아래 예문에서 '다ᇙ'은 'ㄹ'관형사형이 명사적으로, '혼'은 'ㄴ'관형사형이 명사적으로 쓰인 것으로 설명했다.

---

65) 제7차 고등학교 문법교과서에서는 전성어미를 '명사형어미, 관형사형어미' 외에 '부사형어미'를 추가하였다.

다옰 업슨 긴 ᄀᆞᄅᆞᆫ 니섬니서 오놋다 <두시언해 10:35>
德이여 福이라 호ᄂᆞᆯ 나ᅀᆞ라 오소이다 <악학궤범, 동동>

그러나 이에 대해 보다 구체적으로 설명하면 '다옰'(다함이)[다ᄋᆞ-(盡)+ ㄹ(명사적 관형어미)+ ㅅ(주격조사 '이'를 생략한 대신으로 사용)] '다ᄋᆞ다'(動, 다하다<盡>), '다옰:없·다'(形, 다함이 없다)로 "다옰:업슨:긴 ᄀᆞᄅᆞᆫ 니섬니서 오놋다'(다함이 없는 긴 강은 끊임없이 이어져 흘러오는구나)로 설명할 수 있으며, '호ᄂᆞᆯ'은 'ᄒᆞ+오+ㄴ(명사적용법의 관형사형어미)+ᄋᆞᆯ>함을, 한 것을'로 해석된다.

제3장
문장

중세국어문법의

이론과 실제

중세국어문법의 이론과 실제

제3장
문장

1. 문장의 짜임새

1.1. 문장성분

중세국어의 문장 성분 구조는 현대국어의 문장 성분 구조와 대개 일치한다. 주어, 목적어, 보어, 서술어 등의 주성분과 관형어, 부사어 등의 부속성분, 그리고 독립어의 독립성분 구조를 갖는다.

(1) 주성분

문장 구조에 반드시 필요한 필수성분으로 주어, 목적어, 보어, 서술어 등이 이에 해당된다.

① 四祖ㅣㄱ 便安히 몯겨샤 현 고돌ㄴ 올마시뇨ㄷ <용비어천가 110>
② 五百 사르미ㄱ 弟子ㅣㄹ 드외아지이다ㄷ <월인석보 1:9>
③ 보야미ㄱ 가칠ㄴ 므러 <용비어천가 7>
④ 司直은ㄱ 벼스리ㄹ 아니언무른 <두시언해초 22:39>

위의 예문 ㉠은 주어, ㉡은 목적어, ㉢은 서술어, 그리고 ㉣은 보어이다.

(2) 부속성분

문장구조에 주성분을 수식해 주는 부속성분으로 관형어와 부사어를
들 수 있다.

① 관형어

    헌 옷 닙고 발 밧고 <월인석보 11:17>
    의 말슴이 이 덤 밧긔 나명들명 <쌍화점>
    시미 기픈 므른 ᄀᆞ무래 아니 그츨씨 <용비어천가 2>
    셤 안해 자실 제 <용비어천가 67>
    崔九의 집 알피 몃 디윌 드러뇨 <두시언해>
    나랏 말ᄊᆞ미 中國에 달아 <훈민정음 언해>

위의 예문에서 '헌'은 성상 관형사로, '이'는 지시 관형사로 관형어의
문장 성분을 이루며, '기픈'은 '깊+으+ㄴ'으로 용언 어간에 관형형어미
'-(으)ㄴ'이 결합된 것이며, '자실'은 '자+시+ㄹ'로 용언 어간에 관형형어
미 'ㄹ'이 결합된 관형어이다. 그리고 '崔九의'에서 '의'는 평칭 유정명사
음성모음 다음에 오는 관형격조사이고, '나랏'의 'ㅅ'은 무정명사 다음에
사용되는 관형격 조사이다.

② 부사어

    文字와로 서르 ᄉᆞᄆᆞᆺ디 아니홀씨 <훈민정음 언해>
    아므가히 이러(이리로) 오라 <新語 1:1>
    나히 여드니 남도록 죠고마(조금)도 게을이 아니터니
                                  <속삼강 효 35>

잣 앉 보믹(봄+익=봄에) 플와 나모쑌 기펫도다 <두시언해>

바회 우희(우+ㅎ+의=위에) 접듀ㅎ요이다 <정석가>

널라와 시름 한 나도 <청산별곡>

므쇠로 털릭을 몰아(ㅁ르+아=재단하여) <정석가>

듦긔동 방하나 디허(딯+어=찧어) <상저가>

부톄 나룰 어엿비 너기사 나룰 보습게 ㅎ쇼셔 <월인석보 6:40>

모미 크긔 두외야 <월인석보 6:34>

믜리도 괴리도 업시(없+이) 마자셔 우니노라 <청산별곡>

둘하 노피(높+이)곰 도드샤 머리(멀+이)곰 비취오시라 <정읍사>

위의 예문에서 '서르', '이러', '죠고마' 등은 부사로 부사어가 되며, '보믹', '우희' 등은 체언인 명사 다음에 오는 특수 처소부사격 조사인 '-익'와 '-의'가 온 것이다. 그리고 '널라와'의 '-라와'는 비교부사격 조사이다. '몰아'와 '디허'는 용언 어간에 '-아'와 '-어'의 어미가 결합한 것이며, '보습게'는 용언 어간에 '-게(긔)'의 어미가 결합한 것이다. 그리고 '업시'와 '노피', '머리'는 '없다', '높다', '길다'의 형용사에 부사화접미사 '-이'가 결합한 형태이다.

(3) 독립성분

독립 성분은 다른 성분에 제한을 받지 않고 말 그대로 독립적으로 사용되는 문장성분이다. 감탄사와 체언에 결합하는 호격조사가 해당된다.

님금하 아르쇼셔 山行 가 이셔 하나빌 미드니잇가 <용비어천가 125>

둘하 노피(높+이)곰 도드샤 <정읍사>

딩아(딩+아) 돌하(돌+ㅎ+아)1) <정석가>

의 丈夫ㅣ 여 <圓覺서76>

위의 예문에서 '익'는 감탄사이며, '님금하', '돌하', '딩아', '돌하', '丈夫ㅣ여'에서 존칭체언 아래에서의 '-하'와 그렇지 아니한 체언 아래에서의 '-아'와 '-여'는 호격조사이다.

[참고] 호격조사
    호격조사의 사용이 반드시 신분이 낮을 때는 '-아'를 사용하고, 신분이 높을 때에는 '-하'를 사용한 것은 아니다.

    누릿가온뒤 나곤 <u>몸하</u> ᄒᆞ올로 녈셔 <동동>
    혀고시라 밀오시라 <u>鄭少年하</u>
    <u>舍利弗아</u> 極樂國土애 七寶 모시 잇ᄂᆞ니 <阿彌:7>

1.2. 겹문장의 짜임새

겹문장은 서술어가 둘 이상으로 이루어진 문장 구조로 현대국어와 마찬가지로 안은 문장과 이어진 문장으로 나뉜다. 안은 문장은 명사절, 관형절, 부사절, 서술절 안은 문장으로, 그리고 이어진 문장은 대등적 연결어미에 의해 이어진 문장과 종속적 연결어미에 의한 이어진 문장이 있다.

1.2.1. 안은 문장

문장 안에 또 다른 절(주어+서술어)을 내포하는 문장으로 명사절, 관형절, 부사절, 서술절, 인용절이 들어 있다.

    ① 과글이 <u>허리 알포물</u>(알ᄑ+옴=아픔) 춤디 몯ᄒᆞ거든 <救簡 2:41>

────────────

1) '돌하'의 '하'는 'ᄒᆞ(곡용어)+아'로 분석해야 하며, 현대국어에서는 무정명사 뒤에 호격조사가 올 수 없다.

② 그 후에사... 룽담ᄒ야 남진 어르기룰(사내 혼인하기를) ᄒ며
<월인석보 1:44>

③ ᄉᆡ미 기픈 므른 ᄀᄆᆞ래 아니 그츨ᄊᆡ 내히 이러 바ᄅᆞ래 가ᄂᆞ니
<용비어천가 2>

④ ᄆᆞᄎᆞᆷ내 제 ᄠᅳᄃᆞᆯ 시러 펴디 몯홇(몯+ᄒ+ᆯ=못할) 노미 하니라
<훈민정음 언해>

⑤ 阿難이 다시 ᄉᆞᆲ보ᄃᆡ 大愛道ㅣ 善ᄒᆞᆫ ᄠᅳ디 하시며 부톄 처섬 나거시
늘 손소 기르ᅀᆞᄫᅵ시니이다 <월인석보 10:19>

⑥ 江城엣 그려기 노ᄑᆡ(기러기 높게) 正히 北으로 ᄂᆞ라가매 애를 긋노
라 <두시언해>

⑦ 四衆ㅅ中에 怒ᄒᆞᆫ ᄆᆞᅀᆞᆷ 낸 사ᄅᆞ미 모딘 이브로 구지저 닐오ᄃᆡ "이
智慧 업슨 比丘ㅣ 어드러셔 오뇨 우리들ᄒᆞᆯ 授記호ᄃᆡ 당다이 부톄
ᄃᆞ외리라" ᄒᆞᄂᆞ니 <석보 19:29-30>

⑧ 靑衣 부텻 使者ㅣ 羅睺羅ᄅᆞᆯ ᄃᆞ려다가 沙彌 사모려 ᄒᆞᄂᆞ다 홀ᄊᆡ
<석보상절 6:2>

①은 '-옴/-움'의 명사형 어미에 의한 명사절이고, ②는 '-기' 명사형
어미에 의한 명사절이다. 그리고 ③, ④는 '-ㄴ'과 '-ㄹ'의 관형사형 어미
에 의한 관형절을 안은 문장이다. ⑤는 서술절로 안겨 있는 문장이며,
⑥은 부사화접미사에 의한 부사절을 안은 문장이며, ⑦은 직접 인용에
의한 인용절을 ⑧은 간접 인용절에 의한 안은 문장이다.

1.2.2. 이어진 문장

중세어의 이어진 문장도 연결어미와 접속조사에 기대어 이루어진다.
연결어미에 기대어 이루어지는 이어진 문장을 중심으로 그 특징을 살펴
보면 다음과 같다.

① 곳 됴코(둏+고=좋고) 여름 하ᄂ니 <용비어천가 2>
② 어미도 아ᄃ를 모ᄅ며 아ᄃ도 어미를 모르니 <석보상절 6:3>
③ 말ᄊᆞᆷᄋᆞᆯ ᄉᆞᆲ리 하ᄃᆡ 天命을 모ᄅ실ᄊᆡ ᄭᅮᄆᆞ로 알외시니

<용비어천가 13>
④ 防戌 ᄒᆞᄂᆞ딧 ᄲᆡ페 사름 ᄃᆞ니리 그츠니 邊方ㅅ ᄀᆞ술히 ᄒᆞᆫ 그려긔
소리로다 <두시언해>

위의 예문 ①과 ②는 대등적 연결어미인 '-고'와 '-며'에 의해 이어진
문장이며, ③과 ④는 '-ㄹ씨', '-니'에 의한 종속적 연결어미에 의한 이어
진 문장이다.

고등학교 문법교과서(2003:298)에서 연결어미가 주절의 문장 종결법
에 제약을 주는 예를 들고 연결어미 '-관ᄃᆡ'가 종속절에 쓰이면 앞에 물음
말이 오면서 이에 일치하여 뒷절은 의문형으로 끝나며, 종속절에 연결어
미 '-곤'이 오면 이에 일치하여 뒷절에 의문형이 오며, 연결어미 '-디빙'가
종속절에 쓰이면 뒷절에 부정표현이 온다고 했다.

스승니미 엇던 사ᄅᆞ미시관ᄃᆡ 쥬벼느로 이 門을 여르시ᄂᆞ니잇고
<월인석보 23:84>
ᄒᆞᆫ 사름 勸ᄒᆞ야 가 法 듣게 혼 功德도 이러ᄒᆞ곤 ᄒᆞ믈며···말다빙
修行호미ᄯᆞ녀 <월인석보 17:53-54>
ᄒᆞ나ᄒᆞᆫ 比丘ㅣ 큰 戒를 디녀 잇거든 比丘尼가 正法을 빅호디빙[2] 업시
우믈 말씨오 <월인석보 10:20>

---

2) '-디·빙'(어미, -지, -지마는), '-다·빙'(접미사, -대로, -답게)

2. 문법 요소

2.1. 높임 표현

높임의 선어말어미는 주체높임법, 객체높임법, 상대높임법으로 분류된다.[3]

2.1.1. 주체높임법

① 주체높임법은 문장의 주어인 주체높임을 나타내는 것으로 선어말어미는 현대국어와 마찬가지로 '-시-'가 사용된다.

四祖ㅣ 현 고들 올마시뇨 <용비어천가 110>

② 주체높임의 선어말어미 '-시-'가 부사형어미 '-아/-어'와 모음 의도법의 어미 '-오-'와 만나게 되면 '-시-'는 '-샤'가 되고, '-아'와 '-오-'는 탈락된다.

狄人ㅅ 서리예 가샤 狄人이 골외어늘 岐山 올무샴도 하늚 뜨디시니
<용비어천가 4>
天下애 功이 크샤딕 太子△位 다른거시늘 <용비어천가 101>

즉, '가샤'는 '가+시+아>가+샤+아>가샤('아' 탈락)형태가 되고, '올무샴'도 '옮+ᄋᆞ+시+오+ㅁ>옮+ᄋᆞ+샤+옴>옮+ᄋᆞ+샤+ㅁ>올무샴'의 형

---

3) 安秉禧 외(1990:222)는 주체높임법을 尊敬法(존경법), 객체높임법을 謙讓法(겸양법), 상대높임법을 恭遜法(공손법)이라 하였다.

태가 된다. 그리고 '크샤딕>크+시+오+딕>크+샤+오+딕>크샤딕'의 형태를 이룬다.

[참고] '-시-'의 위치

중세국어에서 높임표현의 '-시-'가 시간표현의 '-거-, -더-'와 만나면 'ㅎ거시든, ㅎ더시니'처럼 '-시-'가 이들보다 후행된다. 현대어의 '하시거든, 하시더니'처럼 '-시-'가 선행한 것은 근대국어에서이다.

2.1.2. 객체높임법

客體높임법은 목적어에 해당되는 사람이나 사물을 높이는 것으로 '-습-, -솝-, -줍-'을 사용한다. 이것은 스스로 자기를 낮추어 말할 때 쓰는 敬語法으로 동사 어간에 '-습-, -솝-, -줍-'을 붙이며, 이를 겸양선어말어미라 한다. '-습-'은 동사의 어간이 'ㄱ, ㅂ, ㅅ, ㅎ' 등의 받침으로 끝날 때 쓰이고, '-솝-'은 동사의 어간이 '母音'이나 'ㄴ, ㄹ, ㅁ'의 유성자음으로 끝날 때 쓰인다. 그리고 '-줍-'은 'ㄷ, ㅈ, ㅊ' 받침의 어간에 연결된다. 17세기 이후 상대높임법으로 바뀌었다.[4]

① -습- : 房을 아니 받ᄌᆞ바 法으로 막습거늘 <月印上36>
　　　　잡ᄉᆞ와 두어리 마ᄅᆞᆫ <가시리>
　　　　부텻긔 머리 좃습고[5] 술보ᄃᆡ <月釋10:13>

---

4) 매개모음을 취하는 어미나 모음 어미 앞에서 '-ᅀᆞ-'으로 불규칙 활용한다. '돕ᄉᆞᄫᆞ니, 얻ᄌᆞ바, ᄀᆞ초ᅀᆞᄫᅡ' 등이 그 예들이다. 예문: "ᄒᆞᆫ ᄆᆞᅀᆞᄆᆞ로 뎌 부텨를 보ᅀᆞᄫᆞ라"<월석 8:22>, "臣下ㅣ 님그플 돕ᄉᆞᄫᅡ <석보 9:34>. 객체높임법은 목적어인 '부텨'와 '님금'을 높이는 높임법이다. 이 객체높임법이 현대국어에서는 공손법(화자가 공손의 뜻을 나타내어 청자를 높이는 말법으로 시오/사옵/삽 : 자오/자옵/잡)의 소급형에 속한다.
5) 좃습다: 조아리옵다

舍利와 經과 佛像과란 긼 西ㅅ녀긔 노ᄉᆞᆸ고6) <월인석보2:73>

② -ᅀᆞᆸ- : 畵師ᄃᆞᆯ히 ᄒᆞ나토 몯 그리ᅀᆞᆸ거늘 <釋譜24:10>

곧 부텻 法度 아ᅀᆞᆸᄂᆞᆫ 거시라 <楞解2:25>

첫 放光 보ᅀᆞᆸ고 百姓ᄃᆞᆯ히 우ᅀᆞᆸ거늘 <월인석보10:1>

기베 안ᅀᆞᄫᅡ 어마닚긔 오ᅀᆞᆸ더니 <月印上9>

③ -ᄌᆞᆸ- : 부텻 功德을 듣ᄌᆞᆸ고 <석보상절6:40>

부텻긔 받ᄌᆞᄫᅡ 므슴 호려 ᄒᆞ시ᄂᆞ니 <월인석보1:10>

내 몸도 좃ᄌᆞᄫᅡ7) 긼 싸힌가 몯 긼 싸히가 <월인석보 8:93>

부텨를 맛ᄌᆞᄫᅡ8) 저ᅀᆞᆸ고(절하고) <월인석보1:13>

三賊이 좇ᄌᆞᆸ거늘 <龍歌36>

[참고] 객체높임법과 상대높임법

중세어의 상대(청자) 높임법의 선어말어미인 '-(으)이-'는 16세기 이후 '-(으)아-'로 나타나 공존하다가 점차 그 기능을 상실하게 되어 이를 대체할 수 있는 것을 찾게 되었다. 이에 관여하게 된 것이 객체높임법의 '-ᅀᆞᆸ-'이다. '-ᅀᆞᆸ-'이 현재형어미 '-ᄂᆞ-'와 결합하여 '-ᅀᆞᆸᄂᆞ이다>-ᄉᆞᆸᄂᆞ이다>-ᄉᆞᆸᄂᆞ니다>-ᄉᆞᆸ느니다(ᄉᆞᆸ니다)>-ᄉᆞᆸ니다'의 형태로 변화되어 객체높임법이 상대높임으로 바뀌게 된 것이다. 또한, 17세기 이후 '-ᄉᆞᆸ-'의 변이형인 '-ᄉᆞᆸ-, -소-, -ᅀᆞᆸ-, -ᅀᆞᆸ-' 등이 1인칭 주어와 호응하면서 화자 자신을 낮추어 대우하려는 의도에서 상대(청자)높임법으로 바뀐 것으로 보기도 한다.

---

6) 노ᄉᆞᆸ고: 놓(置, 놓다)+ᄉᆞᆸ+고
7) 좃ᄌᆞᄫᅡ: 좇(從, 좇다)+ᄌᆞᆸ+아
8) 맛ᄌᆞᄫᅡ: 맞(맞이하다)+ᄌᆞᆸ+아

2.1.3. 상대높임법

① 청자에 대한 높임으로 상대높임의 'ᄒᆞ쇼셔체' 선어말어미인 '-이-'
는 평서형에서 사용되고, 의문형에서는 '-잇-'이 사용된다.

앛이 모딜오도 無相猶矢실ᄊᆡ 二百年 基業을 여르시니이다

<용가 103>

洛水예 山行 가 이셔 하나빌 미드니잇가 <용가125>

몃 間ㄷ지븨 사ᄅᆞ시리잇고 <용비어천가 110>

② 상대높임법에는 'ᄒᆞ라체, ᄒᆞ야쎠체, ᄒᆞ쇼셔체, 반말체'가 있다.
이를 구체적으로 보이면 아래 표와 같다.

	ᄒᆞ라체 (아주낮춤)	ᄒᆞ야쎠체 (예사높임)	ᄒᆞ쇼셔체 (아주높임)	반말체
평서형	ᄒᆞ다(ᄒᆞ리라)	-링다, -닝다9)	ᄒᆞ이다	(여름) 하ᄂᆞ니 (자세히) 드르리 (므슴) ᄒᆞ시ᄂᆞ니 (므스게) 쓰시리
의문형	ᄒᆞ녀(려)/ᄒᆞ뇨(ᄒᆞ료)	-리오	ᄒᆞ니(리)잇가	
명령형	ᄒᆞ라(아ᄉᆞ라)	-아(어)쎠10)	ᄒᆞ쇼셔	
청유형	ᄒᆞ쟈(쟈ᄉᆞ라)	-새	ᄒᆞ사이다	

③ 'ᄒᆞ쇼셔체'의 명령형과 청유형에는 '-쇼셔'와 '-사이다'가 사용
되고, 상대가 낮은 경우에는 '반말체 어미'라는 종결법을 사용하였다.

---

9) 군을 주어셔 가게 ᄒᆞ시면 반ᄃᆞ시 내 ᄯᅡᄒᆞᆯ 다시 가지링다 <東新續三綱>
   부톄시다 ᄒᆞᄂᆞ닝다 <석보상절6:18>
10) '-어쎠'는 "그 ᄠᅳᆮ를 닐어쎠(말하시오)"의 예처럼 현대어의 예사높임에 해
   당된다.

아소 님하 도람 드르샤 괴오쇼셔 <악학궤범, 정과정곡>

淨土애 흔 딕 가 나사이다 ᄒᆞ야시ᄂᆞᆯ <월인석보 8:100>

사향 각시를 아나누어 약든 가슴을 맛초ᅀᆞ사이다

<악장가사, 만전춘별사>

부텻긔 받ᄌᆞᄫᅡ 므슴 호려 ᄒᆞ시ᄂᆞ니 <월인석보 1:10>

므스게 쓰시리 <월인석보 1:10>

2.2. 시간 표현

중세국어 시간표현 선어말어미에는 현재형의 '-ᄂᆞ-', 과거형의 '-더
(러)-/-거-/-어(아)-/, 미래형의 '-리-'가 있다. 또한, '-더-'는 回想의 선어말
어미로 '-오-'와 결합되면 '-다-'로 바뀐다.[11] 그리고 '-리-'는 未來시제의
선어말 어미로 관형사형에서는 '-ㄹ'로 실현된다.

특히, 중세국어에서 보이는 '-앳-/-엣-'은 과거시제를 나타내는 선어말
어미이기보다는 '-아 잇-/-어 잇-'으로 이는 완료상의 의미를 갖는다.

2.2.1. 현재시제

현재형의 '-ᄂᆞ-'는 '-오-'와 결합하면 '-노-'로 바뀌고, 어간 말음이 모음
이면 '-ㄴ-'이 된다.[12]

① 또 내 아ᄃᆞᆯ 드려가려 ᄒᆞ시ᄂᆞ니 <석보상절6:5>

---

11) 집 안해 샹녜 보다니 <두시언해 江南逢李龜年>
12) '-ᄂᆞ다/-는다'의 형태는 중세국어에서는 '-ᄂᆞ냐, -는가'의 의문형이다. '-ᄂᆞ
    다/-는다'가 평서형인 의미를 갖게 된 것은 근대국어에서이다.
    네 엇던 아히완ᄃᆡ 허튀를 안아 우ᄂᆞ다 <월인석보8:85>
    信ᄒᆞᄂᆞᆫ다 아니 ᄒᆞᄂᆞ다 <월인석보 9:46>
    이 ᄆᆞ리 쇠거름 ᄀᆞ티 즈늑즈늑(느릿느릿) 것ᄂᆞ다 <老乞下8>

② 프른 쥐 넷 다섯 서리예 숨ᄂ다 <두시언해6:1>

③ 새로 스믈여듧字ᄍᆞᆼ를 밍ᄀ노니 <훈민정음>

④ 無常 브리 한 世間을 산다 ᄒᆞ시며 <龜鑑上50>

현재시제는 ①, ②와 같이 일반적으로 선어말 어미 '-ᄂ-'에 연결되어 표시된다. '-ᄂ-'는 선어말 어미 '-오-'와 결합되면 ③에서처럼 '-노-'로 바뀌며, ④처럼 어간말음이 모음이면 '-ㄴ-'으로 축약된다.

2.2.2. 과거시제와 상(相)

중세국어의 과거시제 선어말어미로 '-거-/-어(아)-' 및 '-더-'가 사용되었다. '-거-/-어(아)-'는 화자의 믿음이나 느낌의 태도를 표시하는 것으로 화자가 주관적으로 판단한 사실이 발화시까지 지속되는 것이고, '-더-'는 과거의 일어난 일을 회상하는 것으로 화자가 과거에 경험한 사실이 발화시에는 단절되는 경우에 사용된다. 그리고 자동사 뒤에는 '-거-', 타동사 뒤에는 '-어(아)-'가 붙는다.

① 셜볼쎠 衆生이 福이 다ᄋ거다 ᄒᆞ시고 <석보상절23:28>

② 崔九의 집 알픠 몃 디윌 드러뇨[13] <두언 16:52>

③ 내 眞實로 宮中에 사ᄅᆞ 잇ᄂᆞ 주를 알아니와 <內訓二下:48-49)

④ 내 이제 훤히 즐겁과라 [14]<법화 2:137>

⑤ 수울 어드라 가더니 다 도라 오나다 <飜朴上 3>

위의 예문 ①은 '-거-'가 자동사에 붙었고, ②, ③은 '-어(아)-'가 타동사

---

13) 듣+어+뇨>들었느냐?

14) '내'(내가, 주격), '훤히'(副, 훤하게, 크게, 넓게), '즐·겁과·라'(즐겁도다) [즐겁-(형)+과라(감탄형어미)] '-과'(거+오(선어말)→과)

뒤에 붙는다. ④는 '-거-'에 선어말 어미 '-오-'가 결합되었다. -거-/-어-'가 동사 어간에 바로 붙으면 과거의 시제적 의미(-었다)에 화자의 주관적인 태도를 나타낸다. ⑤처럼 자동사 '-오-' 뒤에서는 '-나-'로 교체된다.

또한, 과거 회상의 선어말어미 '-더-'(①)는 '-이-'와 '-리-' 뒤에서는 '-러-'로 교체되고(②), 선어말어미 '-오/우-'와 결합하면 '-다-'로 교체된다(③).

① 님그미 나갯더시니 <용비어천가 49>
(須達)……그딋 ᄯᆞ를 맛고져 ᄒᆞ더이다 <석보상절 6:15>
② 님금 臣下ㅅ 疑心이러시니 <월인천강지곡 上22>
천량이 몯내 혜리러니 <월인석보 23:63>
③ 내 롱담ᄒᆞ다라15) <석보상절 6:24>

중세국어의 동사의 부사형인 '-아(어)-'에 이시(有)의 '잇'이 결합되어 '-아(어) 잇'의 완료상의 형태가 나타났다. 이 '-아(어)잇-'이 축약된 형태가 '-앳(엣)-'이며, 다시 모음 'ㅣ'가 탈락되어 근대국어에서는 과거시제를 나타내는 '-앗(엇)-'으로 나타났고, 오늘날의 과거시제를 나타내는 '-았(었)-'으로 된 것이다.16) 'ᄒᆞ다(爲)'란 말도 'ᄒᆞ야이시>ᄒᆞ얘시>ᄒᆞ얫>ᄒᆞ얏>하였'으로 변천하였다.

精舍애 안잿더시니(앉+아+잇=앉아 있) <월인석보 1:2>
ᄃᆞᄅᆞ 이 녯 ᄀᆞ올히 ᄇᆞᆰ갯ᄂᆞ니라(ᄇᆞᆰ+아+잇=밝아 있) <杜詩諺解8:36>

---

15) 농담(弄談)하더라.
16) 일반적으로 동사의 부사형에 '잇(이시)'를 연결하여 완료상으로 만드는데 '두다(置)'란 말은 직접 어간에 연결되어 완료를 나타낸다.
병 소배 ᄀᆞ초아 뒷더시니 <월인천강지곡>

  ᄀᆞᄅᆞᆷ ᄇᆞᄆᆞ렛ᄂᆞᆫ(ᄇᆞᄆᆞᆯ+어+잇) 길히 니그니17) <杜詩諺解初7:1>
  부텻 使者 왯다(오+아+잇=와 있) 드르시고 <석보상절6:2>
  버텅에 비취옛ᄂᆞᆫ(비취+어+잇) 프른 프른 절로 븘비치 두외옛고(두외+
  어+잇+고) <두시언해>

또한, 동사 어간 밑에 '-니'가 붙어서 '과거시제'를 나타낼 때가 있다.

  그 더딘 엇디ᄒᆞ야 하계예 ᄂᆞ려오니(내려왔느냐) <사미인곡>
  落水예 山行 가이셔 하나빌 미드니잇가(믿었습니까) <용가 125장>

그러나 '-니-'는 어떤 동작이나 상태를 객관적으로 확인하여 말할 경우
에 사용되기도 하므로 과거와 관련이 없이 부정칭으로 사용되기도 한다.

  ᄆᆞᄎᆞᆷ내 제 ᄠᅳ들 시러 펴디 몯홀 노미 하니라 <훈민정음언해>

이외에 동사에 '-돗-'이 결합하여 ᄭᆡ돗던지(깨었던지)'에서 보듯이 과
거시제로 해석되는 경우도 있다.

  오뎐된 鷄聲의 줌은 엇디 ᄭᆡ돗던고 <속미인곡>

[참고] 시제와 상
   시제와 상은 다르다. 時制는 우선 발화시간과 관련된 장면의 시간적
위치를 결정하는 것으로 하나의 문법범주로 파악할 수 있다. 따라서 시제
는 지시적인 것으로 장면(상황)의 외적 구성이며 주로 단형구조의 형태

---

17) '버ᄆᆞ렛ᄂᆞᆫ'의 형태분석은 '버믈(두르다)+어+잇ᄂᆞᆫ'으로 그 의미는 '둘러
    있는'이다. 따라서 '강을 둘러 있는 길이 익숙하니'로 해석된다.

적 실현에 초점을 둔다. 그리고 현재와 미래를 나타내는 굴절형태소가 미분화되었기에 과거(-었/았-)와 비과거의 2가지로 나눈다. 반면에 相은 단순히 발화시간과 관련된 장면의 위치를 결정하는 것이 아니라 동작이 그 장면에 어떻게 펼쳐져 있는가에 있다. 따라서 시제가 장면의 외적 상황이라면 상은 장면의 내적 상황이다. 그리고 시제가 주로 형태적 실현 이라면 상은 '본용언+보조용언'의 통사적 실현에 있다. 상의 문법 범주로 完了相(-어/아-)과 未完了相(-고-)의 대립이 있다.

2.2.3. 미래시제

미래를 나타내는 선어말어미 '-리-'는 앞으로 일어날 동작이나 상태를 추측하는 것으로, '-거/어-'와 '-더(러)-'와도 결합한다.

> ① 聖神이 니ᅀᅡ샤도 敬天勤民ᄒᆞ샤ᅀᅡ 더욱 구드시리이다[18]
>
>   <용비어천가 125>
> ② 내 몸이 正覺 나래 마조 보리어다 <월인석보 8:87>
> ③ 功德이 이러 당다이 부톄 다외리러라 <석보상절 19:34>

미래시제를 나타내는 선어말어미의 '-리-'는 현대어의 미래 형태소인 '-겠(ㄹ 것)-'에 해당된다. ②의 '-리어-'는 미래에 확정될 사실을, ③의 '-리러-'는 미래에 경험하게 될 사실을 미리 추정할 경우에 사용된다.

그러나 현대어의 '-겠-'이 화자의 추측이나 의지, 가능의 의미를 갖는 데 중세어에서도 미래를 나타내기보다는 화자의 의지를 나타내는 敍法을 나타내는 경우가 있다.

---

18) 聖神이 이으셔도 敬天勤民(하늘을 공경하고 백성을 다스리기에 부지런함)하셔야 더욱 굳으실 것입니다.

살어리 살어리랏다 靑山애 살어리랏다 <악장가사, 청산별곡>

위의 예문에서 '-라-'는 단순히 청산에 살겠다는 미래의 시제로 사용된 것이라기보다는 현실의 어려움을 벗어나고자 청산에 가서 살고 싶다는 강한 의지를 나타낸 것이다.

2.3. 화자의 의도 표현

(1) -오/우-

현대어에서는 볼 수 없는 중세어의 특수 형태의 선어말어미 '-오/우-' 가 있었는데, 이는 화자나 대상의 意圖法(의도법)을 표시하는 문법 요소 이다. 따라서 화자의 의도를 드러내는 '-니, -려, -라' 어미 앞에 선어말어 미 '오/우'가 결합하여 'ᄒ(니, 려, 라>호(니, 려, 라)'가 된다. 즉 'ᄒ니라> 호(ᄒ+오)니라', 'ᄒ더니(라)>ᄒ다(더+오)니(라)', 'ᄒ거라>하과(거+오) 라'가 된다. '-오-'는 음성모음 아래에서는 '-우-'로, 서술격조사 아래에서 는 '-로-'(이+오+라>이로라)로 바뀌며, 주체높임 선어말어미 '-시-'와 만 나면 '-샤-'로 바뀐다.

평서형어미와 연결어미에 나타나는 '-오-'는 문장의 주어가 화자임을 표시한다. 관형사형에 나타나는 '-오-'는 꾸밈을 받는 명사가 의미상의 목적어이거나 부사어일 때 주로 나타나는데, 'ᄒᆫ>혼, ᄒᄂᆫ>ᄒ논, ᄒ던>ᄒ 단, ᄒᆯ>홀' 등에서와 같이 관형사형 앞에 나타난다.

또한, '가+오+ㅁ>가옴, 먹+우+ㅁ>머굼'에서처럼 명사형어미 '-ㅁ'과 '묻+듸>무로듸, 숣+듸>숣+오+듸>술보듸'에서처럼 설명형어미 '-듸' 앞 에서도 '-오/우-'가 삽입된다.

① 일반적으로 화자가 자신의 의도를 드러내므로 1인칭 주어와 호
응된다.

ㄱ 사롬마다 히여 수비 니겨 날로 _ᄡᅮ메_ 便安킈 ᄒᆞ고져
<훈민정음언해>

ㄴ _ᄉᆞᆲ보ᄃᆡ_ 情欲앳 이른 ᄆᆞᅀᆞ미 즐거버ᅀᅡ ᄒᆞᄂᆞ니 <월인석보 2:5>

ㄷ _올모려_ 님금 오시며 <용비어천가 16장>

ㄹ 내 이것 _업수라_ <法華2:244>

ㅁ 五百弟子ㅣ 各各 第一_이로라_ <월인석보 21:199>

ㅂ 새로 스믈여듧 字를 _밍ᄀᆞ노니_ <훈민정음 언해>

ㄱ은 'ᄡᅳ+우+ㅁ(뿜, 사용함)+에'로 명사형 어미 앞에 '-우-'가 ㄴ은
'ᄉᆞᆲ(사뢰다)+오+ᄃᆡ', '묻(問)+오+ᄃᆡ>무로ᄃᆡ'처럼 설명형어미 '-ᄃᆡ' 앞
에 선어말어미 '-오-'가 결합된 것이다. 그리고 ㄷ은 의도형어미 '-려'
앞에 선어말어미 '-오-'가 결합하여 '옮+오+려>올모려'가 된 것이며,
ㄹ은 '-라' 앞에서 '없+우+라>업수라'가 된 것이다. ㅁ은 서술격조사
'ㅣ' 아래에서는 '오'가 '로'로 바뀐 것이다. 그리고 ㅂ에서처럼 주어
대명사가 화자 자신(제1인칭)일 때에 '-니' 앞에서 '-오-'가 결합하여
'-ᄂᆞ니'가 '-노(ᄂᆞ+오)니'가 된다.[19] 그러나 2인칭 주어와 호응되는 청
자의 의도를 나타내는 경우에는 의문문의 형태로 기술된다.[20]

主人이 무슴 차바ᄂᆞᆯ 손소 ᄃᆞᆯ녀 _밍ᄀᆞ노닛가_ 太子를 請ᄒᆞᅀᆞᄫᅡ 이바ᄃᆞ보
려 _ᄒᆞ노닛가_ <석보상절6:16>

---

19) 이런 점을 중시하여 '-오-'를 제1인칭 활용으로 처리하기도 한다.
20) 드물기는 하지만, 주어 명사가 청자(제2인칭)일 때에도 '-오-'가 쓰이는
일이 있다.
(너)……다시 모ᄃᆡ(반드시, 必) 안조ᄃᆡ 端正히 _호리라_ <몽산법 2>

② 주어가 1인칭일 경우 '-더-, -거-'에 '-오-'가 결합되어 '-다-, -과-'가 된다.

岐王ㅅ 집 안해 샹녜 보다니 <두시언해 16:52>

곳 디는 時節에 쏘 너를 맛보과라 <두시언해 16:52>

[참고] 江南逢李龜年(七言絶句)

"岐王ㅅ집 안해 상·녜·보·다·니 崔九·의 집 ·알·픠·몃 디·윌 드·러·뇨 正·히·이 江南·애 風景·이 됴ᄒᆞ·니 곳 :디는 時節·에 쏘 너·를 맛보·과라"(岐王宅裏尋常見 崔九堂前幾度聞 正是 江南好風景 落花時節又逢君)

(일찍이 그대의 名唱은 岐王 宅 遊宴에서 자주 만나 들을 기회가 많았고, 崔九의 집 앞에서도 몇 차례를 들었던가. 정말로 아름다운지고, 江南의 風景이다. 이 落花 時節에 내 또한 여기서 만나보게 되었구나) '보다니'(보았는데) [보-(동,見)+다(회상, 더+오)+니(설명형)] (1인칭 때에 쓰임), "내 님믈 그리ᅀᆞ와 우니다니" <鄭瓜亭>, '알픠'(앞에서) [앒(명, 前)+의(처소)]('앒'은 특수 처소부사격조사를 취함), '·몃'(冠, '몇, 幾') 몇→몃(八終聲法), '디윌'(차례를, 번을)[디위(의존명, 番)+ㄹ(對格)], '드러뇨'(들었는고) [듣-(동, 聞)+어뇨(의문형)]('-어뇨'는 과거시제 의문형 어미), '맛보과라'(만나보게 되었구나) [맛보-(동, 逢)+과(거+오)라(어미, -도다)<주어가 1인칭일 때 쓰임>]

③ 주체높임 선어말어미 '-시-'와 만나면 '-샤-'로 바뀐다. '샤'는 '시+아'로 분석하여 삽입모음에 하나의 이형태(異形態)로서 '아'를 따로 설정하는 견해도 있으나, '시+삽입모음'의 경우에 나타나는 '시'의 이형태(-샤-)로 보고 삽입모음(-오)은 탈락된 것으로 봄이 타당하다.

가+샤(시의 이형태)+오(탈락)+ㅁ>가샴

크+샤(시의 이형태)+우(탈락)+딕>크샤딕

④ 관형절에서도 꾸밈을 받는 명사가 꾸미는 말의 의미상의 목적어
일 경우에 '-오-'가 결합된다.

겨집들히 나혼 子息[21]
얻논 藥이 므스것고[22] <월인석보 21:215>

동작의 주체인 동작주의 의도가 반영될 경우에는 관형사형에 나타
나기도 한다.

이런 젼ᄎ로 어린 百姓이 니르고져 홇배이셔도[23] <훈민정음 언해>

[참고] -(ᄋ/으)니-, -(ᄋ/으)ㄴ
'ᄒᄂ니라 : ᄒᄂ다, ᄒᄂ니이다 : ᄒᄂ이다, ᄒ더니라 : ᄒ더라' 등과
같이 비교가 가능하므로 어미의 일부로 보기도 하지만, 학자에 따라서는
'-(ᄋ/으)니, -(ᄋ/으)ㄴ'을 과거의 선어말 어미로 보는 의견도 있다.

하나빌 미드니잇가 <용비어천가 125장>
獄은 죄 지은 사름 가도는 싸히니 <월인석보 1:28>

---

21) 꾸밈을 받는 명사가 주어인 경우에는 '-오-'가 결합되지 않는다.
　　예) 子息 나혼 겨집들
22) 얻논>얻+ᄂ+오+ㄴ>얻는, 므스것고>무엇인고
23) 홇배이셔도>ᄒ+오+ㄹ+ᇹ+바+ㅣ+잇+어+도(하는 바가 있어도)

(2) -거-

화자의 주관적 믿음을 표시하는 선어말 어미로 '-오-'와 결합되면 '얼 과라, ᄒᆞ과라'에서와 같이 '-과-'로 바뀐다. 이러한 '-거-'는 '주어다, 바다 다(받+아+서)'에서처럼 他動詞 아래에 선택되는 '-어/아-'와 대립을 이루 고 있다. '-거늘/-어늘'은 '거/어'가 떨어진 '늘'이 연결 어미로 쓰이는 일 이 없기 때문에 '-옴, -오ᄃᆡ'의 경우처럼 '-거늘/-어늘' 전체가 하나의 형 태소가 된다. 終結法에서는 평서형(가거다, 가리어다)과 의문형(가거녀), 명령형(가거라)에서도 나타난다. 連結法에서는 '-니' 앞에서 나타나는 일 이 많으며(가거니, 가리어니), 冠形詞形으로 사용된 예도 있다(가건). 그 리고 未來시제 추측법 '-리-'의 뒤에서는 '-어-'로 나타난다(가리어다, 가 리어니).

(3) -돗-

'-돗-'은 화자의 감동적인 느낌을 반영한 일종의 감탄법의 선어말어미 로 'ᄒᆞ돗다>ᄒᆞ도다'에서처럼 자음 위에서 'ㅅ'이 떨어져 '-도-'가 된다.[24] 그리고 未來시제 추측법 선어말 어미 '-리-' 뒤에서 '-로-', '-롯-'으로 형 태가 변천된다(ᄒᆞ리로다, ᄒᆞ리로소니).

'-돗-'과 유사한 형태로 '-놋(롯, 옷)-', '-ㅅ-', '-닷-', '-샷-'이 있다.

    도망ᄒᆞ야 나온 이롯더라[25] <老乞大諺解上45>
    苦樂法을 알에 ᄒᆞ시놋다 ᄒᆞ시고[26] <월인석보21:9>
    患難 하매 便安히 사디 몬ᄒᆞ소라[27] <두시언해8:43>

---

24) 'ᄒᆞ도소이다' : ᄒᆞ돗ᄋᆞ이다>ᄒᆞ돗오이다>ᄒᆞ도소이다
25) '이롯더라>이+롯(ᄂᆞ+옷)+더라(이로구나)'
26) 'ᄒᆞ시놋다>ᄒᆞ+시+놋(ᄂᆞ+옷)+다(하시는구나)'
27) '몯+ᄒᆞ+ㅅ+오+라(못하시도다)'

父母 孝養 ᄒ시닷다 ᄒ고 <월인석보 21:208>

世尊이 世間애 나샤 甚히 奇特ᄒ샷다 <월인석보 7:14>

[참고] 과거시제의 '-돗-'

'-돗-'이 형용사 뒤에서는 강세의 의미를 가지나, 동사 어간 다음에 오면 과거시제로 해석된다.

ᄀ독 시름한듸 날은 엇디 기돗던고[28] <사미인곡>

이리야 교틱야 어ᄌᆞ러이 ᄒ돗던디(하였던지) <속미인곡>

오뎐된 鷄계聲셩의 ᄌᆞᆷ은 엇디 ᄭᆡ돗던고[29] <속미인곡>

몃 萬年을 사도쩐고[30] <선상탄>

2.4. 사동 표현

주동문을 사동문으로 만드는 방법에는 현대국어와 마찬가지로 어휘적 사동문과 통사적 사동문이 있다. 어휘적 사동문을 만들 경우에는 '어간+이, 히, 리, 기, 오/우, 호/후, ㅣ오/ㅣ우'의 형식을 이룬다. 그리고 통사적 사동문을 만들 경우에는 '-게 ᄒ다'를 사용한다.

(1) 어휘적 사동접미사

① 이

먹+이>머기다   그 겨지비 밥 가져다가 머기고 <월석9:21>

ᄆᆞᆰ(清)+이>ᄆᆞᆯ기다   ᄆᆞᄉᆞᆷ믈 ᄆᆞᆯ겨서 <두시언해9:20>

웃(웆)(笑)+이>웆이다   位 업슨 眞人을 웆이리로다 <金三2:28>

---

28) 기돗던고 : 길(형용사)+돗(강세접미사)+더+ㄴ고>길던가

29) 방정맞은 닭소리에 잠은 어찌 깨었던고

30) 사도쩐고>살(동사)+돗(과거)+더+ㄴ고(살았던가)

　　　말(勿)+이>말이다(말리다)　　ᄂᆞ미 싸호ᄆᆞᆯ 잘 말이며 <呂約1>
　　　긏(止)+이>그치다　　　　　　모딘 ᄠᅳᆮ을 그치고 <석보상절6:2>

② 히

　　　묻+히+다>무티다(묻게 하다)　　香ᄋᆞᆯ 무티면 香이 ᄇᆡ오 <楞解5:88>
　　　앉+히>안치다　　　世尊이 방셕 주어 안치시니라 <석보상절6:20>
　　　늦+히>느치다　　　間罪江都를 느츠리잇가 <용가17장>
　　　넙+히>너피다　　　法音을 너피실ᄊᆡ <석보9:29>
　　　굳(堅)+히>구티다　　하ᄂᆞᆯ히 구티시니 <용가30장>
　　　붉+히>ᄇᆞᆯ키다　　다 ᄡᅧ 人倫을 ᄇᆞᆯ키ᄂᆞᆫ 배라 ᄒᆞ시니 <宣小2:1>

③ 리

　　　믈(退)+리+다>믈리다(물러나게 하다) 모딘 도ᄌᆞ굴 믈리시니이다
　　　　　　　　　　　　　　　　　　　　　　　　<용가35장>

④ 기

　　　숨+기>숨기다(숨게 하다)　　勝을 숨기시고 <월인석보18:72>
　　　밧(脫)+기>밧기다(벗기다)　　반ᄃᆞ기 黃金 굴에를 밧기더니라 <두
　　　　　　　　　　　　　　　　　　시언해 16:18>

⑤ ㅣ

　　　셔(立)+ㅣ>셰다(세우다)　　횐히 새 ᄠᅳᆮ들 셰도다 <두시언해6:22>
　　　　　　　　　　　　　　　　　有德은 사ᄅᆞᆷ물 셰여 <석보상절9:9>
　　　나(出)+ㅣ>내다　　　聖子를 내시니이다 <용가8장>
　　　보(見)+ㅣ>뵈다　　　ᄆᆞᆯ를 채텨(채찍을 치어) 뵈시니 <용가36장>

⑥ 오/우 : 호/후

몯(集)+오>모도다(모으게 하다)   그 나랏 法에 붑 텨 사ᄅᆞᆷ 몰 <u>모도오</u>
<석보6:28>

일(成)+우>일우다(이루게 하다)   우리와 衆生이 다 佛道ᄅᆞᆯ <u>일워</u>지이
다 <법화3:126>

ᄀᆞᆽ(備)+호>ᄀᆞ(가)초다(갖추다)   百人의 食 <u>ᄀᆞ초</u>며 <女四解4:60>

맞(迎)+호다>마초다(맞추다)   손소 對ᄒᆞ야 서르 ᄧᅡᆨ <u>마촐</u> 씨니 <월
석2:29>

낟(現)+호다>나토다(나타내다)   功德을 너비 <u>나토</u>샤 <석보19:8>

⑦ ㅣ오/ㅣ우/오ㅣ/우ㅣ

ᄎᆞ(滿)+ㅣ오> 치오다   願을 <u>치와</u> 일오라 <두시언해하4>

ᄐᆞ(燒)+ㅣ우>티오다   숫글 븕게 <u>틔우고</u> <구급하97>

ᄠᅳ(浮)+ㅣ우> ᄠᅴ우다   므리 能히 <u>ᄠᅴ우</u>디 몯ᄒᆞ야 <월석18:56>

알+오ㅣ>알외다(알리다)   ᄭᅮ므로 <u>알외</u>시니 <용가13장>

니르(至)+오ㅣ>닐외다   지셩으로 감동호ᄆᆞᆯ <u>닐외</u>니라 <東新續三
綱.烈5:50>

닛(닞, 繼)+우ㅣ>닛위다   燈 혀아 <u>닛위</u>여 븕게 ᄒᆞ며 <석보9:35>

⑧ ᄋᆞ

살+ᄋᆞ>사ᄅᆞ다 (살리다)   能히 답쪄 주그닐 도로 <u>사ᄅᆞ</u>ᄂᆞ니
<법화2:203>

돌(回)+ᄋᆞ>도ᄅᆞ다(돌리다)   빌ᄅᆞᆯ <u>도ᄅᆞ</u>디 아니ᄒᆞ놋다 <두시
언해 23:54>

일(成)+ᄋᆞ>이ᄅᆞ다(이루다)   須達이 술보ᄃᆡ 내 어루 <u>이ᄅᆞᅀᆞᆸ보</u>
리이다 <석보6:22>

(2) 'ᄒ다'라는 동사에 접미사 '-이'를 붙여 '하게 하다', '시키다'의 뜻으로 사용할 때에는 그 줄어진 형태의 '-히'를 쓴다.

降伏히리잇고(항복시키겠습니까?)   사ᄅᆞᆷ 濟度ᄒᆞ샤미 數 업스시며 모
                              든 邪를 降伏히샷다 <金三1:24>

封히이다(封하게 하다)   李廣의 諸侯 封히이디 몯호믈 어
                              느알리오 <두시언해21:16>

히다(히이다, 하게 하다, 시키다)   제 쓰거나 ᄂᆞᆷ 히여 쓰거나 ᄒᆞ고
                              <석보9:21>
                              효근풍류와 굴근풍뉴들 다 히이
                              시며 <飜朴上71>

(3) 다음으로 통사적 사동문은 補助的 연결어미와 보조동사의 결합에 의한 것으로 '-게 ᄒᆞ다'를 사용한다.

갠 虛空애 ᄀᆞ득게 ᄒᆞᄂᆞ니라 <南明상 60>
하ᄂᆞᆯ히 당다이 이 ᄠᅳ를 사ᄅᆞᆷ 두외에 ᄒᆞ시리라 <월인석보 1:7-8>

(4) 중세어 사동에 특이한 경우가 있다.

맜+이>맛디다(맡기다)   나라홀 아ᅀᆞ 맛디시고 <월석1:5>
솟+고>솟고다(솟구치다)   믈 타 디거나 술위예(수레에) 디여 傷ᄒᆞ야
                       피 솟고며 <救急下34>

2.5. 피동 표현

능동문을 피동문으로 만드는 표현은 현대국어와 마찬가지로 어휘적 피동문과 통사적 피동문이 있는데, 어휘적 피동문은 '어간+이, 히, 리

(니), 기'의 형식으로 만들며, 통사적 피동문은 '-어디다'를 사용하였다. 그리고 특수한 경우로 부사형의 '-여-' 대신에 '-뼈-'를 사용하였다.

(1) 어휘적 피동접미사

① 이

쫓(追)+이>조치다(쫓기다)　돌흐로 텨든 조치여 드라 머리 가 셔 아셔 <석보19:31>

믹(結)+이>민이다(매이다)　有情이 나랏 法에 자피여 민이어 매마 자 <석보9:8>

닿(觸)+이>다히다(대다)　혀에 맛보며 모매 다히며 <월석2:15>

믹(惡)+이>믹이다(미움을 받다)　부텨와 祖師왜 사룹믹게 믹이샨 고둘 슬기자ᄫᆞ든 <蒙法44>

열(開)+이>열이다(열리다)　地獄門이 절로 열이고 <월석23:84>

② 히

먹+히>머키다　느려와 머키ᄂᆞ니 <宣論1:21>

잡+히>자피다　자핌을 니븐 사룸이 길헤 주그리 <東新續三綱, 孝1:13>

닫+히>다티다　東門이 도로 다티고, 西門이 도로 다티고 <월석23:80>

얽+히>얼키다(얽히다)　어려운 이리 모매 얼켯ᄂᆞ니라 <두시언해 16:28>

③ 기

덞(染)+기>덞기다(물들이다)　이대 아로믹 덞규ᄆᆞ로 <楞解9:57>

둠(沈)+기>둠기다(잠기다)　아ᄎᆞ미 오매 몰앳 그티 다 둠기니 <두시언해 10:6>

④ ㅇㅇ

괴(愛)+이>괴이다(사랑받다) 　太武ㅣ란 님금씌 괴이(이)더니 <飜
　　　　　　　　　　　　　　　小9:43>

얽미+이>얽미이다(얽매이다) 　空寂에 얽미여잇다가 <월석13:52>

쥐(握)+이>쥐이다(쥐이다) 　王이 威嚴이 업서 느민 소내 쥐여
　　　　　　　　　　　　　이 시며 <월석2:11>

믜+이>믜이다(미움을 받다) 　사ᄅᆞ미게 믜욘 고ᄃᆞᆯ 올기자보리니
　　　　　　　　　　　　　　　<法語5>

⑤ 리

들+리>들리다 　　고을히며 나라해 들리ᄂᆞᆫ디라 <宣小 6:78>

(2) 보조동사에 의한 통사적 피동문은 '-어 디다'에 의해서 만들어진다.

　　吳와 楚왜 東南 녁키 ᄣᅥ뎟고31) <두시언해, 등악양루>
　　ᄇᆞᄅᆞ매 竹笋(죽순)이 것거뎻고32) <두시언해 15:8-9>

(3) 접미사가 결합되지 않고 그대로 피동문이 된 경우이다.

　　두 갈히 것그니33) <용비어천가 36>
　　뫼해 살이 박거늘34) <월인천강지곡 其41>

---

31) ᄣᅥ뎟고>ᄣᅳ+어디+엇+고>갈라졌고
32) 것거뎻고 : 졌+어디+다>꺾어지다
33) 두 칼이 꺾어지니
34) 박다 : 박+∅+다'(박히다)

2.6. 부정 표현

중세국어의 否定文은 현대국어와 거의 차이가 없다. 짧은 부정문은 '아니'와 '몯'이 쓰였으며, 긴 부정문의 경우는 보조적 연결어미 '-디'가 결합하여 '-디 아니하다'와 '-디 몯ㅎ다'가 쓰였다.

(1) 짧은 부정문

'아니'는 특별히 제한을 받지 않고 자유롭게 사용되었으며, '몯'은 '다'의 부사어와도 함께 쓰였다.

> 불휘 기픈 남ㄱ 부르매 <u>아니</u> 뮐씨 <용비어천가 2>
> 臣下ㅣ 말 <u>아니</u> 드러 <용비어천가 98>
> 先考ㅎ 뜯 <u>몯</u> 일우시니 <용비어천가 12>
> 光明이 하 盛ㅎ야 <u>몯다</u> 보ᅀᆞᆸ리러니 <월인석보 8:17>

(2) 긴 부정문

중세국어의 긴 부정문은 '-디 아니ㅎ다'와 '-디 몯ㅎ다'가 쓰였다.

> 써러디<u>디 아니ㅎ</u>리니 <월인석보 21:85>
> 光明이 긋<u>디 아니ㅋ</u> ㅎ고 <석보상절 9:32>
> 李生을 보<u>디 몯</u>ㅎ얀 디 오라니 <두시언해 초21:42>
> 제 뜯들 시러 펴<u>디 몯</u>ᇙ 노미 하니라 <훈민정음 언해>

중세국어에도 '-디 말다' 부정문이 있다.

> 이 뜯들 닛<u>디 마르</u>쇼셔 <용비어천가 110>

[참고]

현대 국어에서도 '-지 말다'의 부정문은 청유문과 명령문에 사용된다.

학교에 가<u>지</u> 말자.

집에 가<u>지</u> 마라.

제4장
작품을 통한
주요 문법 정리

중세국어문법의
이론과 실제

중세국어문법의 이론과 실제

제4장
작품을 통한
주요 문법 정리

1. 訓民正音(훈민정음)

訓民正音은 우리말을 보다 쉽게 표기할 문자를 세종이 창제한 것으로 그에 대한 책이름이다. 집현전 학사인 정인지, 신숙주, 최 항, 박팽년, 이 개, 강희안, 이선로 등의 협조를 받아 세종 25년(1443) 12월 상순에 완성하여, 세종 28년(1446) 6월 상순에 간행된 것이며, 초성 17자, 중성 11자 모두 28자로 된 訓民正音 制字의 基本原理는 象形의 원리이었다.

훈민정음 해례본의 내용은 세종의 御製序文 및 이 새로운 문자에 대한 간략한 해설을 한 ① 例義 부분과 ② 解例 본문(制字解, 初聲解, 中聲解, 終聲解, 合字解, 用字例) ③ 정인지 서문으로 되어 있다. 해례본은 한문본이며, 이것의 예의 부분만을 언해한 언해본이 따로 전한다.

연구문제

1. 訓民正音의 制字原理와 音韻體系에 대해 설명하라.
2. 訓民正音 해례본의 체재와 가치에 대해 설명하라.
3. 訓民正音 창제 동기가 밝혀져 있는 御制序文을 현대어로 해석하라.

[1] 나랏말쏘미中듕國귁에달아文문字쫑와로서르ᄉ뭇디아니홀쎄

(1) 나라+ㅅ(관형격, 사잇소리)+말쏨

중세국어의 사잇소리[관형격촉음]는 현대어 사잇소리 현상과 마찬가지로 '어근+어근'에 의한 합성어이어야 하고, 선행 받침이 울림소리인 조건이 동일하지만, 중세국어에서는 선행 음절의 받침이 모음이거나 자음이거나 상관없이 모두 사잇소리 표기를 하였는데, 세종 당시의 표기는 현대국어에 비하여 매우 복잡하였다가 성종 이후에 'ㅅ'으로 통일하였다¹⁾.

    (가) 어마님 그리신 눖므를, 天子△位, 나랑일훔
    (나) 아바닚 뒤, ᄀ룺 ᄀ색, 빗곶, 입시울쏘리
    (다) 나랏말쏨, 셰世존尊ㅅ말, 狄人ㅅ서리, 魯ㅅ사룸

---

1) ① 어마님 그리신 눖므를 <용비어천가> : 고지 눖므를 쓰리게코 <두시언해> - 세종 당시의 '△'이 성종 때에 'ㅅ'으로 표기되었다.
    ② 正月ㅅ나릿므른 燈ㅅ블다호라(動動, 악학궤범) : 중세 사잇소리는 '燈ㅅ블'처럼 자음(울림소리) 뒤에도 표기하였다.
    ③ 岐王ㅅ집안해, 崔九의 집알픽(두시언해) : 유정명사 중 존칭의 경우에는 'ㅅ'을, 평칭의 경우에는 '의'를 사용하였다.

㉮는 선행 음절이 한자어든 고유어든 모두 유성음이고 뒤의 음절의
첫소리가 유성음이면 'ㅿ'을 사용하였다. ㉯는 선행 음절의 받침이 유성
음이고 뒤의 음절의 첫소리가 무성음이면 'ㅅ'을 표기하였다. '입시울쏘
리'는 '입시울ㅅ소리'의 사잇소리 'ㅅ'을 뒤음절 초성과 병서시킨 것이다.
(다)는 현대어의 '의'에 해당되는 일종의 관형격조사이다. 다만 관형격조
사를 사이시옷으로 표기하여 사잇소리와 같은 것으로 다룬다. 무정명사
뒤에, 그리고 존칭의 유정명사 뒤에는 'ㅅ'을 표기하였다.

> 뉘ㄱ뜯, 君ㄷ字, 侵ㅂ字, 漂ㅸ字,
> 快ㆆ字, 後ㅿ날, 눖믈, 하ᄂᆞᆳ 뜯

위의 예문처럼 'ㄱ, ㄷ, ㅂ, ㅸ, ㆆ, ㅿ'의 사잇소리는 명사와 명사가
연결될 때 들어가는 관형격 촉음(促音)이다. 이는 울림소리 뒤에 들어가
는 사잇소리로 관형격조사 '의'의 구실을 한다. 이 사잇소리의 음가는
선행음인 유성음이 후행음에 미쳐 유성음화가 일어남을 방지하며, 후행
음을 발음상 강하게 소리나게 한다. 'ㅿ'은 용비어천가에서만 나타나고,
성종 이후는 'ㅅ'으로 통일되었다. 이에 대한 자세한 용례를 표로 보이면
다음과 같다.

조 건			용 례
	선행음	사잇소리	후행음	
한자어아래	ㆁ	ㄱ	무성음	洪ㄱ字, 乃냉 終쥬ㄱ소리
	ㄴ	ㄷ	무성음	君군ㄷ字쫑, 몃 間ㄷ집, 呑툰ㄷ字
	ㅁ	ㅂ	무성음	覃땀ㅂ字쫑, 侵침ㅂ字쫑
	ㅱ	ㅸ	무성음	斗둘ㅸ字쫑, 漂푱ㅸ字쫑, 叫귷ㅸ字
	ㅇ	ㆆ	무성음	快쾡ㆆ字쫑, 先考ㆆ뜯, 那낭ㆆ字
	유성음	ㅿ	유성음	天子ㅿ位, 後ㅿ날
순수국어아래	유성음	ㅅ	무성음	ᄀᆞ롨ᄀᆞ새, 빗곶, 혀쏘리, 엄쏘리
	유성음	ㅿ	유성음	눖믈, 님굼말ㅆ, 오ᄡᅡ나래, 나랏일훔
	ㄹ	ㆆ	무성음	하ᄂᆞᆲ뜯

(2) 말씀+이(주격조사)

주격조사는 선행음절의 받침 밑에서는 '-이'를, 'ㅣ'이외의 모음 밑에서는 'ㅣ'를 사용하였다. 한글에서는 끝자에 어울려 쓰고, 한자에서는 따로 썼다. 그리고 'ㅣ'모음 밑에서는 '∅(Zero)'를 사용했다.

잇ᄂᆞᆫ 앚의 ᄃᆞ 흐러가니 지비(집+이) 주그며 <두시언해>

四祖ㅣ 便安히 몯겨샤 <용비어천가 110>

대장뷔(부+ㅣ) 세상에 나매 <홍길동전>

불휘(∅) 기픈 남ᄀᆞᆫ <용비어천가 2>

(3) 中듕國귁에>中듕國귁+에(비교격)>중국과

비교격은 A와 B를 비교할 때 쓰는 비교격은 현대어에서는 '-보다'가 일반적으로 사용되나 古語에서는 '-라와, -도곤, -에서'가 사용되었으며, 이외에 비교의 뜻으로 '-와(과)'와 '-에'가 사용되었다.

(4) 달아 : 다ᄅ+아(설측음화)>달라서

유음(ㄹ)이 초성에서 날 때에는 혀굴림소리(설전음)로 발음되며, 종성에서 날 때에는 혀옆소리(설측음)로 발음된다. 예를 들어 '나라[nara]'의 'ㄹ'은 설전음[r]으로 혀를 굴려 내는 소리이며, '달아[tala]'의 'ㄹ'은 설측음[l]로 이는 혀 끝을 잇몸에 대고 공기를 혀 옆으로 흘려 보내는 소리이다. 이러한 설측음화 현상은 'ᄅ/르' 어간에 모음이 연결될 때 'ᄋ/으'가 탈락되면서 'ㄹ'이 받침으로 내려가 설측음으로 발음되는 현상이다.

다ᄅ다(異) : 다ᄅ+아>달아,   다ᄅ+옴>달옴,   다ᄅ+고>다ᄅ고
오ᄅ다(登) : 오ᄅ+아>올아,   오ᄅ+옴>올옴,   오ᄅ+고>오르고
모ᄅ다(不知) : 모ᄅ+아>몰라,   모ᄅ+옴>몰롬,   모ᄅ+고>모ᄅ고
흐르다(流) : 흐르+어>흘러,   흐르+움>흘룸,   흐르+고>흐르고

(5) 文문字ᄍᆞ와로>文문字ᄍᆞ(동국정운식 한자음 표기)+와로(공동격)

훈민정음은 우리말을 쉽게 적는다는 목적 이외에도 당시의 한자음을 중국의 원음에 가깝게 고쳐야 한다고 생각하고 중국 음운학의 기본이 되는 <洪武正韻>의 음운체계를 바탕으로 하여 세종 30년 <東國正韻>을 간행하여 우리나라 한자음의 표준으로 삼았다. 따라서 세종과 세조 때 나온 <釋譜詳節>, <月印千江之曲>과 <訓民正音諺解本>의 한자음 표기는 이를 표준으로 삼았는데 이를 동국정운식 한자음이라 한다. 이 한자음은 현실에 통용되던 한자음과는 거리가 먼 이상적 한자음이므로 세조

이후(1485)는 쓰이지 않았다.

첫째, 중국의 원음에 가까운 표기로 '虯끃, 覃땀, 步뽕, 邪썅, 洪뽕, 音흠' 등에서처럼 'ㄲ, ㄸ, ㅃ, ㅉ, ㅆ, ㆅ, ㆆ, ㅿ' 등을 초성에 사용하였다.

둘째, 초성, 중성, 종성을 반드시 갖춘다. 즉, '虛헝, 斗듛, 步뽕, 票푱' 등에서처럼 종성의 받침이 없으면 'ㅇ, ㅱ'을 붙인다.

셋째, 'ㄹ' 받침으로 끝난 한자어에는 반드시 'ㆆ'을 붙인다. 이는 '以影補來'의 일종이다. '戌슗, 彆볋, 月웛, 日싎' 등

(6) 서르>서로(이화, 강화, 유추)

이화는 한 낱말 안에 같거나 비슷한 음운 둘 이상이 있을 때, 그 말의 발음을 보다 분명하게 하기 위해 그 중 한 음운을 다른 음운으로 바꾸는 것을 말한다. 여기에는 자음의 이화와 모음의 이화가 있는 데, 자음의 이화로는 '붚>북, 거붑>거북', 그리고 모음의 이화로는 '처섬>처엄>처음, 서르>서로, 소곰>소금, ᄀᆞᄅᆞ>가루, 보롬>보름' 등을 들 수 있다.

강화는 발음을 보다 뚜렷이 하기 음운을 바꾸는 현상으로, 평음을 경음으로 하는 경음화 현상(곶>꽃, 불휘>뿌리)과 평음을 격음으로 하는 격음화 현상(갈>칼, 고>코), 모음의 발음을 강화하려는 이화현상(서르>서로, 펴어>펴아), 음운이나 음절 첨가(마>장마, 앗다>빼앗다, 호자>혼자) 등을 들 수 있다.

유추는 음운의 변동에 있어서 성격이 비슷한 말에서 공통의 유형을 찾아, 이와 비슷한 다른 말을 공통된 유형에 맞추어 일치시키려는 심리적 현상에서 어형이 변화하는 것이다. 즉, 기억의 편리를 위하여 혼란된 어형을 어떤 유사한 기준형으로 통일시키려는 현상이다. '서르>서로(부사 '-오'의 형태), 사올>사흘>사흘(열흘의 '-흘'), 아호>아홉(닐굽, 여듧의 '-ㅂ') 등을 들 수 있다.

(7) ᄉᆞ뭇디 : ᄉᆞ뭇(通, 8종성법 표기)+디>통하지

훈민정음에서 종성에 관한 설명은 '終聲復用初聲, 初聲合用則並書 終聲同 然ㄱㆁㄷㄴㅂㅁㅅㄹ八字可足用也'라고 언급하였다.

8종성법은 세종 때부터 17세기까지 사용된 것으로 받침으로 '닞다>닛다, ᄉᆞ뭇다>ᄉᆞ뭇디, 븥는>븓는' 등처럼 8자(ㄱ,ㄴ,ㄷ,ㄹ,ㅁ,ㅂ,ㅅ,ㆁ)만으로 족하다는 원칙이다.

[참고] 중세국어, 근대국어, 현대국어의 종성 표기

訓民正音 해례(解例)의 종성해에서 終聲復用初聲 원칙을 규정하고 있다. 이는 초성 (ㄱ, ㅋ, ㆁ, ㄴ, ㄷ, ㅌ, ㅁ, ㅂ, ㅍ, ㅅ, ㅈ, ㅊ, ㅿ, ㅇ, ㆆ, ㅎ)글자를 받침에 그대로 사용한다는 것이지만, 八終聲(ㄱ, ㆁ, ㄴ, ㄷ, ㄹ, ㅁ, ㅂ, ㅅ)만으로도 족하다는 원칙이다. 그런데 8종성법에서 'ㄷ'과 'ㅅ'의 발음상 표기 구별이 어려우므로 17세기 이후 'ㄷ'을 'ㅅ'으로 표기함으로써 7종성법을 사용하게 되었다. 현대국어의 종성법은 근대국어와 마찬가지로 7종성법이지만, 'ㅅ'을 'ㄷ'으로 적는 규정이다. 근대국어가 문자 표기상의 7종성법이었다면, 현대국어는 발음상 표기의 7종성법이다. 즉, 근대국어가 '돌도록>돗도록, 벋>벗' 등으로 표기했다면, 현대국어는 '낫[낟], 낟[낟], 낱[낟], 낯[낟], 낳[낟]'으로 발음 표기한다.

그러나 아래 '쁟 : 뜻', '곳 : 꽃', '닢 : 닙', '듣다 : 듯다'의 예문처럼 15세기 작품과 16,17세기 작품 간의 차이가 난다.[2]

　제ᄠᅳ들 시러 <훈민정음 언해>
　큰형이 곳 이런 듕흔 뜻으로 <노걸대언해 상37>

---

[2] 용비어천가(1447), 월인천강지곡(1449), 훈민정음 언해(1459), 사미인곡 (1585-1589), 노걸대언해(1670).

곶 됴코 여름 하ᄂ니 <용비어천가 2>

곳 디고 새닙 나니 <사미인곡>

이본 남기 새닢 나니이다 <용비어천가 84>

곳 디고 새닙 나니 <사미인곡>

귀예 <u>듣는가</u> 너기ᅀᆞᄫᅧ쇼셔 <월인천강지곡 其三>

<u>듯거니</u> 보거니 늣길 일도 하도 할샤 <사미인곡>

[2] 이런전ᄎᆞ로어린빅셩이니르고져홀배이셔도ᄆᆞ촘내제ᄠᅳ들시러펴디몯홇노미하니라

(1) 어린 : 어리석은(어의전성)
어리다 : 어리석다(愚)이지만, 어리다(幼)의 의미도 있다.[3]

그 아비 일 죽거늘 <u>어려서</u>모로 뻐 거상을 힝호믈 득디 몯ᄒ엿더니(其父早死以幼未得行喪)(東新續三綱. 孝3:20)

<u>어려서</u> 글 잘ᄒ야(女四解 4:2)

(2) 홇배 : ᄒ+오(선어말어미)+ㄹ+ᅙ+바(의존명사)+ㅣ(주격조사)>할 바가
'ᅙ'(여린 히읗)은 성문폐쇄음으로 우리말에서는 발음되지 않는다. 이는 동국정운식 한자음의 표기를 위해 만들어진 것으로 'ᅙ>ㅇ'으로 변천되다가 세조 때 소멸되었다.
첫째, 동국정운식 한자음 표기에서 초성의 표기에 '音흠, 安한' 처럼

---

3) 중세국어의 '졈다'의 의미도 '어리다(幼)'의 의미로 쓰였다.

사용되었다.

둘째, 사잇소리의 표기로 'ㅇ'과 안울림소리 사이에 '虛헝ㆆ字쭝, 快쾡ㆆ字쭝' 처럼 쓰였다.

셋째, 이영보래로 '戌슗, 彆볋' 등을 들 수 있다.

넷째, 우리말의 표기에서 관형사형 어미 'ㄹ'과 함께 쓰임으로 뒤에 오는 소리를 된소리로 만들어 주거나 소리를 끊어 읽는 절음부호로 사용되었다. 즉, 된소리부호인 '홇배, 자싫제, 누리싫제'와 절음부호인 '홇 노미, 도라옳 군사' 등을 들 수 있다.

다섯째, 사잇소리로 '하눓 뜯'을 들 수 있다.

[참고] 以影補來(이영보래)

影母(ㆆ)로써 來母(ㄹ)를 돕는다는 뜻으로 東國正韻 서문의 "又於質勿諸韻 以影補來因俗歸正"(또한 質韻과 勿韻에 있어서 影母(ㆆ)로써 來母(ㄹ)를 補充하여 俗音을 바로 잡았다 = ㄷ→ㄹ+ㆆ으로 소리를 빨리 끝닫아 입성임을 표시함)에서 비롯된 말이다. 東國正韻의 漢字音 표기에서 舌內入聲의 漢字 韻尾는 中古 漢字에서는 /t/로 발음되었는데 東音에서는 /ㄹ/로 변하였으므로 이것을 'ㄹㆆ'으로 표기하도록 규정한 것이다. 이 표기는 현실 발음과 중국의 본래 발음과의 절충을 꾀한 東國正韻의 표기 원칙을 잘 보여준다.

舌쎯, 越윓, 日싏, 八팛

(3) 뜨들 : 뜯(8종성법)+을>뜻을4)

_____

4) '뜯'이 '뜻'으로 사용된 것은 조선 후기(근대국어)에서 나타난다. 이는 'ㄷ'과 'ㅅ'의 음가가 같아 'ㄷ'을 'ㅅ'으로 바꿔 표기한 일종의 7종성법표기이다. '벋'이 '벗'으로 '몯'이 '못'으로 바뀐 것과 마찬가지이다.

(4) 펴디: 펴지(구개음화)

口蓋音化는 중세국어(16세기부터 17세기)에서는 'ㄷ,ㅌ'이 'ㅣ'모음이나 'ㅣ'선행모음(ㅑ,ㅕ,ㅛ,ㅠ) 앞에서 발음되었으나, 17세기 말경부터는 'ㄷ,ㅌ'이 뒤의 'ㅣ' 모음의 영향을 받아 발음하기 쉬운 'ㅈ,ㅊ'으로 변천하였다. 이는 일종의 역행동화 현상으로 '디다>지다, 둏다>좋다, 뎌고>져고>저기, 티다>치다' 등을 들 수 있다.

곳 됴코 여름 하느니 <용비어천가 2>
브텨 보내는 書信이 <두시언해 월야억사제>
디느니 눈믈이라 <사미인곡>
冬동天텬은 뉘라셔 뫼셧는고 <속미인곡>
江강天텬의 혼자 셔셔 디는 힌룰 <속미인곡>

(5) 스믈: 스물(원순모음화)

圓脣母音化는 순음 'ㅁ,ㅂ,ㅍ' 아래 오는 모음 'ㅡ'가 'ㅜ'로 변하는 현상으로, 이는 발음의 편리를 꾀한 변화라고 볼 수 있다. 이 현상은 15세기에 나타나기 시작하여 18세기에 많이 나타났다. 원순모음화가 일어나는 경우는 순음과 설음 사이에서 나타난다. 예를 들면 '므러>물어, 브리시나>부리시나, 프른>푸른'을 들 수 있다. 그리고 순음과 치음 사이에서도 나타나는 데 '므지게>무지개, 므서신고>무엇인고' 등을 들 수 있다. 15세기에는 '믈[水] : 물[群], 브르다[飽] : 부르다[殖, 潤]'처럼 구별되는 경우도 있다.

어마님 그리신 눖므를 <용비어천가 91>
디느니 눈믈이라 <사미인곡>
歲세月월은 믈 흐른듯 ㅎ는고야 <사미인곡>

님인가 반기니 <u>눈믈</u>이 절로 난다5) <사미인곡>

<u>造물</u>의 타시로다 <속미인곡>

<u>눈믈</u>이 바라나니 말숨인들 <속미인곡>

ㅂ람이야 <u>믈결</u>이야 <속미인곡>

어마님 그리신 <u>눉믈</u>를 左右ㅣ 하슥바 <용가 90장>

잣 앉 보미 플와 나모샌 기펫도다 <두시언해, 春望>

짓ㄴ니 한숨이오 디ㄴ니 <u>눈믈</u>이라 <사미인곡, 松江歌辭>

아비 <u>므레</u> 쌔뎌 죽거늘 <東新孝 4:13b>

(6) 딩ㄱ노니: 딩굴+ㄴ(현재형어미)+오(삽임모음)+니>만드니

딩굴+ㄴ>딩ㄱㄴ('ㄴ' 아래서 'ㄹ' 탈락) +오+니(1인칭 화자의 의도법

의 선어말어미 '-오-'가 '-니' 앞에서 들어감).

선어말어미 '-오-'는 '먹+우+ㅁ>머굼'처럼 명사형어미 '-ㅁ'이나 '가ㄹ

치+오+딕>가ㄹ쵸딕'에처럼 설명형어미 '-딕' 앞에서 삽입되었다.

---

5) <사미인곡>에서 '눈물'이 보여 일부 원순모음화 된 형태가 보이는데, 이
   는 이는 이미 16세기말에 원순모음화가 일어난 것으로 볼 수도 이고, 집
   필한 때(16세기)와 간행한 때(18세기)가 다르기 때문으로 볼 수도 있다.

2. 龍飛御天歌(용비어천가)

용비어천가는 정인지, 권제, 안지 등이 지은 것으로, 형식상으로는 악
장이고, 장르상으로는 敍事詩(서사시)이며, 내용상으로는 조선을 개국한
頌祝歌(송축가)이다. 주요 내용은 조선 6조(목조, 익조, 도조, 환조, 태조,
태종)의 사적을 찬양하여 조선건국의 정당성을 밝히고, 아울러 후왕에
대한 警戒(경계)의 뜻을 담았다. 전 10권 2책 125장의 체제로 서사는
1 - 2장(조선 건국의 정당성과 국가의 기틀이 영원함을 축원), 본사는
3 - 109장(6조의 업적을 중국 제왕의 사적과 대비하여 칭송)으로 ① 3
- 8장(목조, 익조, 도조, 환조), ② 9 - 89장(태조), ③ 90 - 109장(태종),
결사는 110 - 125장(후세 왕에 대한 경계)으로 구성된다. 형식은 1장과
125장을 제외하면 2절 4구(대구 형식)로 전절은 중국 제왕의 사적 내용
을, 후절은 조선 6조의 사적의 내용을 담고 있다. 그리고 제1장은 3구,
제125장은 9구의 변형 구조를 이룬다.

용비어천가는 세종 27년(1445)에 제작되었으며, 세종 29년(1447년)
에 간행되었다. 그 동기는 역성혁명의 합리화(민심수습), 후왕에 대한
권계, 훈민정음의 실용성 실험에 의한 것으로 한글로 씌어진 최초의 문
헌이며, 국어학의 고어 연구상 귀중한 자료라는 의의를 갖는다. 특히 표
기상의 특징으로 종성부용초성 및 8종성법의 원칙, 방점, 어두자음군,
ㅸ, ㆆ, ㅿ, ㆁ, · 등의 사용, 사잇소리(ㄱ, ㄷ, ㅂ, ㅅ, ㆆ, ㅿ), 모음조화,
'오/우'의 삽임모음 등이 철저히 지켜졌으며 표음주의 표기인 연철표기
로 쓰여졌다.

연구문제

1. '龍飛御天歌'의 제작동기와 가치에 대해 기술하라.

2. 이 작품의 국어상의 특징과 의의를 말하라.

3. '龍飛御天歌'의 명칭에 대해 설명하라.

第一章
海東六龍이ᄂᆞᄅ샤일마다天福이시니古聖이同符ᄒ시니
第二章
불휘기픈남ᄀᆞᆫᄇᆞᄅ매아니뮐씨곶됴코여름하ᄂᆞ니
ᄉᆞ미기픈므른ᄀᆞᄆᆞ래아니그츨씨내히이러바ᄅᆞ래가ᄂᆞ니

(1) 불휘 : 불휘+∅(제로주격조사)>뿌리가

중세국어에서 주격조사는 '이'(받침밑), 'ㅣ'('ㅣ'이외의 모음밑)가 사용되었다. 또한, '제로주격인 '∅'는 '이'나 반모음 'ㅣ [j]' 밑에서 쓰였다. '불휘'는 'ㅣ [j]' 모음으로 끝나 제로주격(∅)이 사용된 것이다.

(2) 기픈 : 깊(종성부용초성 표기)+은

받침은 초성 글자를 그대로 사용한다는 것이 終聲復用初聲(종성부용초성) 표기이다.

곶 됴코 <용비어천가 2>
깊고 <용비어천가 34>
빛나시니이다 <용비어천가 80>

이 원칙의 적용은 용비어천가(8종성+ㅈ,ㅊ,ㅍ)와 월인천강지곡(8종성
+ㅈ,ㅊ,ㅌ,ㅍ)이다. 그러나 '몃 間ㄷ지븨 <용가 110>, 몃 사ㄹ미 <南明上
40>'처럼 '몇'이 '몃'으로 사용되기도 했다.6)

[참고] 8종성법, 7종성법
① 8종성법 : 八終聲可足用(8종성가족용)
세종 때부터 17세기까지 사용된 것으로 받침으로 8자(ㄱ,ㄴ,ㄷ,ㄹ,
ㅁ,ㅂ,ㅅ,ㆁ)만으로 족하다는 원칙으로 '닞디>닛디<용가 125>, ㅅ뭊
디>ㅅ뭇디<훈민정음>' 등을 들 수 있다.
② 7종성법 : 17세기 말부터 20세기 초까지 사용된 것으로 7자(ㄱ,
ㄴ,ㄹ,ㅁ,ㅂ,ㅅ,ㆁ)를 사용하는 원칙으로 '돋도록→돗도록, 걷고→것
고, 묻고→뭇고, 벋→벗, 뜯→뜻, 몯→못' 등

새 벼리 나지 도ㄷ니 <용가101장>
식벽별은 은하열슈 돗앗다 <皆岩歌>7)
어믜 무덤 흔듸 묻고 <東新續三綱>
뭇어 굽다 <柳氏物名五>
友는 벋디라 <월석8:75>
벗 친ᄒ야 <野雲64>
平生ㄱ 뜯 몯 일우시니 <용가12장>
열다ㅅ새 南兒의 뜻과 <重杜詩諺解8:50>
先考ㅎ뜯 몯(不) 일우시니 <용비어천가 12>
바갯던 모디(釘) 싸혀 디고 <월인석보 23:86>
알픽는 기픈 모새(池) <용비어천가 30>

---

6) '우리 며치 가료'<飜朴 上54>, '네 나히 며친 삐'<楞解 2:8>
7) '개암정가(皆巖亭歌)'라고도 한다. 조선 후기에 조성신(趙聖臣)이 지은 가
사로 창작연대는 1801년(순조 1)으로 추정된다.

(3) 남ㄱ은
　나모(木)+ㄱ(곡용, 덧생김체언)+은>나무는

[참고] 'ㄱ' 곡용어(덧생김체언)

　체언의 단독형이 조사와 결합할 경우, 모음으로 끝난 단독형 명사에서 뒤의 음절 초성 자음이 앞의 음절 받침으로 내려오고, 끝모음이 탈락하며 'ㄱ'을 첨가한다. 그리고 'ㅅ'으로 끝난 명사 다음에도 'ㄱ'을 첨가한다. 예를 들어 '나모'는 'ㅁ'이 앞의 음절 '나'의 받침으로 내려가 '남'이 되고, 끝모음이 탈락하며 여기에 'ㄱ'이 들어가 조사와 결합한다.

　　나모 → 남 ＋ ㄱ ＋ 이.......남기(주격)
　　　　　남 ＋ ㄱ ＋ 을.......남ㄱ을(목적격)
　　　　　남 ＋ ㄱ ＋ 으로.....남ㄱ로(사용격)
　　　　　남 ＋ ㄱ ＋ 은........남ㄱ은(주제격)
　　　　　남 ＋ ㄱ ＋ 이다......남기다(서술격)

　이러한 'ㄱ' 덧생김체언을 갖는 단어로는 '나모[木], 녀느[他], 구무[穴], 불무[冶], 밧[外], 돗[席, 帆], 슻[炭], 잇[苔], 붗[種, 炙] 등을 들 수 있다.

　(4) ᄇᆞᄅᆞ매 : ᄇᆞ름+애(원인격)>바람 때문에
　'ᄀᆞᄅᆞ매>ᄀᆞ롬+애'처럼 '-애'는 양성모음으로 끝난 다음에 들어가는 처소격 조사이지만 원인격으로도 사용된다.

　(5) 뮐ᄊᆡ : 뮈(움직이다)+ㄹ씨(구속형 어미)>움직이므로

하ᄂᆞᆯ히 ᄆᆞᅀᆞᆷ물 뮈우시니 <용가 102장>

믜리도8) 괴리도 업시 마져서 우니로라 <청산별곡>

(6) 곳됴코 : 곶(花)+둏(好)+고> 꽃 좋고(구개음화)

'둏다'(好, 좋다)와 '좋다'(淨, 깨끗하다)는 그 의미가 다르다.

됴ᄒᆞᆫ 일 지ᄾ면 됴ᄒᆞᆫ 몸 ᄃᆞ외오 <월인석보 1:37>

淨은 조ᄒᆞᆯ 씨라 <월인석보 서4>

굿마다 서린 긔운 몱거든 조티마나 조커든 몱디마나 <송강가사, 關
東別曲>

(7) 여름하ᄂᆞ니 : 열+으+ㅁ(명사화접미사, 열매), 하(多)+ᄂᆞ(현재형)+
니>많으니

'여름'(實, 열매)과 '녀름'(夏, 여름)의 의미가 다르며, '하다'(多, 많다)
와 'ᄒᆞ다'(爲, 하다)의 의미가 다르다.

① 동사 어간+ᄋᆞ/으(매개모음)+ㅁ(명사화접미사)

예) 여름(열매)

② 동사 어간+오/우(선어말어미)+ㅁ(명사형어미)

예) 여룸(열매 맺음)

지비 주그며 사롬9) 무롤ᄃᆡ 업도다 <月夜憶舍弟, 두시언해>

(집에 연락이 닿지 않아 살아 있음을 물을 데가 없구나)

---

8) '뮈다'(움직이다)와 '믜다'(미워하다)의 의미는 다르다.

9) 사롬(동명사)>살+오+ㅁ(명사형어미)>살아 있음

사룸은10) 키니와 늘새도 긋쳐잇다 <思美人曲, 松江歌辭>
(사람은 물론이거니와 날아다니는 새들도 없도다)

그러나 선어말어미의 명사형어미가 파생명사로 굳어진 예가 있다.

① 울다(泣)>울+우+ㅁ>우룸
   孝道홇 우루믈 슬피 너겨 드르샤 <용비어천가 96>
② 웃다(笑)>웃+우+ㅁ>우슴
   ᄒᆞ오사 우수믈 우사 <월인천강지곡 상61>
③ 츠다(舞)>츠+우+ㅁ>춤
   놀애 춤 마롬과 <석보상절 6:10>
④ 묻다(埋)>묻+어+ㅁ>무덤
   무덦 서리예 긋어다가 두리라 <월인석보 9:35>
⑤ 죽다(死)>죽+어+ㅁ>주검
   주거믈 굴ㅅㅊ로 미야 <월인석보 9:36>

(8) 므른 : 믈+은>물(원순모음화)+은

(9) ᄀᆞᄆᆞ래 : ᄀᆞ물(가뭄)+애(원인격)>가뭄 때문에

(10) 그츨씨 : 긏(그치다)+으+ㄹ씨(이유, 구속형)>그치므로

亂이 긋거든 어느 히예 도라 가려뇨 <두시언해, 歸雁>
<긏다 : 기본형은 '긏다'(止, 그치다)

---

10) 사룸(파생명사)>살+ᄋᆞ+ㅁ(명사화접미사)>사람

엣 그려기 노피 正히 北으로 ᄂᆞ라가매 애를 긋노라 <두시언해, 歸雁>

<긋다: 기본형은 '긏다'(斷, 끊다)>

(11) 내히 : 내(川)+ㅎ(ㅎ 종성체언)+이>내가

중세국어에는 'ㅎ'을 끝소리로 갖는 체언이 있는데 모음의 조사와 결

합할 경우에 'ㅎ'이 삽입된다.

내[川]+ㅎ+ 이 - 내히(주격)>내가

　　　　을 - 내흘(목적격)>내를

　　　　은 - 내흔(주제격)>내는

　　　　애 – 내해(처소격)>내에

(12) 이러 : 일(成)+어(나열)>되어

'일다'(成, 이루다)와 '닐다'(起, 일어나다)의 의미가 다르다.

사ᄅᆞᆷ과 다뭇 ᄒᆞᆫ ᄆᆞᅀᆞ미 드외야 큰 功을 일우도다.

　　　　　　　　　　　　　　<두시언해 高都護驄馬行>

자고 니러(닐+어) 우러라 새여 <청산별곡>

(13) 바ᄅᆞ래 : 바ᄅᆞᆯ(海, 바다)+애(향진격)>바다로

현대국어의 '바다'는 중세국어에서 '바ᄅᆞᆯ'과 '바다ㅎ'가 쓰였다.

바ᄅᆞᆯᆯ 건너실ㅎ제 <용비어천가 18>

바ᄅᆞᆺ11) ᄆᆞ를 <두시언해 6:50>

닐굽 山쓰ᅀᅵᄂᆞᆫ 香水 바다히니12) <월인석보 1:23>

---

11) 바ᄅᆞᆯ+ㅅ(사이시옷)>바ᄅᆞᆺ(바다의)

'-애'는 일반적으로 양성모음 아래에서 처소격으로 쓰이지만 여기서는 어디로 향한다는 향진격으로 사용되었다.

(14) 가ᄂᆞ니 : 가+ᄂ(현재시제)+니>가니
중세국어 현재형의 어미는 '-ᄂ-', 과거형의 어미는 '-더(러)-/-거-/-어(아)-/, 미래형의 어미는 '-리-'가 쓰였다. 또한, '-더-'와 '-거-'는 '-오-'와 결합되면 '-다-'와 '-과-'로 바뀐다.

第四章
狄人ㅅ서리예가샤狄人이ᄀᆞᆯ외어늘岐山올ᄆᆞ샴도하ᄂᆞᆷᄠᅳ디시니
野人ㅅ서리예가샤野人이ᄀᆞᆯ외어늘德源올ᄆᆞ샴도하ᄂᆞᆷᄠᅳ디시니

---

(1) 狄人 ㅅ : 북쪽 오랑캐+ㅅ(사이시옷) / 野人(여진족)+ㅅ(사이시옷)
중국인들은 자기네를 '中華'라 하고, 사방의 이민족을 모두 오랑캐라 했다(東夷, 西戎, 南蠻, 北狄).

(2) 서리예 : 서리(사이)+예(처소격, 에)
중세국어에서 '서리'는 많은 무리 등 여럿의 '사이'로 쓰였고, 양자의 사이를 의미할 경우에는 'ᄉᆞ시'가 쓰였다.
그리고 처소격 조사는 '-애'(양성음절 아래), '-에'(음성음절 아래), '-예'('ㅣ'모음 아래)가 쓰였고, 특정명사 아래에 쓰이는 '-익, -의'가 있다.

東都애 보내어시ᄂᆞᆯ <용비어천가>
침실 의폐 안ᄌᆞ니 <용비어천가>

---

12) 바다히니>바다ㅎ+이니(바다이니)

狹人ㅅ 서리예 <용비어천가>
崔九의 집 알핀 <두시언해>
집 우횟 져비오 <두시언해>

[참고] 처소격조사가 때로는 이차적인 문법적 기능으로 향진격 또는 원인격,
비교격으로 쓰이는 경우도 있다.

향진격 : 내히 이러 바루래 가누니 <용비어천가 2>
원인격 : 불휘 기픈 남군 바루매 아니 뮐씨 <용비어천가 2>
         시미 기픈 므른 구무래 아니 그츨씨 <용비어천가 2>
비교격 : 나랏 말쑤미 中國에 달아 <훈민정음 언해>

(3) 굴외어늘 : 굴외(침범하다)+거늘(구속형)>침범하거늘
'-거늘'이 'ㅣ'모음이나 'ㄹ' 아래에서는 'ㄱ'이 탈락된다.

구루매 비 업거늘 얼우시고 또 노기시니 <용비어천가 20>
네 아드른 어딜어늘 <월인석보 2:5>

(4) 岐山(섬서성에 있는 산 이름) + (으로)의 향진격 생략

(5) 올무샴도: 옮+으+샤('시'의 이형태)+오(탈락)+ㅁ(명사형)+도
명사형어미 'ㅁ' 앞에 선어말어미 '오'가 삽입되면 '-시-'가 '-샤-'
로 바뀌고 '오'는 탈락된다.

(6) 하놇 뜯 : 하놀+ㆆ(관형격 촉음)
'하놀+뜯'의 결합이므로 고유어의 '하놀'의 유성음과 '뜯'의 초성음인 무
성음 사이에는 사잇소리 'ㅅ'이 쓰이는 것이 원칙이지만 'ㆆ'이 사용되었다.

(7) 쓰디시니 : 쁟+이+시+니('이다'의 생략으로 보기도 하고, 시적 여
운을 나타내는 종결어미로 보기도 한다)

<第七章>

블근새그를므러寢室이페 안ᄌ니 聖子革命에 帝祜를 뵈ᅀᆞᇦ니

ᄇᆞ야미가칠므러즘겟가재연ᄌ니 聖孫將興에 嘉祥이몬졔시니

---

(1) 블근새 : 븕(>붉, 원순모음화)+은(관형격)+새(+zero주격)

(2) 그를 : 글+을(목적격조사)
    양성모음 아래 받침있는 체언에는 '바를(바다)+을'처럼 '-올'이, 받
    침이 없는 경우에는 '소+를'처럼 '-롤'이 결합한다. 그리고 음성모
    음 아래 받침있는 체언에는 '글+을'처럼 '-을'이 결합하고, '그+를'
    처럼 받침없는 경우에는 '-를'이 결합한다.

(3) 므러 : 믈(>물, 원순모음화)+어(부사형어미)

(4) 이페 : 잎(戶, 지게문)+에> 무왕의 아버지 문왕 방문
    중세국어에서는 '입'(口, 입), '잎'(戶, 문), '닢'(葉, 잎)의 의미가 다르
게 쓰였다.

도ᄌᆞ기 입과 눈과 <용비어천가 88>

이페 블 ᄠᅳᆶ며 도라오거늘 <석보상절 6:33>

다든 이피 열어늘 부러 뷘 길흘 ᄎᆞ자 가더니 <월인천강지곡 上65>

프른 딜 파 이플 여렛도다 <두시언해 6:2>

이본 남기 새 닢 나니이다 <용비어천가 84>

花ᄂᆞᆫ 고지오 葉은 니피라 <월인석보 8:10>

(5) 聖子革命 : 무왕이 은을 멸망시킨 것 / 帝祜(하나님이 주시는 복)+를

(6) 뵈슨봉니 : 보+이(사동접미사)+숩+ᄋ+니(이다)>보이오니이다
  어휘적 사동문을 만들 경우에는 '어간+이, 히, 리, 기, 오/우, 호/후, 구'
의 형식을 이루고, 통사적 사동문을 만들 경우에는 '-게 ᄒ다'를 사용한다.

① 어휘적 사동접미사
  ㉠ 이 : 먹+이>머기다, 묽(淸)+이>믈기다, 웃(笑)+이>웃이다
  ㉡ 히 : 늦+히>느치다, 넙+히>너피다, 븕+히>블키다
  ㉢ 리 : 믈(退)+리+다>믈리다
  ㉣ 기 : 숨+기>숨기다, 밧(脫)+기>밧기다
  ㉤ ㅣ : 셔(立)+ㅣ>셰다, 나(出)+ㅣ>내다, 보(見)+ㅣ>뵈다
  ㉥ 오/우 : 몯(集)+오>모도다, 일(成)+우>일우다
     호/후 : 궂(備)+호>ᄀ초다, 낱(現)+호다>나토다
  ㉦ ㅣ오/ㅣ우 : 츠(滿)+ㅣ오> 치오다, 틋(燒)+ㅣ오>틔오다
              ᄠᅳ(浮)+ㅣ우> 픠우다, 알+오ㅣ>알외다

② 통사적 사동접미사 : '-게 ᄒ다'를 사용한다.
  갠 虛空애 ᄀ독게 ᄒᄂ니라 <南明상 60>

(7) ᄇ야미 : ᄇ얌(뱀, 축약)+이(주격)>뱀이

(8) 가칠 : 가치(까치, 경음)+ㄹ(모음 밑의 목적격)>까치를

(9) 즘겟 : 즘게(큰 나무)+ㅅ(관형격)>큰 나무의

(10) 가재 : 가지+애(처소)>가지에

(11) 聖孫將興 : 성스런 자손이 장차 일어난다는 뜻으로 성손인 태조
　　　가 장차 일어남을 의미

(12) 嘉祥이 : 嘉祥(경사스러운 상서=징조)+이(주격조사)

(13) 몬졔시니 : 몬져(먼저, 모음조화, 단모음화)+ㅣ(서술격)+시+니>
　　　먼저이시니

<第十三章>
말ᄊᆞᆷᄆᆞᆯ 슬ᄫᆞ리하ᄃᆡ 天命을 疑心ᄒᆞ실ᄊᆡᄉᆞᄆᆞ로뵈아시니
놀애를브르리하ᄃᆡ 天命을 모ᄅᆞ실ᄊᆡᄉᆞᄆᆞ로알외시니

---

(1) 슬ᄫᆞ리 : 솗(사뢰다)+ᄋᆞ+ㄹ(관형형어미)+이(의존명사)+zero주격>
　　　사뢰는 사람이

(2) 하ᄃᆡ : 하(多)+ᄃᆡ(설명형)>하되(많되)
　　　하다(多) : ᄒᆞ다(爲)

(3) 의심ᄒᆞ실ᄊᆡ : 의심ᄒᆞ+시+ㄹ씨(구속형)>의심하므로

(4) 뵈아시니 : 뵈아(재촉하다)+시+니>재촉하시니

　　　뵈다 : 보+ㅣ(사동접미사), 뵈ᅀᆞᆸ다
　　　뵈아다 : 재촉하다

(5) 놀애를 : 놀개>놀애(노래, 木子得國)+를(목적격조사)>노래를
현대어 '노래'의 중세국어는 '놀개'였으나 'ㄹ' 받침 아래에서 'ㄱ'이

성문마찰음 'ㅇ'으로 바뀌어 연철되지 않았다. '몰개>몰애>모래'도 마찬
가지이다.

(6) 브르리 : 브르+ㄹ(관형형어미)+이(의존명사)+제로주격>부르는 사
람이

중세국어의 의존명사에는 여러 가지 형태가 있는데, 그 중에서도 주요
한 것이 'ᄃ'와 'ᄉ'이다.

① ᄃ - ᄃ+이>디(주격), ᄃ+ㄹ>ᄃᆞᆯ(목적격), ᄃ+ㄴ>ᄃᆞᆫ(주제격), ᄃ+
이>ᄃᆡ(처소격), ᄃ+이라>디라(서술격)
② ᄉ - ᄉ+이>시(씨)(주격), ᄉ+ㄹ>ᄉᆞᆯ(목적격), ᄉ+ㄴ>ᄉᆞᆫ(주제격),
ᄉ+이>ᄉᆡ(처소격), ᄉ+이라>시(씨)라(서술격)
③ 기타의 경우
<바> : 어린 빅셩이 니르고져 홇배(바+ㅣ) 이셔도 <훈민정음>
<이> : 말ᄊᆞᆷ 을 슬ᄫᆞ리(솗+ᄋᆞ+ㄹ+이=사람) 하ᄃᆡ 天命을 疑心ᄒᆞ실씨
           <용비어천가 13>
<ᄢ> : 바미도 세 ᄢᆯ(ᄢ+을=번을) 說法ᄒᆞ더시이다
                                              <월인천강지곡>
<양> : 王이 罪이 야ᄋᆞ로(양+ᄋᆞ로=모양으로) 詳考ᄒᆞ야
                                              <석보상절 9:38>
<제> : 셤 안해 자싫 제(때) 한비 사ᄋᆞ리로ᄃᆡ <용비어천가 67>
<디> : 大洞江 너븐 디(줄) 몰라서 <서경별곡>
<디위> : 崔九의 집 알ᄑᆡ 몇 디윌(디위+ㄹ=번을) 드러뇨
                                              <두시언해>
<ᄯᄅᆞᆷ> 편안킈 ᄒᆞ고져 홀 ᄯᄅᆞ미(ᄯᄅᆞᆷ+이)니라 <훈민정음 언해>

(7) 알외시니 : 알외(알리다)+시+니(이다)>알리십니다

<第六七章>

ᄀᆞ롮ᄀᆞ새자거늘밀므리사ᅀᆞ리로ᄃᆡ나거사ᄌᆞᄆᆞ니이다

셤안해자실ᅙ제한비사ᅀᆞ리로ᄃᆡ뷔어사ᄌᆞᄆᆞ니이다

---

(1) ᄀᆞᄅᆞᆷㅅᄀᆞ새 : ᄀᆞᄅᆞᆷ(명)+ㅅ(사잇소리)+ᄀᆞᆺ(명)+애(처격)>강가에

(2) 사ᅀᆞ리로ᄃᆡ : 사ᄋᆞᆯ(사흘, 유추)+이(서술격)+로ᄃᆡ(방임형)>사흘
이로되

유추는 성격이 비슷한 말에서 공통의 유형을 찾아, 이와 비슷한 다른
말을 공통된 유형에 맞추어 일치시키려는 심리적 현상에서 어형이 변화
하는 것이다. 즉, 기억의 편리를 위하여 혼란된 어형을 어떤 유사한 기준
형으로 통일시키려는 현상으로 예를 들면 아래와 같다.

'서르>서로(부사 '-오'의 형태), 사ᄋᆞᆯ>사홀>사흘(인흘, 열흘의 '-흘'),
아호>아홉(닐굽, 여듧의 '-ㅂ'), 마ᄉᆞᆫ>마은>마흔(설흔의 '-흔'), 처ᅀᅥᆷ>처
엄>처음(어름, 믿븜의 '-음') 등을 들 수 있다.

(3) 나거사 : 나(동)+거사(구속형)>나가서야

(4) ᄌᆞᄆᆞ니이다 : 좀(동)+ᄋᆞ+니(과거)+이(상대높임서술형)>잠기었습
니다

(5) 자실ᅙ제 : 자(동)+시(존칭)+ㄹ(관)+ᅙ(된소리부호)+제(명)>주무
실 때에

(6) 한비+제로주격>큰비(장마)가
　　한(大, 巨) : 흔(一)

(7) 뷔어아 : 뷔(형)+거아(구속형, ㄱ탈락)>빈 뒤에야

<第九十一章>
아바님이받ᄌᆞᆲ제어마님그리신눖므를左右ㅣ하ᅀᆞᄫᅡ아바님怒ᄒᆞ시니
아바님뵈ᅀᆞᄫᆞᆶ제어마님여희신눖므를左右ㅣ슬ᄊᆞᄫᅡ아바님일ᄏᆞᆮ시니

(1) 이받ᄌᆞᆲ제 : 이받(잔치하다)+ᄌᆞᆸ(겸양선어말어미)+ᄋᆞ+ㄹ(관형사
　　형어미)+ㆆ(된소리부호)+제(때, 의존명사)>잔치해 드릴 때

(2) 그리신 : 그리(그리워하다, 동사)+시+ㄴ>그리워하신
　　눖므를 : 눈+ᅀ(사잇소리)+믈(물)+을

(3) 左右ㅣ : 左右(좌우)+ㅣ(주격조사)>좌우가=좌우에 있는 신하들이

(4) 하ᅀᆞᄫᅡ : 할(참소하다, 헐뜯다)+ᅀᆞᆸ(겸양선어말어미)+아>참소하여

(5) 뵈ᅀᆞᄫᆞᆶ제 : 뵈ᅀᆞᆸ(웃어른을 뵈옵다)+ᄋᆞ+ㄹ+제>뵈올 때

(6) 여희신 : 여희(여의다)+시+ㄴ>여의신(사별하신)

(7) 슬ᄊᆞᄫᅡ : 슳(슬퍼하다)+ᅀᆞᆸ+아>슬퍼하여
　　슬타, 슬허ᄒᆞ다, 슳허ᄒᆞ다(동사): 슬퍼하다
　　슬프다, 슳프다(형용사)

(8) 일ᄏᆞᆮ시니 : 일클(칭찬하다)+ᄋᆞ+시+니>칭찬하시니

<第一百一十章>
四祖ㅣ便安히몯겨샤현고둘올마시뇨몃間ㄷ지븨사ᄅ시리잇고
九重에드르샤太平을 누리싫제이ᄠ들닛디마ᄅ쇼셔

(1) 四祖ㅣ : 四祖(목조, 익조, 도조, 환조)+ㅣ(주격조사)>사조가

(2) 몯겨샤 : 몯(不)+겨시(계시)+어>못 계시어

  예) 先考ㅎ ᄠᆮ 몯(不) 일우시니(용가12장)
     알ᄑᆡᄂᆞᆫ 기픈 모새(못, 池 +애)(용가30장)

(3) 현고둘 : 현(몇)+곧(곳)+ᄋᆞᆯ>몇 곳을

(4) 올마시뇨 : 옮+아+시+뇨(설명의문형어미)>옮으셨는가?

(5) 몃 間ㄷ지븨 : 몇(8종성법)+間(칸)+ㄷ(사잇소리)+집+의(특수처소
   부사격)>칸 집에

(6) 사ᄅ시리잇고 : 살+ᄋᆞ+시+리(미래선어말어미)+잇고(상대높임설
   명의문형어미, ㅂ니까)>사시겠습니까?

(7) 九重에드르샤 : 九重(궁궐)+에+들(들다)+으+시(샤, 모음 앞에서)+
   어>궁궐에 들어가시어

(8) 닛디 : 닛(잊, 忘)+디(지, 구개음화)

(9) 마ᄅ쇼셔 : 말+ᄋᆞ+쇼셔(높임명령형어미)>마십시오

<第一百二十五章>
千世우희미리定ᄒᆞ샨漢水北에累仁開國ᄒᆞ샤卜年이ᄀᆞᆺ업스시니
聖神이니ᅀᆞ샤도敬天勤民ᄒᆞ샤사더욱 구드시리이다.
님금하아ᄅᆞ쇼셔洛水예山行가이셔하나빌미드니잇가

(1) 千世 : 오랜 세월

(2) 우희 : 우(上)+ㅎ(ㅎ곡용어)+의(특수처소격)>전에

(3) 漢水北에 : 한강 북쪽에

(4) 累仁開國ᄒᆞ샤 : 어짐을 묶어(쌓아) 나라를 열어

(5) 卜年 : 점쳐 정한 햇수라는 뜻으로, 왕조(王朝)의 운명을 이르는 말

(6) ᄀᆞᆺ업스시니 : ᄀᆞᆺ없(형용사, 가없다, 끝없다)+으+시+니>끝없으시니

(7) 니ᅀᆞ샤도 : 닛(잇)+ᄋᆞ+시+어+도>이으셔도

(8) 구드시리이다 : 굳(굳다, 견고하다)+으+시+리+이다(높임평서형어미)>굳으시겠습니다

(9) 님금하 : 님금+하(높임호격)>임금이시여

(10) 洛水예 : 洛낙水쉬+예

(11) 하나빌 : 하나비(한아비, 할아버지)+ㄹ>할아버지를

(12) 미드니잇가 : 믿+으+니(과거)+잇가(높임판정의문형어미)>믿었습니까?

제5장
작품의
어형 분석

중세국어문법의
이론과 실제

중세국어문법의 이론과 실제

제5장
작품의 어형 분석

1. 국어의 형성과 특질

1.1. 국어의 계통과 특질

언어의 계통(系統)이란 친족 관계에 의해 수립된 언어들과의 관계를 이른다. 이 친족 관계의 여러 언어들을 동계(同系), 즉 동일 계통의 언어라 부르며, 이러한 동계의 언어들은 하나의 어족(語族)을 형성한다. 이처럼 친족 관계가 있는 언어들을 어족으로 분류하는 것을 계통적 분류라고 한다. 예를 들어 한국어의 계통이라 하면 원시부여어군과 원시한어군에서 부여·한어 공통어군의 관계로, 그리고 더 거슬러 올라가 알타이어족으로 맺어지는 관계를 말한다. 언어의 계통을 연구하려면 비교언어학적 방법에 의하여 분류하는 것이 좋다. 음운의 체계와 대응, 문법 체계의 비교 연구, 어휘의 어원적 고찰 및 유사성 비교 등으로 계통적 분류를 검증해야 한다.

한국어의 계통 언어를 연구하기 시작한 것은 19세기 후반의 일이다. 한국어의 계통설은 몇 가지 있지만 크게 북방계설과 남방계설로 나눌 수 있다. 우리나라 건국 신화에도 천신의 하강으로 인한 북방계 신화와 주로 난생(卵生)에 의한 남방계 신화가 있으며, 한국인의 유전자 역시

북방계 유전자 60%와 남방계 유전자 40% 정도의 혼합으로 이루어져
있다고 한다.

(1) 북방계설

   북방계설은 한국어를 알타이어족으로 보는 계통설이다. 처음에는 한
국어를 우랄·알타이어족에 속한 것으로 보았으나 핀란드의 람스테트
(G.J. Ramstedt) 이후 알타이어족으로 분류하였다. 그는 핀란드어, 헝가
리어, 에스토니아어 등을 핀·우그리아어족(Finno-Ugric family) 친족어
로 분류하고, 한국어를 터키어군, 몽골어군, 퉁구스어군과 함께 묶어 알
타이어족(Altaic family)으로 분류하였다. 람스테트는 알타이조어의 근거
지는 흥안산맥(興安山脈) 근처라고 보았다. 흥안산맥(興安山脈)은 몽골
고원과 동북 대평원의 경계를 이루는 산맥이다. 이 흥안산맥 동쪽으로
이동한 퉁구스인과 한국인이 갈라져서 북쪽에는 퉁구스인1), 남쪽에는
한국인이 자리 잡았고, 흥안산맥 서쪽으로 이동한 몽골인과 터키인은 다
시 갈라져서 북쪽에는 몽골인, 남쪽에는 터키인이 자리 잡았다고 보아
동시분화설(同時分化說)을 주장하였다. 이를 표로 보이면 다음과 같다.

_____

1) 퉁구스족의 대표 민족은 만주족이다. 이외에 구소련 지방의 나나이어
   (Nanai), 라무트어(Lamut) 등을 들 수 있다.

이에 대해 포페(N. Poppe)는 알타이제어에서 한국어는 '몽골어-만주 · 통구스어'보다 먼저 분화되었다는 조기분화설(早期分化說)을 주장했다. 즉 한국어는 알타이어의 한 갈래이긴 하지만 다른 알타이어들과 가장 소원한 관계를 유지하고 있다는 것이다. 알타이 공통어에서 가장 먼저 한국어가 떨어져 나왔고, 그 뒤에 터키어가 분화되었으며, 그 다음으로 몽골어와 통구스어가 분화된 것으로 보았다.

이기문(1961)은 포페의 분화설을 기반으로 하여 다음과 같이 한국어의 분화 과정을 제시하였다.

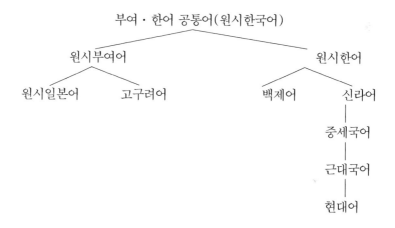

한국어는 부여 · 한어 공통어에서 원시부여어와 원시한어로 분화되고, 원시한어는 백제어와 신라어로 분화되었다. 신라어는 한국의 최초 통일 언어로, 오늘의 한국어는 신라어를 근간으로 이루어진 것으로 본다.

(2) 남방계설

남방계설은 남쪽 대양(大洋)에서 그 기원을 찾아 대양설이라고도 한

다. 남부 투란계의 대표 언어인 드라비다어가 대양을 거쳐 한국에 들어왔
다는 설이다. 드라비다어는 본래 인구어족(印歐語族)에 속하는 인도어와
이란어를 사용하는 종족이 남하하면서 원주민인 드라비다족은 인도의
남부로 밀려나면서 동남아시아 여러 섬으로 분산되었고 그 일부가 바다
를 건너 한반도에 들어와 한족어권을 형성했다는 주장이다.[2] 그러나 이
남방계설은 일부 어휘의 유사성이 있는 것 외에는 음운적 대응이나 문법
체계의 일치가 부족해 그 근거가 약한 편이다.

(3) 알타이제어의 공통 특질

언어의 계통은 비교언어학적 방법에 의하여 설정된다. 그 대표적인 것
이 음운의 체계와 대응, 문법 체계의 공통성, 그리고 어휘의 유사성과
어원적 고찰 등을 살펴보아야 한다. 이러한 검증으로 인한 알타이제어의
공통 특질로 몇 가지를 들 수 있다.

첫째, 모음조화 현상이 있다. 모음조화란 두 음절 이상의 단어에서,
뒤의 모음이 앞 모음의 영향으로 그와 가깝거나 같은 소리로 되는 동화
현상이다. 'ㅏ', 'ㅗ' 따위의 양성 모음은 양성 모음끼리, 'ㅓ', 'ㅜ' 따위의
음성 모음은 음성 모음끼리 어울리는 현상이다

둘째, 어두에 유음, 특히 /r/이 오지 못하며, 중세국어에서 일시적으로
'뜯, 쏠, 때' 등처럼 사용하였으나 어두에 자음군이 오지 못한다.

셋째, 교착성(膠着性)이 분명한 첨가어적 특징을 갖는다. 이는 언어의
형태적 유형의 하나로 실질적인 의미를 가진 단어 또는 어간에 문법적인
기능을 가진 요소가 차례로 결합함으로써 문장 속에서의 문법적인 역할
이나 관계의 차이를 나타내는 특징이다.

넷째, 모음교체나 자음교체가 없다. 하나의 어근 안에 있는 모음이 바

---

2) 이철수(2002:40) 참조.

꿰어 문법 기능이나 의미, 품사 따위가 달라지는 언어 현상으로 인도·유럽 어족에 주로 나타난다. 영어에서 'sing:sang'은 그 어간의 의미가 '노래하다:노래하였다'처럼 바뀌지 않는 반면에 한국어의 경우 '곱다:굽다', '막다:먹다' 등 모음이 바뀌면 그 의미가 전혀 다른 단어가 되는 것이다.

다섯째, 관계대명사 및 접속사가 없다. 인도·유럽 어족에서는 두 개의 용언이 접속사에 의해 연결되는데, 알타이제어는 선행 용언이 '먹고 가다'처럼 어간에 부사형어미를 첨가한다.

여섯째, 명사나 동사에 성(性)이나 수(數) 표지가 없다. 알타이제어의 성(性)이나 수(數)는 접사나 단어의 첨가로 나타낸다.

일곱째, 인도 유럽어나 중국어와 달리 주어 다음에 목적어나 보어가 오고, 서술어가 맨 뒤에 온다. 그리고 수식어가 피수식어 앞에 온다.

1.2. 국어의 형성과 시대 구분

한국어의 형성은 국어의 계통과 관련이 있다. 국어의 계통은 그간 꾸준한 연구에도 불구하고 아직 분명하게 제시할 수 없다. 다만 몽골어군, 퉁구스어군, 터키어군 등과 함께 알타이어족에 속한다는 설이 현재로서는 가장 유력하다. 역사시대 이후 한반도와 만주 일대에 자리잡은 우리 민족의 언어는 부여계(夫餘系) 언어와 한족계(韓族系) 언어로 나뉘어 있었으며, 삼국이 세워지면서 고구려어, 백제어, 신라어가 서로 간에 공통점과 차이점을 가지면서 제각기 모습을 갖추게 되었을 것으로 본다. 그러나 이 시기의 언어에 대해서는 자료가 부족하여 정확한 실상을 알기 어렵다. 다만, 신라가 삼국을 통일하면서부터는 경주를 중심으로 언어가 통일되었으며, 발해는 고구려어를 이어받았을 것으로 추측된다. 이 시기의 국어를 고대국어라고 부른다.

2. 고대국어

고대국어의 모습은 분명하지 않지만, 알타이 조어에서 통일 신라어에 이르기까지의 언어를 말한다. 우리말의 계통은 대체로 알타이어족에 속하는 것으로 原始韓國語(원시한국어)에서 분화된 것으로 추정한다. 이는 다시 原始夫餘語(원시부여어)와 原始韓語(원시한어)로 분화되었다. 따라서 북방계 언어로는 부여, 고구려, 예, 옥저의 언어가 유사했으며, 남방의 언어로는 삼한과 신라의 언어가 비슷한 것으로 분류할 수 있다. 백제어는 지배족과 피지배족의 언어가 달라 지배족은 북방계, 피지배족은 남방계였음을 보여준다. 우리나라 고대어의 근간을 이루는 언어는 통일어로서의 위치를 확보한 신라어로 볼 수 있다.

2.1. 고구려어

고구려어는 부여계어로 이에 대한 연구는 고려어를 이해할 수 있을 뿐만 아니라 북방 부여계 제어의 전체적인 윤곽을 이해하는데도 도움이 된다. 예를 들어 고구려어로 골짜기를 「呑」, 城을 「忽」, 山을 「達」이라 한 것을 보면 알 수 있다. 또한 고구려어는 알타이제어, 특히 퉁구스어군과 친족관계를 갖는다. 따라서 고구려어는 신라어나 중세국어에서 찾아볼 수 없는 많은 어휘를 갖고 있다. 그리고 고구려어는 고대일본어와 일치되는 어휘도 많은데 특히 '三 = 密, 五 = 于次, 七 = 難隱, 十 = 德' 등 수사의 일치가 많다.

2.2. 백제어

백제 사람들은 본래 三韓의 하나인 馬韓(마한)의 언어를 갖고 있었는

데, 북쪽에서 온 부여족(소서노, 온조 등)이 이들을 정복하여 나라를 세웠
다. 따라서 백제에서는 지배족(王族)의 언어(부여계어)와 피지배족의 언
어(마한어)가 서로 달랐던 것으로 이중언어를 사용하였다. 예를 들어 지
배족의 언어로 왕을 '於羅瑕'라 하였고, 피지배족의 언어로는 '鞬吉支'라
하였다. 백제어는 신라어와 유사한 어휘도 적지 않았는데, 예를 들어 '맑
다(淸)'를 '勿居(백제) : 몱(신라)', '물(水)'을 '勿(백제) : 勿(신라)' 등을
사용함을 알 수 있다. 백제어의 특징을 갖는 언어로는 城을 '己', '곰(熊)'
을 '金馬(고마)'라 했고, 지명어로 '夫里'를 사용했음을 들 수 있다.

2.3. 신라어

신라어는 오늘의 국어의 근간이 된 최초의 통일 언어인 만큼 古代諸語
중에서 매우 중요한 의의를 갖는다. 그러나 고대어를 연구하는 데에 충분
하지는 않지만 한자로 기록된 고유명사 및 향가 등을 검토해 보면 신라어
는 문법이나 어휘에 있어서 고려어, 조선어로 계승되는 것을 알 수 있다.
이는 향가가 훈민정음 자료의 언어(15세기)로도 어느 정도 해독될 수 있
다는 사실에 의해서 알 수 있다. 삼국을 통일한 신라어는 최초로 우리
언어를 하나로 통일시킴으로써 오늘날까지 단일어를 갖게 되었다.

연구문제

1. 국어의 계통과 형성과정을 설명하라.
2. 고대국어의 음운, 어휘, 통사상의 특징을 설명하라.
3. 국어의 특질을 알아보자.

2.4. 한자 차자표기

한국어의 역사를 살펴보기 위해서는 문헌 자료가 필요하다. 문헌 자료는 한자를 빌려 적은 자료와 한글로 적은 자료로 나눌 수 있다. 한글로 기록되어 있는 후기중세국어 시기의 자료 이전에는 한자(漢字)를 차자표기(借字表記)한 것으로 몇 가지 자료를 통해 알 수 있다.

(1) 서기체 표기

서기체(誓記體) 표기는 한문자를 우리말 어순에 따라 배열한 한자 차용 표기 방식을 말한다. 이 표기법은 한문을 모르는 사람이라도 한자를 어느 정도 아는 사람이면 누구나 이해할 수 있다. 서기체 표기는 임신서기석명(壬申誓記石銘)의 문체를 말하는데, 이 서기체 문장은 이두(吏讀) 자료와는 달리 토나 접미사와 같은 문법 형태의 표시가 없다. 다만 '之'자가 동사의 종결형을 나타내고 있을 뿐이다. 또한 이두와 같이 산문(散文) 표기에 사용하였다.

壬申年六月十六日 二人幷誓記 天前誓

임신년 6월 16일에 두 사람이 함께 맹세하여 기록한다. 하나님 앞에 맹세한다.

(2) 향찰체 표기

주로 신라의 향가에 이용한 향찰체(鄕札體) 표기는 한자의 음과 훈을 빌려 문장 전체를 표기한 운문(韻文) 표기이다. 주로 어휘 형태는 한자의 뜻을 이용하고, 문법 형태는 한자의 음을 이용하였다. 다음은 <제망매가(祭亡妹歌)>의 일부이다. 이 가운데 훈(뜻)을 이용한 것은 '① 吾(나), 去(가), 如(다), 辭(말), ② 如(다), 云(니르), 去(가), ③ 秋(ᄀ 술), 早(이르), 風(ᄇ 룸), ④ 此(이), 彼(저), 浮(ᄠ), 落(디), 葉(닙), 如(다)' 등이다. 그리고 음(音)을 이용한 것은 '① 隱(ᄂ), 內(ᄂ), 叱(ㅅ), 都(도), ② 毛(모), 遣(고), 內(ᄂ), 尼(니), 叱(ㅅ), 古(고), ③ 於(어), 內(ᄂ), 察(ㄹ), 隱(ㄴ), 未(매), ④ 矣(의), 良(어), 尸(ㄹ)' 등이다.

① 吾隱去內如辭叱都   나는 가ᄂ다 말ㅅ도
② 毛如云遣去內尼叱古   몯다 닏고 가ᄂ닛고
③ 於內秋察早隱風未   어느 ᄀ 술 이른 ᄇ ᄅ매
④ 此矣彼矣浮良落尸葉如 이에 저에 ᄠ딜 닙다이

<참고> 祭亡妹歌

生死路隱 生死路(길)ᄂ

此矣有阿米次肹伊遣 예(이에) 이샤매 저히고

(차의유아미차혜이고)

吳隱去內如辭叱都 나는 가ᄂ다 말ㅅ도

(오은거내여사질도)

毛如云遣去內尼叱古 몯다 닏고(니르고) 가ᄂ닛고

(모다운견거내니질고)

於內秋察早隱風未 어느 가슬 이른 ᄇ ᄅ매

(어내추찰조은풍미)

此矣彼矣浮良落尸葉如 이에 저(뎌)에 뻐딜(뜨러딜) 닙다이
(차의피의부량락시엽여)

一等隱枝良出古 ᄒ든 가재(가지아) 나고
(일등은지량출고)

去奴隱處毛冬乎丁 가논 곧 모ᄃ온뎌
(거노은처모동호정)

阿也 彌陀刹良逢乎吳 아으(아야) 彌陀刹애(아) 맛보올 내(나)
(아야 미타찰량봉호오)

道修良待是古如 道닷가 기드리고다
(도수량대시고여)

서동요(薯童謠)

善化公主主隱 선화공주님은(니믄)
(선화공주주은)

他密只嫁良置古 남 그스지 얼어두고
(타밀지가량치고) ＊密:그윽할 밀 ＊그슥다:그윽하다 ＊얼다:교합하다

薯童房乙 서동방을(맛동방을, 맛동바올)
(서동방을) ＊ 마를 파는 아이 방을(방으로)
　　　　　　서동 서방을(마 파는 서방을)
　　　　　　서동 방을(방으로)

夜矣卯乙抱遣去如 밤익(바믹) 몰(몰래) 안고 가다
(야의묘ᄅ포견거여)　　　　＊卯→夘 알을

(3) 구결체 표기

중국어식의 완전한 한문 원문에 토(吐)만 차자 표기한 방식을 구결체
(口訣體) 표기라 한다. 구역인왕경(舊譯仁王經)의 예를 보이면 다음과
같다.

第一義隱(는) ---無刀(도) 無爲隱知沙(호디사) --- 無亦飛隱亦羅(업시는 이라)

앞의 문장에서 '隱(는), 刀(도), 爲(호), 隱(ㄴ), 知(디), 沙(사), 亦(이), 飛(ㄴ), 隱(ㄴ), 亦羅(이라)' 등의 토만 차자표기로 적은 것이다. 또한 훈민정음이 창제된 이후에는 한글로도 구결을 표기하였다. 구결의 토는 '隱(阝), 爲(ﾉﾉ), 刀(刀), 尼(ㅌ), 厓(厂) 叱(ㅌ), 飛(ㅌ) 등 약자를 만들어 사용하기도 했다.

國之語音이 異乎中國호야

위의 <훈민정음언해>의 문장은 구결문(口訣文)이다. 이렇게 한문 원문에 우리말 식으로 읽을 수 있도록 토(口訣)를 달았다.

(4) 이두체 표기

이두체(吏讀體) 표기는 서기체 표기에 문법 형태를 보충하여 문맥을 더욱 분명히 한 것이다. 주로 어휘는 한자어 그대로 사용하고, 토나 접미사, 그리고 특수한 부사만 한자의 음과 훈을 이용하여 표기한 것이다. 주로 조사는 음차 표기를 하였으며, 접미사 표기에서 어간 부분은 음차 표기를 하였다. 이러한 방식은 향찰체 표기에 반영하였다.

① 조사

주격조사(이) 伊, 是 / 佛伊 - 부톄(부텨+이), 人是 - 사르미=사름+이

속격조사(이/의, ㅅ) 矣, 衣, 叱 / 耆郞矣 - 기랑이, 吾衣身 - 나의(내)몸, 去內尼叱古 - 가느닛고

목적격조사(올/을) 乙 / 功德叱身乙 - 功德ㅅ身을

호격조사(야/여, 하, 아) 也, 下, 良 / 郎也 - 郎여, 月下 - 둘하, 枝良

　　　 - 재(지+아)

보조사(은/읜/ᄂ/는) 隱 / 生死路隱 - 생사로ᄂ

보조사(도/두) 置 / 軍置 - 軍두

② 어미

　　-고(古/遣) / 出古 - 나고 / 抱遣 - 안고

　　-며(弥) / 古召弥 - 고소며

　　-다(如) / 夜矣卯乙抱遣去如 - 바미(밤+의)몰안고가다

　　-다가(如可) / 夜入伊遊行如可 - 밤드리(들+이)노니다가

③ 선어말어미

　　미래시제 理(-리-) 何如爲理古 - 엇디ᄒ리고

　　현재시제 內(-ᄂ-) 去內尼叱古 - 가ᄂ닛고

　　사동 敎(-이시-) 母牛放敎遣 - 암쇼노히시(놓+이시-)고

　　존칭 賜(-시-/-샤) 去賜里遣 - 가시리고

　　겸양 白(-ᅀᆞᆸ-) 爲白齋 - ᄒᆞᅀᆞᆸ져

　　공손 音(-이-) 獻乎里音如 - 받ᄌᆞ보(받줍+오)리이다

④ 대명사

　　吾 - 나　　吾里 - 우리

　　汝 - 너

　　誰 - 누구

　　此 - 이　　彼 - 뎌(저)

⑤ 수사

一等 ᄒᄃᆞᆫ(12세기 鷄林類事 一曰河屯, 15세기 ᄒᆞ낳)

二肹 두블(12세기 鷄林類事 二曰途孛, 15세기 둟)

悉 세(중세어 세ㅎ)

四 네ㅎ

千隱 즈믄

3. 고려어

신라가 망하고 고려가 건국되자 신라의 서북 변방이었던 개성 지방이 정치문화의 중심지가 되었다. 따라서 국어도 경주 중심의 언어에서 개성 중심의 언어로 바뀌게 되었다. 그 결과로 개성지방의 언어가 새로운 중앙어로 성립됨으로써 현대국어 서울말의 기저를 이루어 국어사상 일대 전환이 이루어졌다. 오늘날의 국어는 이 중앙어가 조선시대를 거쳐 계승된 것이다. 개성지방은 본래 고구려의 옛 땅이었으므로 통일신라시대 이후 신라어를 근간으로 하면서도 고구려어가 저층에 깔려 있었던 것으로 본다.

고려어를 살필 수 있는 대표적인 문헌으로는 '鷄林類事(계림유사)', '鄕藥救急方(향약구급방)', '朝鮮館譯語(조선관역어)' 등을 들 수 있으며, 이들은 모두 한자로 기록되었다. 좀더 구체적으로 살펴보면 '계림유사'는 고려 숙종 때 송나라 孫穆(손목)이 편찬한 것으로 고려어 365개 단어가 실려 있다. 그리고 '향약구급방'은 고려 중엽에 大藏都監(대장도감)에서 간행한 우리 나라 최고의 의약서이다. 여기에는 향약재가 되는 동물, 식

물, 광물 등의 이름 180개가 실려 전한다. 그리고 '조선관역어'는 1403-14
04년에 이루어진 것으로 華夷譯語(화이역어) 속에 들어 있으며, 중국어
와 국어의 대역 어휘집으로 596개의 단어가 들어 있다.

　10세기 - 14세기의 고려어는 향찰 사용이 쇠퇴하고, 한문에 의존하는
경향이 일반화되었으며, 吏讀(이두) 사용이 병존되었다.

연구문제

1. 국어사에서 고려어의 위치를 기술하시오.
2. 고려어의 특징을 살펴보자.
3. 한자로 기록된 고려 어휘를 살펴보자.

3.1. 고려속요

　고려시대에는 주로 한문학이 발달되어 신라시대 향가가 위축되었으며,
새로운 국문학 형태를 찾지 못한 과도기적 모색의 문학이 등장하게 되었
는데 그것이 고려가요이다. 이는 한문 중심의 문자표기인 경기체가와 순
수 국어로 구전되던 속요가 중심이 되었다. 이 중 고려속요는 주로 평민
층에 의해 불려진 노래로 '長歌(장가)' 또는 '俗歌(속가)'라고도 한다. 이
는 신라의 시가를 계승한 것이지만 민요에서 형성된 것으로 추측되며,
고려시대에 구전되다가 조선에 와서 문자로 정착되었다. 조선 초에는 유
학자들에 의해 淫詞(음사), 男女相悅之詞(남녀상열지사), 또는 詞俚不載
(사리부재)라 하여 많은 작품이 없어지고 그 일부만이 문헌에 전한다.
　이러한 고려속요의 형식은 分節體(분절체)이며, 분절마다 후렴구가 발

달되어 있다. 주로 3음보이며 음수율은 3·3·2조('쌍화점', '만전춘별
사' 등 일부는 4·4·4/ 4·4·2조)로 그 리듬이 매끄럽다. 내용은 진솔
하고 서민적인 것으로 평민들의 인간성을 그대로 드러냈다. 특히 남녀
간의 뜨거운 사랑을 읊은 것이 많아 조선 유학자들의 비판이 되기도 했다.
속요의 가치는 서민의 진솔한 감정과 정서가 담긴 문학으로 그 문학적
가치가 높으며, 한문학의 발달로 순수한 국문학이 위축되었으나 이 속요
로 인해 그 명맥이 유지될 수 있었다.

　속요를 전하는 문헌으로 <악학궤범>, <악장가사>, <시용향악보>가
있다. <악학궤범>은 조선 성종 때 왕명에 의하여 성현, 유자광, 신말평
등이 편찬한 악서로, '정과정', '동동', '정읍사' 그리고 경기체가인 '한림
별곡'이 실렸다. <악장가사>는 중종-명종대에 간행된 것으로 추정되며,
여기에 실린 노래는 '청산별곡', '서경별곡', '쌍화점', '정석가', '사모곡',
'이상곡', '가시리', '만전춘' 등이다. <시용향악보>는 정확한 편찬자와
편찬 연대를 알 수 없으나 '△'이 쓰인 것으로 보아 악장가사보다 앞서
편찬된 것으로 볼 수 있다. 여기에 실린 노래는 '상저가', '유구곡', '사모
곡', '가시리' 등이다.

　高麗俗謠는 대체로 3음보의 정형성으로 음수율은 각 작품마다 약간의
차이를 보인다. 몇 작품을 예를 들어 보이면 다음과 같다. 후렴구나 여음
은 생략하고 보인다.

　　① <井邑詞> 3연, 6행, 3후렴구 주요음수율 : 3,2,3/3,3,5
　　　　(前腔)둘하노피곰도드샤(2,3,3)
　　　　어긔야머리곰비취오시라(3,3,5)
　　② <鄭瓜亭曲> 10구체형, 주요음수율 : 3,4,4/4,3,4
　　　　(前腔)내님을그리ᅀᆞ와우니다니(3,4,4)

(中腔)山졉동새난이슷ᄒ요이다(4,3,4)

③ <靑山別曲> 8연, 1개연(4행+후렴구), 주요음수율 : 3,3,2

살어리살어리랏다(3,3,2)

청산애살어리랏다(3,3,2)

④ <動動> 13연, 1개연(4행+후렴구), 주요음수율 : 3,3,3/3,3,2

德으란곰ᄇᆡ예받ᄌᆞᆸ고(3,3,3)

福으란림ᄇᆡ예받ᄌᆞᆸ고(3,3,3)

德이며福이라호ᄂᆞᆯ(3,3,2)

⑤ <鄭石歌> 6연(11장) 각장(3행 중 1,2행 동일) 주요음수율 : 4,3,4/3,3,2

딩아돌하당금(當今)에계샹이다(4,3,4)

삭삭기셰몰애별헤(나ᄂᆞᆫ)(3,3,2,나ᄂᆞᆫ)

⑥ <가시리> 4연 각연(2행+후렴구) 주요음수율 : 3,3,2

가시리가시리잇고(나ᄂᆞᆫ)(3,3,2,나ᄂᆞᆫ)

ᄇᆞ리고가시리잇고(나ᄂᆞᆫ)(3,3,2,나ᄂᆞᆫ)

⑦ <相杵歌> 1연 4행(각행+히얘/히야해) 주요음수율 : 3,3,2

듥긔동방해나디허(히얘)(3,3,2,히얘)

게우즌바비나지ᅀᅥ(히얘)(3,3,2,히얘)

⑧ <思母曲> 1연 5행+후렴(1)+독립(1) 주요음수율 : 3,4,3/3,3,4

호ᄆᆡ도ᄂᆞᆯ히어신마ᄅᆞᄂᆞᆫ(3,4,3)

날ᄀᆞ티들리도어ᄡᅥ새라(3,3,4)

⑨ <滿殿春別詞> 6연 각연(불규칙) 주요음수율 : 4,4,2(2연부터 불규칙)

어름우희댓닙자리보와(4,4,2)

님과나와어러주글만뎡(4,4,2)

⑩ <西京別曲> 3연 14장 각장(2행+1후렴) 주요음수율 : 3,3,3

셔경(西京)이아즐가셔경(西京)이셔울히마르는(3,3/3,3,3)

대동강(大洞江)아즐가대동강(大洞江)너븐디몰라셔(3,3/3,3,3)

⑪ <쌍화점> 4연 3음보 4,4,4,조

雙花店솽화뎜에雙花솽화사라가고신턴(4,4,4)

回回휘휘아비내손모글주여이다(4,4,4)

1. 井邑詞(정읍사)

> 둘하노피곰도ㄷ샤어긔야머리곰비취오시라어긔야어강됴리小葉아
> 으다롱디리後腔全져재녀러신고요어긔야즌ㄷ룰드ㄷ욜셰라어느이
> 다노코시라어긔야내가논ㄷ졈그를셰라   <악학궤범>

<정읍사>의 작자는 행상인의 아내로 百濟時代의 노래이다. '後腔全'
의 곡조명으로 보면 문제가 되지 않지만, '後腔'을 곡조명으로 보아 '全
州' 시장으로 해석한다면 신라 경덕왕 이후 구백제지방에서 유래하던
노래를 개작한 것으로 본다. 왜냐하면 高麗史 券七十一에 "井邑 全州屬
縣 縣人爲行商久不至 其妻登山石以望之 恐其夫夜行犯害 托泥水之汚
以歌之 世傳有登岵 望夫石云"로 기록되고 있어 이를 뒷받침하고 있기
때문이다.

<井邑詞>의 형식은 3연 6구의 서정시로 주제는 행상나간 남편의 안전
을 기원하고 있다. 또한, 후렴구와 비연시 형식으로 고려가요와 유사하다.
그리고 후렴구를 제외하면 시조형식과 유사하여 시조의 원형으로 보기도
한다. 현전하는 유일한 백제가요로 이 노래와 주제가 비슷한 것으로는
<치술령곡>(신라), <선운산가>(백제) 등이 있으며, 한글로 쓰여 전하는
가장 오래된 노래라고 한다. 출전은 <樂學軌範>이다.

[참고] 우리 古樂譜(고악보)에서는 한 곡조가 대개 三大節(삼대절)로 나
누어져 있다. 前大節(전대절)을 前腔(전강), 中大節(중대절)을 中腔(중

강), 後大節(후대절)을 後腔(후강)이라 한다. 후강에는 본래 附葉(부엽) 등이 있는데, 이 노래에는 부엽이 없는 후강만으로 되어 있다. 또한 後腔 全(후강전)에서 全(전)을 떼어 가사로 보아 '全 저자' 곧 '전주시장'으로 보는 견해도 있다.

연구문제

1. 백제의 노래인 정읍사를 국문학 형태상 고려속요라 할 수 있는 근거 는 무엇인가?
2. 이 노래의 표현기법에 대해 설명하라.
3. 남편의 신변을 근심하는 여심이 나타나 있는 말은?
4. 제2연의 '後腔全 져재녀러신고요'를 해석하여라.
5. '비취오시라', '드딕욜셰라', '졈그를셰라'를 분석하라.

<어형 분석>

∘ 井邑 : 전라북도에 있는 고을로 옛날에는 完山州(지금의 全州)에 속했 던 縣이었음

∘ 노피곰>노피+곰(강세접미사)>높이높이

∘ 비취오시라>비취(동)+고시라(높임명령)>비치어주십시오

∘ 져재>저자>시장에

∘ 녀러신고요>녀(行)+러(조음소)+시+ㄴ고요(의문형)>가 계신가요?

∘ 즌딕>즐(형)+은(관)>진 곳(위험한 곳)

∘ 드딕욜셰라>드딕(동)+오+ㄹ셰라(의구형)>디딜까 두렵다

◦ 어느이다>어느이(대명사)+다>어디다가
◦ 어느이다>어느(관)+이(의존명사)>어느 것이나
◦ 가논>가+ᄂ(현재형)+오(화자 의도의 선어말어미)+ㄴ(관)+ᄃᆡ(설명형어미)>가는
◦ 졈그를셰라>졈글(저물다)+으+ㄹ셰라(의구형)>저물까 두렵다

2. 鄭瓜亭(정과정)

내님믈그리ᅀᆞ와우니다니山졉동새난이슷하요이다아니시며거츠르
신들아으殘月曉星이아ᄅᆞ시리이다넉시라도님은ᄒᆞᆫᄃᆡ녀져라아으벼
기더시니뉘러시니잇가過도허믈도千萬업소이다물힛마리신뎌ᄉᆞᆳ웃
븐뎌아으니미나를ᄒᆞ마니ᄌᆞ시니잇가아소님하도람드르샤괴오쇼셔
<악학궤범>

<정과정>은 고려 의종 20년에 鄭敍(호 : 瓜亭)가 지은 작품이다. 정서는 인종과 동서지간으로 벼슬은 내시중랑이었으나, 의종 5년 4월 여러 신하들의 참소로 고향인 동래에 귀양갔다가 의종 24년 10월에 다시 복귀되었다. 이 작품은 향가계 여요로 비연시의 10구체 형식으로 주제는 戀君(임금을 그리워함)이다. 한글로 전하는 고려가요로 연대와 작자가 전하는 유일한 작품이며, 忠臣戀主之詞(충신연주지사)라 하여 궁중과 사대부 간에 널리 애송된 일종의 유배시가에 속한다. <악학궤범>에 '三眞勺(삼진작)'이라는 곡조명과 가사가 수록되어 있다.

[참고] <東國通鑑> 또는 <高麗史>에는 '鄭瓜亭'이라 하였고, <樂學軌範>에는 '三眞勺'이란 이름으로 실렸다. 이 '三眞勺'이란 世宗實錄에

'眞勺俗樂調名'이라 하였고, 大東韻府群玉에 "眞勺有一二三四, 乃聲音緩急之節也, 一眞勺 最緩(진작에 一二三四의 종류가 있으며, 이는 소리의 느림과 빠름의 마디이다. 일진작은 가장 느리다고 하였다.

연구문제

1. 이 노래에 나타난 작자의 자세와 작품에 담긴 情調에 대해 설명하라.
2. 이 노래의 형식상 특징과 '도이장가'와의 공통점과 차이점을 설명하라.
3. 우리말의 표기 변천의 3단계 ①표음위주, ②과도적, ③형태위주 표기에 적합한 예를 들어 보자.
4. '벼기더시니', '물핫마러신뎌', '슬웃븐뎌'를 분석하라.

<어형 분석>

∘ 내>나+ㅣ(주격 혹은 관형격)

∘ 님믈>님(의종)+믈(과도기적 표기)

∘ 우니다니>우(泣)+니(行)+다(1인칭 회상시제)+니)울고 다니더니

∘ 이슷ᄒ요이다>이슷ᄒ+오+이다>이슷ᄒ+반모음[j]+오+이다>이슷ᄒ요이다

∘ 아니시며>(전에 나를 헐뜯던 말은 사실이) 아니시며>아니+시(비존칭)+며

∘ 거츠르신 둘>거츨(허황되다)+으+시(비존칭)+ㄴ+ᄃ(의존명사)+ㄹ(목적형)>허황된 줄을

∘ 아ᄅ시리이다>알+ᄋ+시(비존칭)+리(미래)+이다>알 것입니다

◦ 님은 호듸>님+은(동반격)+호+듸(의명)+ㅣ(처격)>님과 한곳에(함께)
  예) 니믈 호듸 녀가져 願을 비숩노이다 <動動>

◦ 녀져라>녀+지(희망보조형)+어라(감탄형)>녀+져라(소망형어미)>살아
  가고 싶도다

◦ 벼기더시니>벼기(우기다)+더(회상)+시(비존칭)+ㄴ(관형)+이(의명)>우
  기던 이가(임께 자기를 귀양보내야 된다고 참소하던 이가)

◦ 더시 : 시제선행법에 의해 '더'가 먼저 옴

◦ 뉘러시니잇가>누(대명사)+ㅣ(서술격)+러(회상, ㄷ의 유음화)+시(비존
  칭)+니(과거)+잇가(상대높임의문형)>누구였습니까?

◦ 過>잘못

◦ 千萬 업소이다>전혀 없습니다

◦ 물 힛마리신뎌>물(물>무리)+힛(홊>'할다=참소하다'의명사화접미사)+
  말+이+시+ㄴ뎌(감탄)>무리의 참소의 말이로다, 무리의 참소를 말아주
  시오

◦ 물 힛마러신뎌>물('묽다=슬프다'의ㅂ약화)+히(부사형)+ㅅ(강조)+말(말
  다=勿)+어(부사형)+시+ㄴ뎌>슬프게 하지 말아주시오

◦ 술읏브뎌>술(숧=슬프다)+으+ㅅ(강조)+ㄴ뎌(감탄)>슬프도다

◦ 술(사라지다=消)+으+ㅅ(강조)+브(원망형='싯브다'의 생략)+ㄴ뎌>죽고
  싶도다

◦ 흐마>벌써

◦ 니즈시니잇가>잊으셨습니까?

◦ 아소>아아(감탄사)

◦ 아소>아(앗다=奪)+소(명령)>그러지 마시오 예)가소

◦ 아소>알(知)+소(기원형)>(나의 뜻을) 알아주십시오

◦ 도람>돌(돌리다)+암(부사화접미사)>(마음을) 돌리어 예) 쉬엄쉬엄

◦ 괴오쇼셔>괴(사랑하다)+고쇼셔(고소서, 높임명령형)>사랑하소서

3. 靑山別曲(청산별곡)

> 살어리살어리랏다靑山청산애살어리랏다멀위랑ᄃᆞ래랑먹고靑山청
> 산애살어리랏다얄리얄리얄랑셩얄라리얄라○우러라우러라새여자
> 고니러우러라새여닐라와시름한나도자고니러우니로라얄리얄리얄
> 랑셩얄라리얄라○가던새가던새본다믈아래가던새본다잉무든장글
> 란가지고믈아래가던새본다얄리얄리얄랑셩얄라리얄라○이링공뎌
> 링공ᄒᆞ야나즈란디내와손뎌오리도가리도업슨바므란쪼엇디호리라
> 얄리얄리얄랑셩얄라리얄라○어듸라더디던돌코누리라마치던돌코
> 누리라마치던돌코믜리도괴리도업시마자셔우니노라얄리얄리얄랑
> 셩얄라리얄라○살어리살어리랏다바ᄅᆞ래살어리랏다바ᄅᆞ래살어리
> 랏다ᄂᆞᄆᆞ자기구조개랑먹고바ᄅᆞ래살어리랏다얄리얄리얄랑셩얄라
> 리얄라○가다가가다가가드로라에졍지가다가가드로라사ᄉᆞ미짒대예올
> 아셔奚琴히금을혀거를드로라얄리얄리얄랑셩얄라리얄라○가다니
> 빈브른도긔설진강수를비조라조롱곳누로기미와잡ᄉᆞ와니내엇디ᄒᆞ
> 리잇고얄리얄리얄랑셩얄라리얄라 <악장가사>

　　<청산별곡>은 8연의 연시 형태의 고려속요로 후렴구를 제외하면 각연은 4구로 3음보와 3·3·2조의 음수율의 형식으로 되었다. 1연에서 5연까지는 '靑山'으로, 6연에서 8연까지는 '바다'로 이상향의 세계를 제시한 대칭구조로 구성되었으며, (1연) - (2,3,4,5연) - (6,7연) - (8연)으로 분석할 수 있다.

　　주제는 생의 비애와 고독(內優外患의 괴로움으로부터 벗어나고자 함)

이지만, 8연의 경우 '조롱곳 누로기 미와 잡스와니 내 엇디 ㅎ리잇고'에서 '잡스와니'를 국어학적으로 분석하면 누군가 동행하는 사람이 있는 것으로 해석되어 고독에서 반전된다. 성격은 체념적, 은둔적으로 지배적 정서는 비애적이나 후렴구의 울림소리 반복으로 경쾌하고 낙천적인 면도 갖는다. 이 작품은 고려인들의 생활관(현실도피적 인생관)과 당시 시대상황의 어려움과 모순을 잘 나타낸 작품이다. 즉, 생활에 찌들고 현실을 직관하는 작자가 그러한 현실을 비관, 풍자, 비판함으로써 당시 사회를 고발하고 있는 작품으로 볼 수 있다. 출전은 <악장가사>이며, <시용향악보>에는 곡조와 함께 1연만 기록되어 있다.

연구문제

1. 이 작품의 제작 배경에 대해 설명하라.
2. 이 작품을 4개의 단락으로 나누고, 단락의 진전에 따라 작자의 정서가 어떻게 변하는지 설명하라.
3. 이 노래를 민요로 보는 근거를 들어라.
4. '가던 새', '믈 아래', '에정지', '수 슴'에 대한 의미를 써라.

<어형 분석>

1연 : 혼탁한 세속을 떠나 청산에서 살고 싶은 심정
  ◦ 살어리랏다 : 살+어(조음소)+리(화자의 의지를 나타내는 서법)+랏다(감탄형)
  ◦ 멀위랑 : 멀위(머루)+랑(열거격)>머루와

2연 : 자신의 감정을 새에 나타냄

　◦우러라 : 울+어라(감탄형), 명령형으로 보기도 함

　◦닐어 : 닐(일=起)+어(열거격)>일어나

　◦자고닐어 : 자고 있을 때에나 깨어 있을 때에나

　◦널라와 : 너+ㄹ(활음소)+라와(비교격)>너보다

　◦한 : 하(형, 多)+ㄴ(관)>많은

　◦우니로라 : 울다+니다(계속하다)>+로라(감)>울고 있노라(시름함)

　◦니다, 녀다, 녜다 : ①가다, ② 살아가다, ③ 계속하다(진행)

3연　◦가던 새 : ① 날아가던 새

　　　　　　　　② 갈던 사래(가던 사이=갈던 이랑)

　◦본다 : 보+ㄴ다(과거의문형어미)>보았느냐?

　◦현재서술형 : ᄂᆞ다>ㄴ다(조선중기)

　　예) 빈예 연즌다(얹었느냐) <서경별곡>

　　　　님이신가 반기니 눈물이 절로 난다(현재형) <사미인곡>

　◦믈 아래 : ① 평원(들판)

　　　　　　　② 속세

　◦잉 : 잇(苔)>잇(잇>잇기>이끼)+무든>잉(ㅁ 영향, 일종의 비음화)

　◦장글란 : 잠ㄱ+이>잠기+을란(보조사)>장ㄱ(자음동화)+을란(을)

　　　　　　① 잠기 : 쟁기 예) 마히 매양이랴 잠기 연장 다스려라
　　　　　　　　(윤선도 시조)

　　　　　　② 잠개 : 병기 예) 兵은 잠개 자본 사ᄅᆞ미오(월인석보)

　　　　　　③ 낚시 : 잉 무든 장글란>잉어 물던 낚시를

　◦병기가 이끼 낄 정도로 쓸모없이 되기를 갈망하며, 세상이 평온
　　해지기를 기다리는 마음

4연 : 고독하고 절망적인 운명의 감회

　　◦ 이렁공 뎌렁공 : '이리고 뎌리고'에 'ㅇ(강세접미사)' 첨가>이럭저럭

　　◦ 나즈란>낮+을란(보조사)>낮은

　　◦ 디내와숀뎌 : 디내(경과)+오(동)+아(아>앗>앳>앗>아, 과거시제)+

　　　숀뎌(방임형)>지내왔지만, 디내왯숀뎌>디내와숀뎌

　　◦ 오리도 : 오+ㄹ(미래관형)+이(의존명사)+도>올 사람도

　　◦ 엇디호리라 : 엇디ᄒ(동)+오(선어말)+리(미래)+라(의도형)>어찌

　　　할 것인가

5연　◦ 어듸라 : 어듸(대명)+라(보조사)>어디에다

　　◦ 더디던 : 더디(동)+더(회상)+ㄴ(관)

　　◦ 더디다>던지다(구개음화, 음운 첨가)

　　◦ 돌코 : 돌+ㅎ(ㅎ곡용)+고(의문형)>돌인고

　　◦ 돌 : 세상에 풍파를 몰아온 원인으로 이로 인해 피해를 입지만

　　　그러한 사회에 대해 증오도 없이 무기력한 자신을 깨달음

　　◦ 누리라 : 누(대)+ㄹ(목적)+이라(보조사)

　　◦ 믜리도 : 믜(미워하다)+ㄹ(미래관형)+이(의존명사=사람)+도

　　◦ 괴리도 : 괴(사랑하다)+ㄹ+이(의존명사=사람)+도

　　◦ 바롤래 : 바롤(바다, 이상향의 세계)+애(처소격)

6연　◦ ᄂᆞᄆᆞ자기 : 나문재(해초의 일종)

　　◦ 구조개>굴조개

7연　◦ 드로라 : 듣+오라(감탄), 명령형 주장도 있음

　　◦ 에졍지 : ① 에(접두사)+졍지(부엌)>외딴 부엌

　　　　　　　② 예졍지

　　　　　　　③ 에(감탄사)+졍지

　　　　　　　④ 어딘가

⑤ 벌판

◦사ᄉ미 : ① 사슴이>사슴이

② '사ᄅ미'의 오기

③ 사슴분장을 한 광대가

◦짔대예 : 짔대(장대)+예(처소격)

◦올아셔 : 오ᄅ+아셔(나열형)>올라서(설측음화)

◦① 사슴(고관) 풍자

② 기적의 매개물(기적 없이는 살 수 없는 절박한 심정)

* 귀족들이 나라의 위험을 모르고 태평세월을 구가

◦혀거를 : 혀(켜다)+거를>켜거늘

◦혀다>켜다(악기를), 점화하다, 당기다(引))

8연 : (결사) - 현실에 대한 울분과 환멸을 술로써 달램

◦가다니 : 가+다(1인칭의 회상)+니(설명형)

◦설진 : 주름잡힌(술이 끓어올라서 누룩이 우굴쭈굴하여 잘 익은),
진한(농도가)

◦미와 : 밉+아>미ᄫᅡ>미와>매워

◦좁ᄉ와니>좁+습+아니(설명형)>잡ᄉ바니>잡ᄉ와니>붙잡으니

◦내 : 나(대명)+ㅣ(주격)

* '좁+습(겸양선어말어미)+아'로 겸양의 선어말어미가 들어갔으
므로 그 뒤에 오는 '내'를 '나+ㅣ(주격)'으로 할 수 없다. 그렇다
고 '내'를 '나+ㅣ(관형격)'으로 볼 경우에는 체언의 동행자가 필
요하므로 문맥적으로는 그 의미가 자연스럽지 못하다.

◦엇디ᄒ리잇고>엇디ᄒ(동)+리+잇고(상대높임의문형)>어찌하겠
습니까?

4. 動動(동동)

德으란곰비예받줍고福으란림비예받줍고德이여福이라호늘나ᅀ라
오소이다아으動動다리正月ㅅ나릿므른아으어져녹져ᄒ논ᄃᆡ누릿가
온ᄃᆡ나곤몸하홀로녈셔아으動動다리二月ㅅ보로매아으노피현燈ㅅ
블다호라萬人비취실즈싀샷다아으動動다리三月ㅅ나며開ᄒᆞᆫ아으 滿
春ᄃᆞᆯ욋고지여ᄂᆞ믜브롤즈슬디녀나샷다아으動動다리四月아니니저
아으오실셔곳고리새여므슴다錄事니ᄆᆞᆫ녯나ᄅᆞᆯ닛고신뎌아으動動다
리五月五日애아으수릿날아ᄎᆞᆷ藥은즈믄힐長存ᄒᆞ샬藥이라받줍노이
다아으動動다리六月ㅅ보로매아으별해ᄇ룐빗다호라도라보실니믈
젹곰좃니노이다아으動動다리七月ㅅ보로매아으百種排ᄒᆞ야두고니
믈흔ᄃᆡ녀가져願을비줍노이다아으動動다리八月ㅅ보로ᄆᆞ아으 嘉俳
나리마ᄅᆞᆫ니믈뫼셔녀곤오늘낤嘉俳샷다아으動動다리九月九日애藥
이라먹논黃化고지안해드니새셔가만ᄒᆞ애라아으動動다리十月 에아
으져미연ᄇᆞ룻다호라것거ᄇ리신後에디니실흔부니업스샷다아으動
動다리十一月ㅅ봉당자리예아으汗衫두퍼누워슬홀ᄉ라온뎌고우닐
스싀옴녈셔아으動動다리十二月ㅅ분디남ᄀᆞ로갓곤아으나ᅀᆞᆯ盤잇겨
다호라니믜알픠드러얼이노니소니가재다므ᄅᆞᆫ줍노이다아으動動다
리 <樂學軌範>

　<동동>은 작자 미상의 고려속요로 13연으로 구성된 월령체(달거리 노
래)이다. 이러한 달거리 형식의 가사에는 농가월령가, 청상요, 관등가,
사친가, 달풀이 등이 있다. 주제는 계절의 변화에 따라 일어나는 임에
대한 연모의 정으로 송축과 애련이다.

　특징으로는 달이 바뀜에 따라 일어나는 임에 대한 그리움, 원망, 한탄,
고독감이 잘 표현되어 나타난다. 또한 민요풍으로 시어의 구사가 뛰어나
며, 현실적으로 맺어질 수 없는 사랑의 비극성을 내포한 서정시이다. 그

리고 궁중에서 '處容戱' 속에 '動動舞'가 포함되었으나 '男女相悅之詞'라 하여 조선 중종 때 폐기되었다.

이 노래의 의의는 고려가요 중 가장 오래된 月令體로 계절의 변화에 따라 임을 그리는 情과 고독한 삶을 달마다 민속에 초점을 맞춰 노래하여 민속연구의 귀중한 자료가 된다. 출전은 <樂學軌範>이다.

[참고] 월령가는 한해 동안의 기후의 변화나 의식 및 농가 행사 등을 달의 순서에 따라 읊은 월령체의 노래이다. 이 중 '동동'은 조선조에 牙拍과 함께 연주되었으며, 儺禮 뒤의 處容戱에는 動動舞가 포함되었다. 특히 서사 부분은 덕과 복을 임(임금)께 바치는 송축의 내용으로 본문의 내용과는 전혀 관련이 없는 것이다. 이는 궁중악으로 채택되면서 인위적으로 가사를 만든 것으로 본다.

연구문제

1. 歲時風俗이 나타나 있는 달을 찾아 그 행사에 대해 알아보자.
2. 임에 대한 그리움이 계절에 따라 어떻게 투영되었는지 살펴보자.
3. 임에 비유된 말과 자신을 비유한 단어를 찾아 써라.
4. '느미 브롤 즈슬', '슬흘亽라온뎌', '고우닐', '남ㄱ로', '므릇 숩노이다'를 어법에 맞게 분석하여라.

<어형 분석>

1연 서사-축도

- 德+으란(보조사)>덕은

- 곰븨예 : 곰(後, 신령)+븨(腹,杯)>뒤+예(처소격)

- 받(바치다), 받(受)+줍+고>바치고

- 림(前, 님, 임금)+븨>앞에

- ① 뒤에 앞에(전후 계속해서)

   ② 신령님께, 임금께

   ③ 곰븨님븨>자주자주

- 호놀 : ᄒ+오(선어말)+ㄴ(명사형)+올>한 것을

- 나ᅀᆞ라 : 낫+ᄋᆞ라(의도형)>나ᄉᆞ라>나ᅀᆞ라>나ᄋᆞ라>드리러

- 오+쇼(ᄉ+오)이다(존칭청유형)>오사이다, 오십시오

- 아으 : 아아

- 동동다리 : 동동>둥둥(북소리를 흉내낸 의성어)+다리(악기 소리)

2연 정월 - 나릿물 - 고독

- 정월+ㅅ(의, 관형격촉음)>정월의

- 나리(내, ㄹ탈락)+ㅅ>내의

- 누리 : 세상

- 어져 : 얼+져(의도형)>얼고자

- ᄒ논딕 : ᄒ+ᄂ+오(화자 의도의 선어말어미)+딕(설명형어미)

- 나(出)+곤(구속형)>나고는

- 몸(身)+하(호격)

- ᄒ올로 : 홀로 * ᄒ봉ᅀᅡ>ᄒ오ᅀᅡ>호ᅀᅡ>호아>호자>혼자

- 녈셔 : 녀+ㄹ셔(감탄형)>지내는구나

- '니다, 녀다, 녜다' --> 가다(行), 살아가다(生), 계속하다(進行)

3연   2월(연등일) - 등불 - 송축

　　◦ 다호라 : 다ᄒ(형)+오라(감탄형)>같구나, 답구나
　　　　　　　답+오라>다ᄫᅩ라>다오라>다호라 (ㅂ>ᄫ>오>호)

　　◦ 가다가 가다가 드로라(듣+오라) <청산별곡>

　　◦ 비취실>비추+이(피동)+시+ㄹ(관형형어미)

　　◦ 즈ᅴ샷다 : 즞(용모)+이(서술격)>즈시>즈ᅴ+샷다(존칭감탄형)>
　　　　　　　모습이도다

　　◦ 즞[容貌] : ᄂᆞᆾ[顔面] : 얼굴[形體]

4연   3월 - 달욋곶 - 송축

　　◦ 만춘 : 滿春(晩春)

　　◦ ᄃᆞᆯ욋고지여 : ᄃᆞᆯ욋곶(명)+이여(감탄사)> 진달래꽃, 달래꽃, 달 아
　　　　　　　래 핀 욋꽃, 달 아래 핀 오얏꽃

　　◦ ᄂᆞ미 : ᄂᆞᆷ(명)+이(관)>남[他人]의

　　◦ 브롤 : 블(동)+오(선어말)+ㄹ(관)>부러워할

　　◦ 블(동사) : 부러워하다 / 부럽다(형용사)>블(동)+업다(접미사)

　　◦ 디녀 : 디니(동)+어(나열형)>지니어

　　◦ 나+샷다(감)>나시도다

5연   4월 - 곳고리 - 애련

　　◦ 닛[忘]+어>잊어

　　◦ 오+시(비존칭)+ㄹ셔(감)>오도다

　　◦ 곳고리새+여(감탄호격)>곳골(의성어)+이(접미사)>곳고리>꾀꼬
　　　　리(경음화)

　　◦ 므슴(관)+다(부접)>어찌하여, 무슨 까닭으로
　　　*므슴(관)+다(의명)>어인 일로

　　◦ 錄事+님(접미)+은(보조)

　∘錄事(녹사) : 고려 때 吏屬의 하나

　∘녯나롤 : ① 녯날+올

　　　　　② 녯+나+롤>옛날의 나를

　∘닛고신뎌 : 닛(동)+고(부)+시(형용사 이시>잇)+ㄴ뎌(의문형감

　　　　　　탄)>잊고계신가?

　예) 어동졍 된뎌이고>되다(동사)+ㄴ뎌이고, 과거감탄>

　　　　더옥 아득흔뎌이고>아득흔(형용사)+ㄴ뎌이고, 현재감탄>

　　　　　　　　　　　　　　　　　　　　　　　<속미인곡>

6연　5월 - (단오) - 아춤약 - 頌禱

　∘오일+애(처소)

　∘아춤>아츰>아침(전설모음)

　∘藥 : 익모초

　∘힐 : 히(年)+ㄹ>해를

　∘長存흥+샤(시의 이형태)+아(선어말)+ㄹ(관)

　∘藥+이(서술)+라(구속형)

　∘받즙노이다 : 받+즙+노이다(존칭서술)

　∘ㄴ+오+이다>노이다

7연　6월(유두) - 빗 - 애련

　∘별해 : 별(벼랑)+ㅎ(ㅎ곡용어)+애>벼랑에

　∘삭삭기 셰몰애 별헤 구은밤 닷 되를 심고이다 <정석가>

　∘ᄇᆞ론 : ᄇᆞ리+오(선어말)+ㄴ(관)>버린

　∘젹곰 : 젹[小]+곰(접미사)>죡곰>조금

　∘좃니노이다 : 좃(좇-8종성법)[從]+니[行]+노이다(존칭서술)

8연　百種 : 百中, 7월 15일로 죽은 이를 위하여 여러 가지 음식과 과실을

　　　　차려놓고 빌었다고 함.

○ 니믈 흔듸 : 님+을(동반격)>님과 한 곳에(함께)

○ 고어에서는 흔듸 앞에서 '과' 대신에 '을'이나 '은'을 사용함

　예) 넉시라도 님은 흔듸 녀져라 아으(정과정)

　　　넉시라도 니믈 흔듸 녀닛 景 너기다니 <만전춘>

○ 흔듸 : 흔(같은, 한)+듸(곳)>함께, 한데

○ 녀가져 : 녀(生)+가(往)+져(의도형)>살아가고자

○ 비슙노이다 : 빌+슙+노이다>비옵나이다

9연　8월 - 가배 - 연모

○ 嘉俳나리무른 : 嘉俳날+이(서술)+마른(방임)>가배날이지마는

　*가빈>가뷔>가외>가위[秋夕, 中秋]

○ 마른>마는>마는

　예) 西京이 셔울히마르는(서경별곡)

　　　잡슨와 두어리마느는(가시리)

　　　天下ㅣ 恩澤이 하거신마른(두시언해)

　　　사름미 누늘 놀래언마는(두시언해)

○ 뫼시어>모시어(동음생략)

○ 녀+곤(구속)>지내야만

○ 오늘낤 : 오늘+날+ㅅ(주격촉음)>오늘날이

○ 오눐 : 오늘+ㅅ(관형격촉음)+날

　* 오눐날 <용비어천가>

　　오눐날 <내훈>

10연　9월(중양절) - 黃花 - 적요

○ 고지 : 곶이>꽃이

○ 새셔 : ① 새(茅)+셔(椽)>초가집

　예) 새지비[茅屋] <두시언해>

셔연(椽, 서까래) <훈몽자회>

　　② 歲序가 晩ᄒ얘라>세월(금년)이 늦어가는구나

◦가만ᄒ(형)+얘라(감)>조용하구나

11연　10월 - ᄇ 릇 - 애련

◦져미연 : 져미(동, 細切)+연(관형형)>잘게 자른

◦ᄇ 릇 : 보리수

12연　11월 - 한삼 - 비련

◦봉당 : 안방과 건넌방 사이에 있는 땅

◦둪+어>덮어

◦슬홀사려온뎌 : 슳(형)+올(관)+ᄉ(의존명)+라오(비교)+ㄴ뎌
(감)>슬픔보다 더하구나, 퍽 슬프구나

예) 널라와(너보다) 시름 한 나도 <청산별곡>

◦고우닐 : 곱+은(관)+이(의존명사)+ㄹ(목)>고운 이를

◦곱은>고ᄫᆞᆫ>고온>고운

◦스싀옴 : ① 스싀(부, 스스로)+곰(접, ㄱ탈락)>스스로

　　　　　　② 스치(思)의 오기+곰(강세접)>생각하고 생각하며

13연　12월 - 져 - 애련

◦분디남ᄀ 로>분디나무로(고려 때 분디나무로 져를 만든 습속이
있음)

◦남+ㄱ(ㄱ곡용)+ᄋ 로(사용격)>나무로

◦갓곤 : 갓+오(선어)+ㄴ>깎은

◦나슬 : 낫(동, 進上)+올>진상할

◦盤잇 : 盤(소반)+읫(특수처소격)+ᄉ(관형격)>소반에의, 소반에
있는

◦알ᄑᆡ : 앒+익>앞에

◦ 얼이노니 : 얼(嫁, 시집가다)+이(피동)+노니(설명)>시집보내지니

◦ 므르숩노이다 : 믈+읍+숩+노(ᄂᆞ+오)이다(존칭)>묻습니다

◦ 다른 사람에게 시집가게 된 기구한 운명을 노래함

5. 鄭石歌(정석가)

딩아돌하當今당금에게샹이다딩아돌하當今당금에게샹이다先王聖代
션왕셩ᄃᆡ예노니ᄋᆞ와지이다○삭삭기셰몰애별헤나ᄂᆞ삭삭기셰몰애
별헤나ᄂᆞ구은밤닷되를심고이다○그바미우미도다삭나거시아그바
미우미도다삭나거시아有德유덕ᄒᆞ신님믈여희ᄋᆞ와지이다○玉옥으
로蓮련ㅅ고즐사교이다玉옥으로蓮련ㅅ고즐사교이다바회우희　接株
졉듀ᄒᆞ요이다○그고지三同이퓌거시아그고지三同이퓌거시아　有德
유덕ᄒᆞ신님여희ᄋᆞ와지이다○므쇠로텰릭을몰아나ᄂᆞ므쇠로텰릭을
몰아나ᄂᆞ鐵絲텰ᄉᆞ로주롬바고이다○그오시다헐어시아그오시다헐
어시아有德유덕ᄒᆞ신님여희ᄋᆞ와지이다○므쇠로한쇼를디여다가므
쇠로한쇼를디여다가鐵樹山텰슈산애노호이다○그쇼ㅣ鐵草텰초를
머거아그쇼ㅣ鐵草텰초를머거아有德유덕ᄒᆞ신님여희ᄋᆞ와지이다○
구스리바회예디신ᄃᆞᆯ구스리바회예디신ᄃᆞᆯ긴힛ᄃᆞᆫ그츠리잇가나ᄂᆞᆫ즈
믄히를외오곰녀신ᄃᆞᆯ즈믄히를외오곰녀신ᄃᆞᆯ信신잇ᄃᆞᆫ그츠리잇가

<樂章歌詞>

<정석가>는 전 6연의 분절체로 '서사-본사-결사'의 3단 구성으로 음수
율은 3·3·4조이며 각연 6구 형식으로 이루어졌다. 주제는 임과의 변함
없는 영원한 사랑을 구가했으며, 불가능함을 전제로 설정하여 주제를 역

설적으로 표현하였다. 또한, 열거, 반복, 과장, 반어법을 사용하여 주제를 강조하였으며, 제6연은 '서경별곡'의 제2연과 같은 내용의 가사로 이루어졌다. 출전은 <악장가사>에 전편이, <시용향악보>에 제1연이 실려서 전한다.

[참고] 노래명인 '鄭石'은 노래의 첫머리에 나오는 '딩아 돌하(돌+ㅎ+아)'에서 '딩'과 '돌'을 의미하는데, '鄭石'은 징[鉦, 꽹과리]과 돌[磬, 경쇠]의 악기를 의인화한 것으로 본다.

연구문제

1. 이 작품에 주로 쓰인 표현기교를 주제와 연결시켜 생각해 보자.
2. 이 노래의 마지막 연과 '서경별곡'의 2연은 그 내용이 유사하다. 이를 비교해 보고, 그 이유에 대해 설명하라.
3. 'ㄱ' 곡용과 특수처소격에 해당되는 단어를 찾아 써라.
4. '노니ᅌᅩ와지이다', '심고이다', '몰아', '긴힛든'을 어법에 맞게 분석하라.

<어형 분석>

1연 ∘ 딩>징(鉦=꽹과리, 구개음화)+아(호격)
　　∘ 돌(磬=경쇠, 돌로만든 악기)ㅎ+아
　　∘ 鄭(우리음은 정, 중국음은 징)
　　∘ 계샹이다 : 계+시+아(선어말)+이다

　　　*시용향악보에는 '겨사이다'

　　◦ 先王聖代예 : 태평세월에

　　◦ 노니ᅌᅡ와지이다 : 놀+니+ᅀᆞᆸ+아+지(보조형)+이다>노니ᅀᆞ봐>노니
　　　ᅀᆞ와>노니ᅌᅡ와>노닐고 싶습니다

2연　◦ 삭삭기 : 바삭바삭(부)

　　◦ 셰몰애 : 셰(가늘다, 細)+ 모래

　　◦ 별ㅎ+에>벼랑에

　　◦ 나ᄂᆞᆫ : 흥을 돕는 여음

　　◦ 심고이다 : 쉼(植)+오(선어말)+이다>심습니다

　　◦ 나거시아 : 나(동)+거(어미)+시+아(구속형)>나시거아>나시거든

　　◦ 여히ᅌᅡ와지이다>여히+ᅀᆞᆸ+아+지+이다>이별하고 싶습니다.

3연　◦ 사교이다 : 사기+오+이다>새깁니다

　　◦ 바회>바휘>바위(ㅎ 탈락)

　　◦ 우희 : 우+ㅎ(ㅎ 곡용)+의(특수처소격, 에)>위에

　　◦ 三同이 : 세 묶음이

　　◦ 퓌거시아 : 퓌(동)+거+시+아>피어시아>피어야

　　◦ 프다>퓌다>픠다>피다

4연　◦ 텰릭을 : 쳘릭>쳘릭(天翼, 옛 무관 公服의 한 가지)

　　◦ ᄆᆞᆯ아 : ᄆᆞᄅᆞ(裁)+아>재단하여

　　예) ᄀᆞ슬히 동정엣 돌히 ᄆᆞᄅᆞ고(乾, 마르고) <두시언해>

　　◦ 바고이다>박+오+이다

　　◦ 헐어시아 : 헐+거(어미)+시(비존칭)+아(구속)>헐어시아>헐어야

5연　◦ 한쇼를 : 한(大)+쇼(소)◦큰 소를

　　◦ 디여다가 : 디(주조하다)+여다가(나열형)>주조하여다가

　　◦ 노호이다 : 놓+오+이다

　　　　◦ 머거야 : 먹+어야(구속형)

6연　◦ 디신돌 : 디(떨어지다)+시(비존칭)+ㄴ 돌(구속)>떨어진들

　　　　◦ 긴힛든 : 긴(끈)+ㅎ+잇돈(구속)>끈이야

　　　　◦ 외오곰 : 외오(부)+곰(강세)접미사>외따로, 홀로

　　　　◦ 늙거야 무스 일로 <u>외오</u> 두고 그리는고 <사미인곡>

6. 가시리

> 가시리가시리잇고나는 ᄇ리고가시리잇고나는 위증즐가大平盛大대
> 평셩딕○날러는엇디살라ᄒ고ᄇ리고가시리잇고나는 위증즐가大平
> 盛大대평셩딕○잡ᄉ와두어리마ᄂᆞᄂ 선ᄒ면아니올셰라나는 위증즐
> 가大平盛大대평셩딕○셜온님보내ᄋᆸ노니나는가시는 듯도셔오쇼셔
> 나는 위증즐가大平盛大대평셩딕 (樂章歌詞)

　　<가시리>는 4연 2구의 분절체이며 3음보, 3·3·2의 음수율로 이별의
정한을 노래한 작품이다. 고려가요의 <서경별곡>, 민요의 <아리랑>, 황
진이 시조 <어져 내 일이야>, 김소월의 <진달래꽃>과 접맥되며, 기·
승·전·결의 구성 속에 반복과 점층<애원과 호소-극한상황-체념(哀而
不悲)-이별의 정한(작가의 심정 반영)법을 사용하여 전개한 점이 돋보
인다. 특히, 후렴구와 여음(나는)을 제외하면 모두 67자로 이루어진 간결
한 형식에 함축성 있는 시어로 화자의 정조를 담은 점이 뛰어나다.

　　후렴구는 태평성대의 의미로 보면 노래내용과 다른데 아마도 궁중속
악으로 쓰이면서 들어간 것으로 본다. 고려가요 중 이별의 정한을 노래한
뛰어난 작품이며, 민족의 전통적 정한의 정서를 함축성 있는 시어를 사용

해 노래하였다. 배경설화로는 <禮成江曲>이 있으며, 출전은 <악장가사>
이다. <시용향악보>에는 1연만 수록되고 그 제목을 곡조명인 '歸乎曲'
(귀호곡)이라 하였다.

[참고] '禮成江曲(예성강곡) 前篇'은 '가시리'와 유사한 작품이지만 차이
점은 '가시리'가 여성적 자아라면, 본 작품은 남성적 자아라는 점이다.
옛날 고려 때 賀頭綱(하두강)이라는 중국 상인이 예성강에 이르러 아름
다운 부인을 보고 탐내어 그 여자의 남편과 바둑내기를 하였다. 처음에
는 지던 하두강이 마지막에 부인을 걸고 내기를 해 이겨서 그 부인을
배에 싣고 떠날 때 그 부인의 남편이 후회하면서 부른 노래가 예성강곡
전편이다. 배가 바다 한 가운데 이르러 맴을 돌고 나가지 못하자, 점쟁이
에게 점을 쳤더니 이 배 안에 절개가 곧은 부인이 타서 그러니 그 부인을
돌려보내지 않으면 큰 화를 입을 것이라고 일러, 하두강은 하는 수 없이
배를 돌려 그 부인을 돌려 보냈는데 이 때 부른 노래가 '예성강 후편'이
라고 한다. <高麗史 樂志>

연구문제

1. 이 작품을 고려가요의 絶調라고 하는 이유를 설명해 보자.
2. 이 노래를 '서경별곡', '진달래꽃'과 형식 및 내용을 비교하라.
3. '선ᄒᆞ면', 'ᄇᆞ리다', '도셔'의 뜻과 '셜온'의 기본형을 밝혀라.

<어형 분석>

◦ 가시리잇고 : 가+시+리(미래시제)+잇고>가시렵니까

◦ 나는 : 여음(악률에 맞추기 위한 뜻 없는 소리)

◦ 브리고 : 브리다[棄, 捨] / 버리다[間, 展]

◦ 위(감탄사) 증즐가(악기의 의성어)

◦ 대평성딕 : 여음구이며 후렴구

◦ 날러는 : 나(대)+ㄹ(조음소)+러(악률에 맞추기 위한 무의미한 조음소)+
   는(보조사)>나는, 나더러는

◦ 녀러신고요 : 녀(行)+러+시+ㄴ고요>가 계신가요
   * <정읍사>에도 동일한 가사가 나옴

◦ 살라 : 살(동)+라(명령형)>살아라

◦ 잡ᄉ와 : 잡+습+아>잡ᄉ봐>잡ᄉ와>잡사와>잡아

◦ 두어리마ᄂᆞᆫ : 두+어(조음소)+ㄹ(관형형어미)+이(의존명사)+마ᄂᆞᆫ
   (방임형)>둘 것이지마는

◦ 선ᄒᆞ면 : 선ᄒᆞ(서운하다, 서낙하다)+면(구속)>서운하면

◦ 서낙ᄒᆞ(귀찮게 하면 정이 떨어지다)+면(구속)>귀찮게 해서 싫증이 나면

◦ 선ᄒᆞ다 : ① 서운하다(음수율)

          ② 너무 지나쳐서 싫증이 나다   예)선웃음, 선머슴

◦ 올셰라 : 오(동)+ㄹ셰라(의구형)>올까 두렵다

◦ 셜온 : 셟(형)+은(관)>셜본>셜운>셜온>서러운

◦ 보내ᅌᅳᆸ노니 : 보내+습+노니(ᄂᆞ+오, 설명)>보내옵노니>보내오니

◦ 돗(부사) : 듯이, 하자마자 곧
   예) 프른 어이ᄒᆞ야 프르는 돗 누르ᄂᆞ니 <윤선도 시조>

◦ 도셔 : 돌(廻)+셔(立)+어(나열)>돌아서서

7. 相杵歌(상저가)

> 듥긔동방해나디히히애게우즌바비나지서히애아마님어마님씌받줍
> 고히야해남거시든내머고리히야해히야해 <時用鄕樂譜>

<상저가>는 4구 3음보 3,3,2조의 비연시로 일종의 민요조의 노동요로
볼 수 있다. 주제는 '부모님에 대한 효심'으로 그 특징은 신라 백결 선생
이 방앗노래로 지었다는 '碓樂(대악)'과 관련이 있으며, 연시일 가능성이
있다. 'ㅿ, ㆁ'의 음가를 사용해 임진란을 전후한 시기에 기록된 작품으로
볼 수 있으며, 농촌 부녀자들의 순박한 생활감정을 소박하게 표현하였다.
출전은 <시용향악보>이다.

연구문제

1. 이 작품을 통해서 당시 사람들의 생활 감정을 써라.
2. 이 노래의 표기법은 어느 특정 시대의 것이라고 볼 수 있는 근거를
   찾아 써라.
3. 이 노래를 현대어로 풀이하라.
4. '디허', '게우즌', '지서', '남거시든'을 분석하라.

<어형 분석>

∘듥긔동 : 덜거덩, 쿵더쿵(방아 찧는 의성어)
∘방해나 : 방하+ㅣ나(보조사)>방아나

◦ 디허 : 딯(동)+어>찧어

◦ 딯다>띻다>찧다

◦ 짛다(命名) / 짓다(作)

예) 바비나 지서(짓+어)

　　아바님 지흐신(짛+으+신) 일훔 엇더ᄒᆞ시니 <용비어천가 90>

◦ 히애 : ① 노래의 가락을 맞추기 위해 쓰인 감탄사

　　　　② 둘이나 셋이서 절구를 찧으며 부른 노래로 '히애'가 신호가

　　　　　되어 공이가 서로 부딪지 않게 호흡을 맞춤

◦ 게우즌 : 게(거칠다, 접두사)+궂(ㄱ탈락)+은(관)>거칠은(거친)

◦ 구즌>우즌 (궂은>웆은)

예) 구즌 가포믈 얻ᄂᆞ니라 <월인석보>

◦ 지서 : 짓(作)+어

◦ 남거시든 : 남+거+시(비존칭)+든>남으시거든(음운도치)>남으면

◦ 머고리 : 먹+오+리(미래)>먹으리라.

8. 思母曲(사모곡)

ᄒᆞ믹도ᄂᆞᆯ히어신마ᄅᆞᄂᆞᆫ낟ᄀᆞ티들리도어쁘섀라아바님도어ᅀᅵ어신마
ᄅᆞᄂᆞᆫ위덩더둥셩어마님ᄀᆞ티괴시리어쎼라아소님하어마님ᄀᆞ티괴시
리어쎼라 <時用鄕樂譜>
호믹도ᄂᆞᆯ히언마ᄅᆞᄂᆞᆫ낟ᄀᆞ티들리도업스니이다아바님도어이어신마
ᄅᆞᄂᆞᆫ위덩덩둥셩어마님ᄀᆞ티괴시리업세라 <樂章歌詞>

　<사모곡>은 非聯詩 형태로 주제는 어머니의 사랑을 그렸다. 특징으로

는 신라시대 '木州歌'와 주제가 비슷하며, 끝 귀절 첫머리에 감탄사가 있어 향가의 잔영으로 보아 초기 작품임을 추측할 수 있다. 그리고 <악장가사>에 수록된 고려가요 중 가장 짧은 노래로 솔직한 감정을 매우 소박하게 읊었으며, 어머니와 아버지의 사랑을 낫과 호미로 비유(은유법)하여 어머니의 사랑을 간절히 나타냈다. 출전은 <樂章歌詞>와 <時用鄕樂譜>이며, <時用鄕樂譜>에는 '엇노리'로 전한다. 두 출전을 비교해 차이가 나는 것을 제시하면 '어쓰셰라 : 업스니이다, 어싀어신 : 어이어신, 어뻬라 : 업세라' 등을 들 수 있다.

[참고] 木州歌(목주가)는 목주에 사는 효녀가 부친과 계모를 정성껏 봉양하였으나 부친마저 계모에 유혹되어 효녀를 쫓아 내자 이 노래를 지어 돌아가신 어머님의 사랑을 읊었다고 한다.

연구문제

1. 이 노래에서 사용한 두드러진 수사법은 무엇인가?
2. 이 노래가 세종 당시에 기록되었다면 초성이 달라질 단어는?
3. 이 노래를 '시용향악보'에서는 속칭 무엇이라 했으며, 그 뜻은?
4. 母情이 曲盡하게 나타난 곳은?
5. '놀히언마ᄅᆞᆫ', '들리도', '어이어신마ᄅᆞᆫ', '괴시리', '업세라'을 분석하라.
6. <악장가사>와 <시용향학보>에 실린 작품의 차이점을 제시하라.

<어형 분석>

◦ 호미도 : 호미(호믹>호미)+도(보조사)

◦ 늘히언마ᄅᆞᄂᆞᆫ : 날(刃)+ㅎ(ㅎ 곡용)+이(서술격조사)+어(거, 시제어미)+
ㄴ+마ᄅᆞᄂᆞᆫ(방임형)

◦ 마른 : 마른+ᄋᆞᆫ>마ᄅᆞᄂᆞᆫ

◦ 날ᄀᆞ티 : 날(낫)+ᄀᆞ티(비교격)>낫 같이

◦ 들리도 : 들+ㄹ(관형형어미)+리(의존명사, 까닭이나 이유)+도(보조)

◦ 없+으+니이다>없습니다

◦ 어이어신마ᄅᆞᄂᆞᆫ : 어이(엇[母]+이>어시>어ᄉᆞ>어이>어버이)+어(거,시
제어미)+시(존칭)+마ᄅᆞᄂᆞᆫ(방임)>어버이신건마는
 * 함경도 지방에서는 '어이'를 어버이라고 함

◦ 엇(母)+이(접미사)>어시>어ᄉᆞ>어이>어머니

◦ 업(父)+이(접미사)>어비>아버지
예) 어비 아ᄃᆞ리 사ᄅᆞ시리잇고 <용비어천가 52>
　　父는 아비(아버지)오 <월인석보 14>
　　그 아비(아저씨)는 올히 나이 열아호비오 <박통사 상46>
　　휘휘 아비(아저씨) 내 손모글 <쌍화점>

◦ 업(父)+엇(母)+이>어버시>어버ᄉᆞ>어버이(어이)

◦ 괴시리 : 괴(사랑하다)+시(존칭)+ㄹ(관형형어미)+이(의존명사)

◦ 업세라 : 없+에라(감탄형어미)>없도다

◦ 아소 : 아(감탄사), 말 마시오
 * <정과정> 후렴구에 나오는 감탄사와 일치하므로 향가 잔영으로 초
기의 고려속요로 봄

9. 雙花店(쌍화점)

雙花店솽화뎜에雙花솽화사라가고신된回回휘휘아비내손모글주여
이다이말ᄉᆞ미이店뎜밧긔나명들명다로러거디러죠고맛감삿기광대
네마리라호리라더러둥셩다리러디러다리러디러다로러거디러다로
러긔자리예나도자라가리라위위다로러거디러나로러긔잔된ᄀᆞ티덦
거츠니업다○三臟寺삼장ᄉᆞ애블혀라가로신된그뎔社主샤쥬ㅣ내손
모글주여이다이말ᄉᆞ미이뎔밧긔나명들명다로러거디러죠고맛간삿
기上座샹좌ㅣ네마리라호리라더러둥셩다리러디러다리러디러다로
러거디러다로러긔자리예나도자라가리라위위다로러거디러다로러
긔잔된ᄀᆞ티덦거츠니업다○드레우므레므를길라가로신된우뭀龍룡
이내손모글주여이다이말ᄉᆞ미이우믈밧ㅅ긔나명들명다로러거디러
죠고맛감드레바가네마리라호리라더러둥셩다리러디러다리러디러
다로러거디러다로러긔자리예나도자라가리라위위다로러거디러다
로러긔잔된ᄀᆞ티덦거츠니업다○술풀지븨수를사라가로신된그짓아
비내손모글주여이다이말ᄉᆞ미이집밧긔나명들명다로러거디러죠고
맛감싀구바가네마리라호리라더러둥셩다리러디러다리러디러다로
러거디러다로러긔자리예나도자라가리라위위다로러거디러다로러
긔잔된ᄀᆞ티덦거츠니업다   <樂章歌詞>

<쌍화점>은 충렬왕 때(13세기)의 작품으로 형태는 4연으로 구성되었
으며, 매연 6구(후렴구 중 2구 제외)와 4·4·4조의 음수율을 갖는다.
고려 속요 중 연대가 분명한 노래이며, 당시 성적 문란한 시대적 상황의
풍자와 상징을 보여준다. 조선 성종 때 '男女相悅之詞'라 해서 배척되었
으며, <고려사>(樂志)에는 제2연만 취하여 <三藏(삼장)>이라 하였다.
  <雙花店>은 모두 4연으로 각 연은 작품 구조상 동일한 형식을 취하고

있다. 장소와 목적, 그리고 등장인물(시적화자인 여인, 상대자인 남성, 목격자)이 다르고 같은 내용이 반복된다. 그러므로 각 연은 주로 3음보의 정형성과 4,4,4의 음수율의 반복으로 정형적인 통사구조를 지닌다. 출전은 <악장가사>이다.

[참고] <쌍화점>의 4음보 형식

<쌍화점> 4행이 4음보로 된 것은 '죠고맛간'이 첨부되었기 때문이다. '죠고맛감 삿기광대'는 '조그마한 어린 광대'의 의미로 '조그마한'과 '어린'은 동의어로 볼 수 있다. 어느 하나를 생략해도 무방하다. 실제로 3장과 4장에서는 '두레바가', '싀구비가'로 '삿기'란 말이 없다. 이는 '하찮은' 것을 나타내기 위함도 있지만 음수율을 맞추기 위함이다. 특히 이에 대한 언급이『高麗史』<三藏>에는 없지만, <雙花店>에 있는 것으로 보아 음수율과 음보율을 의도적으로 맞추기 위해 더 넣은 것으로 볼 수 있다. 특히 4음보는 <翰林別曲>의 영향으로 볼 수 있다. 또한 <雙花店>의 여음구인 '위위' 역시 <翰林別曲>의 4행과 6행에 '위'의 영향으로 볼 수 있는데 이 역시 아무 의미없는 것으로 본다.『大樂後譜』의 <雙花店> 제1연에는 '죠고맛감'과 '삿기'가 모두 있으나, 제2연은 '죠고맛간'은 없고 '삿기'만 있다.

연구문제

1. 각 연에서 중심이 되는 구절은 무엇인가?
2. 등장 인물 중 은유로 표현된 말을 찾아 써라.
3. '우뭇'과 '짓'에 나타난 공통된 음운현상은?
4. 이 노래의 주제는 무엇인가?
5. '긔자리'와 '긔 잔듸ㄱ티'를 문법적으로 분석하라.
6. '밧긔', '죠고맛감', '삿기', '덦거츠니', '짓아비'를 분석하라.

<어형 분석>

◦ 雙花店 : 霜花(상화떡=胡떡=만두)+店(가게)
* 그러나 '세공품 가게'로 보는 것이 좋음(자세한 것은 <참고>를 참조)
◦ 가고신된 : 가+고+시(비존)+ㄴ된>가+곤된(구속)>가니까(갔더니)
◦ 휘휘(回回) : 色目人(서역인)>터기, 몽고, 이란, 아라비아 등 서역에서 온
외국인의 총칭
* 『高麗寺』에 무슬림을 回回人이라 하였는데, 이 回回(Hui-Hui)는 宋
朝에 이르러 위구르족인 회흘(回紇, Hui-ho)로 지칭되었고, 원말에는
위구르를 내포하여 무슬림이라는 이슬람 문화권의 종족을 지칭하는
뜻으로 변하였음(『高麗寺』권 103, 권 43).
◦ 아비 : ① 아버지
② 남자의 범칭인 아저씨
예) 그 아비는 올힉 나이 열 아호비오 <朴通事諺解>
◦ 주여이다 : 쥐+어이다(감탄)>쥐도다
◦ 말슴미>말슴+미(혼철표기)>말씀이3)

◦ 밧긔 : 밧(外)+ㄱ(ㄱ곡용어)+의(특수처소격)>밖에

　* 밧기(주격), 밧ᄀᆞᆫ(주제격), 밧ᄀᆞᆯ(목적격), 밧과(공동격)

◦ 나며들명 : 나며들며('ㅇ'은 강세접미사로 의미가 없음)

　예) 이링공 뎌링공ᄒᆞ야 나즈란 디내와숀뎌 <靑山別曲>

　　　떼만흔 ᄀᆞᆯ며기는 오명가명 ᄒᆞ거든 <도산12곡>

◦ 다로러거디러 : 의미 없는 사설(여음)

◦ 죠고맛감 : 죡(적=少)+오+맛감('맛간'의 오기, 접미사)>조그마한

◦ 삿기 : 새끼(ㅣ모음동화)>어린

　예) 금강대 민 우층의 선학이 삿기치니 <관동별곡>

◦ 긔 자리 : 그(지시대명사) + ㅣ(관형격) + 자리(명사) + 에>그의 자리에

◦ 긔 잔듸ᄀᆞ티 : 그(지시대명사)+ㅣ(주격)+자+ㄴ(관형사형어미)+듸(의
　존)+ᄀᆞ티>그가 잔 곳같이

　* '긔자리예'는 관형격인 '그의 자리에'로, '긔잔듸ᄀᆞ티'는 주격으로
　　'그가 잔곳 같이'로 해석해야 함

◦ 덦거츠니 : ① '덦거츠르니'의 오기

　　　　　　② 덦거츨(어수선하다, 뒤엉클어지다)+은+이(의존)>어수
　　　　　　　선한 것이, 뒤엉클어진 것이

　　　　　　　덦거츨다 : 답답하다

　　　　　　③ '답가오니'의 오기

　　　　　　　답갑(우울하다, 안타깝다)+ᄋᆞ+니>답가ᄫᅵ니>답가오니>

　　　　　　　답가+오+ㄴ+이>우울한 것이, 안따까운 것이

　　　　　　　예) 興心이 다ᄋᆞ니 ᄀᆞᆺ 답가오미 업더니 <두시언해>

　　　　　　　　살히 덥고 안히 답갑거늘 <월인석보>

---

3) '말ᄉᆞᆷ+미(1연)' : '말ᄉᆞ+미(2,3,4연)'이 다르게 나타난다. 혼철표기와 연철
　표기가 혼합 형태로 보인다. 그리고 15세기에는 주로 '말ᄊᆞᆷ'으로 표기되
　어 나타난다.

∘ 뎔 : 절(구개음화, 단모음화)
∘ 사주(社主) : 寺主(절의 주지)4)
∘ 上座ㅣ : 소승+ㅣ(호격)>소승아
∘ 드레우므레 : 드레우물+에(두레박으로 긷는 우물에)
　예) 그제 줄 드레로 믈을 깃ᄂᆞ니라 <老乞大諺解>
∘ 우믓 : 우믈(ㄹ탈락)+ㅅ(관형격촉음)>우물의
∘ 폴 : 폴+ㄹ(관)>파는
∘ 짓아비 : 집+ㅅ>짒>짓(ㅂ탈락)>집+아비(아저씨)
　예) 이웃짓 브른 바미 깁ᄃᆞ록 븘갯도다 <두시언해>
　　　지아비(夫) 어딜며 사오나오매 <내훈>
∘ 싀구비가 : '싀구바가'의 오기
∘ 싀구바가 : 싀구박(싀굴형에 더러운 물을 퍼내는 바가지)+아(호격)
* 싀구>시궁(창)

[참고] '雙花'의 의미
　지금까지 거의 모든 연구자가 쌍화(雙花)를 '霜花'로 보아 '만두'로
해석해 왔다. 퇴계집에는 '쌍화'를 '霜花'로 기록하고 있으며, 金亨奎
(1982)는 문헌을 통해 '雙花'나 '霜花'는 '상화'의 音譯으로, 이 말은 胡
떡, 즉 饅頭를 일컫는 말로 일찍부터 있었다고 했다.5) 그러나 '상화병'과

---

4) '寺主'라고 해야 하는데 '社主'라고 한 이유에 대해 梁柱東(1947:269)은 '寺'
　를 '社'로 칭함은 麗代의 한 習俗이었다고 하고, 고영근·남기심(1997:471)
　은 高麗時代의 '社'는 '寺'보다 한 등급 아래의 절이라 했음. 그러나 '社'는
　불교의 개혁운동인 結社運動으로 지방에 세워진 절을 의미한다.
5) 流頭 .... 以小麥麵...和蜜蒸之 曰霜花餠 <東國歲時記>
　饅頭 -- 상화 <譯語類解 : 上 · 食餌>
　饅頭 -- 상화 -- 먼투 <同文類解 : 上 · 59>
　상화소에 쓰니라(饅頭餡兒裏使了) <老乞 : 下 · 35>

'상화'는 구별되어야 할 것으로 霜花餠은 만두떡을 의미한다.[6] 반면에 <雙花店>의 쌍화[霜花]는 만두떡의 의미가 아니다. 이에 최철(1995:62) 은 만두는 새끼광대와 연결이 자연스럽지 못하므로 타당하지 않으며, 다른 연의 의미흐름과 같은 맥락에서 보면 '쌍화점'은 '쌍화'를 파는 곳이고, '回回아비'는 그 주인이 되며, '삿기광대'는 '쌍화점'에서 일하는 사람이기 때문에 '쌍화'는 광대들이 파는 물건(연희와 관계되는 도구)이라고 추정해 필자와 비슷한 견해를 제시했다. 그러나 이는 광대에 초점을 둔 막연한 해석이다.

中韓辭典(1989)에는 霜花[솽화, shuānghuā]에 대해서 '① 성에 ② 서리 모양의 細工'이라 하였다. 따라서 쌍화점은 '세공품 가게'로 보는 것이 타당하다. 원의 지배하에 서역인들인 回回人들이 광대를 두고 개경에서 만두를 팔았다고 볼 수는 없다. 당시 부녀자들을 상대로 액세서리의 일종인 물건을 팔았다는 것이 합리적이다. 이러한 세공품에 대해서는 『三國史記』(권 33, 雜志 2, 色服條)에 잘 보여주고 있다. 回回人과 교역을 시작한 것은 신라시대로, 서역과의 교역품으로 로마형 유리기구를 들수 있다. 5,6세기 신라고분인 金冠塚, 金鈴塚, 天馬塚 등에서 각종 유리기구가 출토되었다. 이것들은 4,5세기경 지중해 연안에서 제작된 후, 서역계 상인들에 의해 전래된 것으로 본다. 보석류로는 타슈켄트, 사마르칸트 지방에서 산출된 瑟瑟과 玉(일종의 에머랄드)으로 이는 중국에서 널리 사용된 사치품 중의 하나인 슬슬은 여자들의 빗장식으로 사용되었다. 또한, 『三國史記』에는 이러한 슬슬의 사용금지와 옥을 원료로 하는 다양한 제작기법에 대해 언급하고 있다. 『太宗實錄』(권 23)에 의하면, 고려시대에는 回回人의 지도자인 都老가 수정으로 모자에 다는 구슬을 만들어

---

6) 상화병(霜花餠)은 밀가루떡의 하나로 밀가루에 술을 넣고 반죽하여 부풀린 다음 팥소, 채소, 고기볶음 등을 넣고 싸서 시루에 찐 떡이다. 이는 원의 지배를 받던 시대에 들어온 호떡의 일종으로 유두(流頭)날에 만들어 먹던 節食이다.

드리니 왕이 기뻐하였으며, 도로는 이에 산천을 두루 다니게 하면 이와 같은 보석들을 얻을 수 있다고 한다. 도로와 같은 무슬림들은 이러한 뛰어난 보석 세공기술을 바탕으로 왕과 왕실에 가공된 각종 보석을 進上하고 상당한 수준의 사회·경제적 입지를 마련할 수 있었다. 무슬림 상인들은 궁중물품의 거래를 위축하고 그 이익으로 왕실의 각종 비용을 충당하였다. 이들은 동서교역을 실제로 주도해온 교역의 경륜과 자본증식의 방책에 해박한 전문가적 지식을 갖고 있었다.[7]

---

7) 이외에 <대구 영남대 박물관 소장>인 西域 여인의 얼굴을 새긴 古代 목걸이가 있다. 象嵌 유리구슬附 목걸이가 신라시대의 액세서리로 味鄒王(신라 제13대왕, 262-284) 왕릉구구의 C지구 4호분서 출토되었다. 29개의 청색유리 丸玉과 1개의 청색 管玉, 16개의 홍색 瑪瑙 환옥으로 이루어진 고리에, 유리제 환옥과 수정구슬 그리고 홍색 마노 曲玉이 각각 1개씩 달려 있다. 길이는 24㎝이다. 밑에 달려 있는 유리구슬 속에는 푸른 눈의 西域여인 얼굴과, 황색, 백색의 새와 구름이 象嵌되어 있다. 西域에서 전해진 유리구슬로 보인다. 또한, '건축 장식'에서도 서역인의 세공기술을 알 수 있다. 종교적 장식을 위해서 工藝人들은 나뭇잎(예, 부채꼴 모양의 클로바잎)과 줄기, 꽃, 별 및 다른 幾何學的 모양을 즐겨 사용한다. 이것들이 주내용물이 되어 고딕 건축양식에도 영향을 주었으며 심지어 아라베스크(푸른색, 청록색, 노란색, 흰색)라는 말이 서유럽언어에 들어갔다. 중앙아시아의 초원에서 살던 터키인들은 여러 가지 새로운 것을 도입하여 이슬람의 전통공예품으로 만들었다. 양탄자 가운데 抽象的인 幾何學的 무늬, 구운 벽돌과 청록색 또는 코발트색 타일을 만드는 기술도 창안, 놋쇠나 구리판에다 은으로 무늬를 새겨 넣는 기술에도 능했다. 서구에서 인기있는 꽃들인 크로커스(crocus), 튤립, 라일락, 장미 등은 이란에서 유래되었으며, 오스만 터키인들도 히야신드, 푸른 초롱꽃(kluebell), 카네이션, 장미, 튤립 등은 오스만조에 제조된 타일과 도자기의 무늬에 들어 있다. <김정위(1993) 참조>

10. 西京別曲(서경별곡)

셔경(西京)이아즐가셔경(西京)이셔울히마르는위두어렁셩두어렁셩
다링디리○닷곤듸아즐가닷곤듸쇼셩경고요ㅣ마른위두어렁셩두어
렁셩다링디리여희므론아즐가여희므론질삼뵈ㅂ리시고두어렁셩두
어렁셩다링디리○괴시란듸아즐가괴시란듸우러곰좃니노이다위두
어렁셩두어렁셩다링디리○구스리아즐가구스리바회예디신둘위두
어렁셩두어렁셩다링디리○긴힛둔아즐가긴힛둔그치리잇가나는위
두어렁셩두어렁셩다링디리○즈믄히를아즐가즈믄히를외오곰녀신
둘위두어렁셩두어렁셩다링디리○신(信)잇둔아즐가신(信)잇둔 그
츠리잇가나는위두어렁셩두어렁셩다링디리○대동강(大洞江)아즐가
대동강(大洞江)너븐디몰라셔위두어렁셩두어렁셩다링디리○빅내여
아즐가빅내여노혼 다샤공아위두어렁셩두어렁셩다링디리○네가시
아즐가네가시럼난디 몰라셔위두어렁셩두어렁셩다링디리○녈빅 예
아즐가녈빅예연즌다샤공아위두어렁셩두어렁셩다링디리○대동강
(大洞江)아즐가대동강(大洞江)건너편고즐여위두어렁셩두어렁셩다
링디리○빅 타들면아즐가빅타들면것고리이다나는위두어렁셩두어
렁셩다링디리 <樂章歌詞>

<서경별곡>의 형태는 3연 4구(제3연은 6구)의 형식으로 기본 음수율
은 3 · 3 · 3조이다. 주제는 이별의 슬픔을 노래하였으며, 작품배경은 대
동강변이다. 특징으로는 세종 때 궁중의 宗廟樂으로 불려지다가 성종 때
'男女相悅之詞'라 하여 배척된 작품이다. 제2연은 <정석가>의 제6연과
내용이 같으며, <가시리>와 주제가 같으나 시적화자의 감정이 더 직접적
이다.

모든 것을 버리고서라도 끝까지 임을 따르겠다는 하소연과 어쩔 수

없는 이별을 받아들이면서도 강만 건너면 다른 여인과 사귀게 될 것이라는 염려와 질투심으로 님을 태워다 준 뱃사공을 원망하는 내용으로 구성되었다. 출전은 <악장가사>이며, <시용향악보>에는 첫째 구절과 후렴구만 전한다.

연구문제

1. 노래를 읊은 이의 性을 알려주는 근거는?
2. 임이 배를 타기 직전의 恨을 읊은 연은?
3. 각 구 앞에 동일어를 반복한 이유를 써라.
4. <정석가>에도 나오는 내용을 제시하고, 동일한 내용이 실린 이유를 설명하라.
5. '긴힛둔', '그츠리잇가', '가시', '연즌다', '노흔다', '녈비예', '네가 시럼난디'를 분석하라.

<어형 분석>

∘ 西京이 : 평양이

*개성 : 중경, 개경

∘ 아즐가 : 노래의 흥을 돕기 위해 쓰인 감탄사

∘ 셔울히마르는 : 셔울ㅎ+이(서술)+마르는(마른>마ᄂᆞ>마는, 방임, 음수율을 맞춤)>서울이지마는

∘ 시ᄫᆞᆯ>시볼>셔볼>셔울>서울

∘ 위(감탄사)+두어렁셩 두어렁셩 다링디리(악기소리를 흉내낸 소리로 노래의 흥을 돕는 후렴구)

◦ 닷곤 딕 : 닭(닦다, 重修하다=改修하다)+오+ㄴ(관)+딕(의존)>닦은 곳
◦ 쇼셩경 : 쇼(小)+셩경(城京)>작은 서울, 평양 성내의 어느 일부
◦ 고요ㅣ마른 : '괴요마른'의 오기, 고이(괴다)+오+이마른(이다마른)>사
  랑하지마는
◦ 여희므론 : 여희+(이별하다)+ㅁ(명사형)+으론(비교격)>이별하기보다
  는
◦ 질삼뵈 : 질삼>길쌈 베
◦ 괴시란딕>괴(사랑하다)+시(존칭)+란딕(구속)>사랑하신다면
◦ 우러곰 : 울+어(부사)+곰(강세접미사)>울면서
◦ 좃니노이다 : 좃(좇다)+니(行)+노이다(존칭서술, 누+오+이다)>따라가
  겠습니다.
◦ 너븐 디 : 넙+은+디(의존명, 딕>디)>넓은 줄
◦ 노흔다 : 놓+ㅇ+ㄴ다(과거의문)>놓았느냐?
◦ 가시 : 갓(妻)+이(주격)>아내가(뱃사공의 아내)
  예) 妻는 가시라 <월인석보>
◦ 럼난 디 : 럼나+ㄴ(관)+디(의존명)>정욕이 난 줄
  예) 情欲잇 이른 마ᅀᆞ미 즐거버ᅀᅡ ᄒᆞᄂᆞ니 나ᄂᆞᆫ 어제 시르미 기퍼 넘난
     ᄆᆞᅀᆞ미 업수니 <월인천강지곡>
◦ 연즌다 : 엱(얹다)+으+ㄴ다(의문)>얹었느냐?
◦ 고즐여 : 곶(고운 사람, 다른 여인)+을+여(감탄)
◦ 것고리이다 : 젂+오+리이다(미래존칭서술)>꺾겠습니다
◦ 모ᄅ다 : 몰+아>몰라
◦ 타들면 : 타[乘]+들[入]+면>타고 들어가면

4. 조선전기국어

朝鮮前期의 國語는 우리의 고유문자인 訓民正音의 창제(1443)부터 임진왜란(1592)까지이다. 종래에는 한문으로 기록하거나 한자를 빌려 우리말을 표기하였는데, 훈민정음의 창제로 당시의 우리말을 보다 자유롭게 기록할 수 있게 되었다. 고려의 도읍지인 개성에서 한양(서울)으로 조선의 도읍지가 바뀌면서 국어의 중심지도 전환되었지만, 경기 방언이 여전히 中央語로서의 위치를 차지하였기에 크게 변화된 것은 없었다. 이로써 신라어로 통일된 고대국어는 개성 지방을 기저로 한 고려어로 계승되었고, 이 고려어가 조선의 훈민정음으로 이어진 것이다.

훈민정음이 창제되기 이전에는 국어 변천의 특질을 잘 알 수 없었으나, 훈민정음의 창제로 국어의 음운적, 문법적 변천 등 당시 국어의 모습을 전체적으로 자세히 알 수 있게 되었다. 조선전기의 국어를 이해할 수 있는 중요한 자료는 다음과 같다. 즉, 15세기의 자료로는 '訓民正音解例本(1446), 龍飛御天歌(1447), 釋譜詳節(1447), 月印千江之曲(1447), 東國正韻(1448), 訓民正音諺解本(1459), 月印釋譜(1459), 楞嚴經諺解(1462), 法華經諺解(1463), 杜詩諺解初刊本(1481) 등이며, 16세기의 자료로는 '飜譯小學(1518), 訓蒙字會(1527), 時用鄕樂譜(중종), 千字文(1575), 小學諺解(1586), 孝經諺解(1590)' 등이 있다.

조선전기국어의 음운체계의 주요한 특징은 첫째, 모음 'ㆍ'와 자음 'ㅿ, ㅸ, ㆁ, ㆆ' 등이 사용되었고, 둘째, 모음 'ㅐ, ㅔ, ㅚ, ㅟ' 등이 모두 이중모음으로 사용되었으며, 셋째, 모음조화 현상이 매우 철저했으며, 넷째, 어두자음군을 사용하였으며, 다섯째, 아음(연구개음)의 이체자인 'ㆁ'을 초성에도 사용하였다.

그리고 조선전기 국어의 문법체계의 주요한 특징은, 첫째 동사 어간의 합성이 매우 자연스럽게 이루어졌으며, 둘째, 'ㄱ' 곡용과 'ㅎ' 말음 어간의 낱말('ㅎ' 종성 체언)이 많았고, 셋째, 명사나 동사 어간의 交替에 특수한 변화를 보이는 낱말이 많았으며, 넷째, 동사의 활용에서 특히 명사형 어미 '-ㅁ', 연결 어미 '-딕' 등의 앞에서 '-오/우-'가 삽입되었고, 다섯째, 관형격의 특수 용법, 즉 無情性의 낱말에는 'ㅅ'을, 有情性 낱말의 평칭에는 '익/의', 존칭에는 'ㅅ'이 사용되었으며, 여섯째, 높임법(겸양법)이 철저하게 사용된 점 등을 들 수 있다.

다음으로 문자생활을 살펴보면, 훈민정음은 어느 문자를 모방하거나 기존의 문자를 수정하여 개조한 문자가 아니고 독창적으로 만든 문자이다. 지극히 과학적이고도 철학적이며 실용적인 면에서 높은 평가를 받는다. 이러한 훈민정음의 특징을 들면 다음과 같다. 첫째, 훈민정음은 字母 28자(초성 17자, 중성 11자)의 체계로서, 초성의 기본자는 발음기관의 모양을 본떠 만들었고, 그 밖의 것은 기본자에 획을 더하거나, 모양을 달리한 이체자를 만들었다. 둘째, 중성은 'ㆍ, ㅡ, ㅣ'(天, 地, 人) 三才를 만들고, 나머지 모음은 이들을 서로 합하여 만들었다. 셋째, 자모의 운용에서 부서·연서·병서 등의 방법을 취했고, 넷째, 초성·중성·종성이 합하여 음절을 이루어 소리를 내는 成音法과, 다섯째, 성조를 표시하기 위하여 방점을 찍는 사성법 등을 만들어 사용하였다.

연구문제

1. 조선전기국어의 특징을 음운체계와 문법체계면에서 각각
   예를 들어 설명하라.
2. 15세기 국어와 16세기 국어자료를 통해서 알 수 있는 차이
   점은 무엇인지 설명하라.
3. 조선전기 국어의 시대적 배경과 국어사적 의의에 대해서
   설명하라.

4.1. 樂章(악장)

악장은 선왕의 업적을 찬양하고 임금의 덕을 기리는 송축가로 公私宴
享(공사연향)이나 宗廟祭樂(종묘제악) 형식에 노래로 부르기 위해 지은
詩歌이다. 건국의 창업, 선대 왕의 업적 칭송, 王의 만수무강 기원, 자손
의 번영 등을 송축하기 위해 조선 초에 발생하여 발달하였으나, 귀족 특
권층의 문학 양식이므로 백성과는 유리되어 곧 소멸되었다.

형식은 기본형이 2절 4구로 이루어졌으며, 이에 대한 대표적인 것은
조선 六祖의 업적을 칭송하고 후왕에 대한 경계를 나타낸 <용비어천가>
와 석가모니의 일대기를 그린 <月印千江之曲>이 있다.

이외에 속요체인 '感君恩(감군은), 新都歌(신도가)', 경기체가체인 '霜
臺別曲(상대별곡), 華山別曲(화산별곡)' 그리고 한시체인 '문덕곡, 정동
방곡, 납씨가, 봉황음' 등이 있다.

月印千江之曲(월인천강지곡)

<월인천강지곡>의 제작은 세종 29(1447)년, 간행은 세종31(1449)년에 세종대왕이 부처의 공덕을 찬양하기 위해 직접 지은 글이다. 2절 4구 형식의 580여 장으로 이루어진 장편 서사시이다. 원본은 세종 31년에 상·중·하 3권으로 간행되었으나 상권(194장)이 전한다.

동기는 세종이 소헌왕후 심씨의 명복을 빌기 위해 지은 것으로 세종은 우선 수양대군에게 '석보상절'을 짓게 하고 그 완성을 본 뒤 세종 자신이 이 노래를 지은 것이다. 의의로는 '용비어천가'와 함께 악장문학의 대표적 작품으로 15세기의 국어연구에 많은 도움을 주었다.

'월인천강지곡'은 "부톄 백억세계예 化身ᄒᆞ야 教化ᄒᆞ샤미 ᄃᆞ리 즈믄 ᄀᆞᄅᆞ매 비취요미 ᄀᆞᆮᄒᆞ니라."에서 나온 말이다. 이는 "부처가 많은 세계에 화신하여 나타나서 중생을 교화하심이, 달이 많은 강에 비치는 것과 같으니라."는 뜻으로 '돌'은 '세존'이요, '千江'은 '중생'을 비유한 말이다.

표기로는 훈민정음을 먼저 쓰고 한자를 다음에 썼으며, 받침표기가 종성부용초성으로 용비어천가보다 더욱 철저히 지켜졌다. 또한 분철표기('ㄴ,ㄹ,ㅁ,ㅿ,ㆁ 등 울림소리의 받침 + 모음으로 시작되는 조사나 어미)가 보이며, 사잇소리는 'ㅅ'으로 통일하였다.

[참고] 釋譜詳節(석보상절)·月印釋譜(월인석보)
 '석보상절'은 세종의 명에 따라 수양대군이 지은 것으로, 세종이 이를 보고 지은 것이 '월인천강지곡'이며, 뒤에 세조가 이를 합본하여 간행한 것이 '월인석보'이다.

연구문제

1. 이 작품의 표기법상의 특징을 기술하라.
2. 이 작품의 한자와 그 음의 배열 관계가 '訓民正音'과 '龍飛御天歌'
   와 어떻게 다른지 설명하라.
3. 다음을 어법에 맞게 분석하라.
   '슬ᄫᅳ리니, 안잿더시니, 일버ᅀᅡ, 내ᅀᅳᄫᅳ니, 니ᄅᆞ시니이다'

끠其힔一

외巍외巍 셕釋가迦불ᅙᅳ佛 무無량量무無변邊 공功득德을 겁劫겁劫에 어
느 다 슬ᄫᅳ리

끠其시二

셰世존尊ㅅ 일 슬ᄫᅳ리니 먼萬리里 외外ㅅ 일이시나 보논가 너기ᅀᅳᄫᅩ쇼셔
셰世존尊ㅅ 말 슬ᄫᅳ리니 쳔千진載 쌍上ㅅ 말이시나 귀예 듣는가 너기ᅀᅳ
ᄫᅩ쇼셔

끠其삼三

하阿승僧 끠前 셰世 겁劫에 님금 위位ㄹ ᄇᆞ리샤 정精샤舍애 안잿더시
니오五 빅百 젼前 셰世 원怨쓩讐ㅣ 나랏쳔 일버ᅀᅡ 정精샤舍ᄅᆞᆯ 디나아 가니

끠其ᄉᆞ四

황兄님 올 모ᄅᆞᆯ씨 발자쵤 바다 남기뼈여 성性명命을 ᄆᆞᄎᆞ시니 ᄌᆞ子식息
업스실씨 몸앳 필뫼화 그ᄅᆞ세 담아 남男녀女를 내ᅀᅳᄫᅳ니

끠其오五

어엿브신 명命죵終에 감甘쟈蔗 씨氏니ᅀᅳ샤ᄆᆞᆯ 때때 대大꾸瞿땀曇이 일우
이다 아독 흔黌後 셰世예 셕釋가迦뿛佛 ᄃᆞ외싫 포普광光뿛佛이 니ᄅᆞ시
니이다

<어형 분석>

<제1장>

◦ 끠읧 : 其一 (동국정운식표기)

◦ 巍巍(외외)>높은 산이 우뚝 솟은 모양(여기서는 인격이 높고 뛰어남)

◦ 셕가븛 : 석가(구담씨에서 분족되어 석가씨가 됨)+븛(佛, 깨달은 사람이 라는 뜻)

◦ 無量無邊(무량무변) : 끝이 없이 크고 끝없이 넓음

◦ 功德(공덕) : 공을 닦은 보람으로 얻은 덕

◦ 劫劫(겁겁) : 끝없는 오랜 세월

◦ 어느 : 어찌(부사)

◦ 슬븡리>숣(사뢰다)+ᄋᆞ+리(리잇가)>사뢰겠습니까

<제2장>

◦ 셰존ㅅ : 세존(부처의 존칭, 단모음화)+ㅅ(사잇소리)>세존의

◦ 슬보리니 : 숣(동)+오(선어말어미)+리니(미래설명형)>사뢰리니

◦ 먼리외 ㅅ : 먼리(萬里)+외(外, 밖)+ㅅ(사잇소리)>만리 밖(인도)의

◦ 일이시나 : 일(명)+이(서술격)+시(존칭)+나(방임형)>일이시지마는

◦ 보논가 : 보(동)+ᄂᆞ(현재)+오(선어말어미)+ㄴ가(어미)>보는가, 보는 것 처럼

◦ 너기ᅀᆞ븡쇼셔 : 너기(여기다)+ᅀᆞᆸ+ᄋᆞ+쇼셔(소서, 단모음화)>여기(생각 하)소서

◦ 쳔지상 ㅅ : 쳔지(千載, 천년)+상(上, 전)+ㅅ(의)>천 년 전의

◦ 듣논가 : 듣(동)+ᄂᆞ(현재)+오+ㄴ가>듣는가, 듣는 것처럼

<제3장>

◦ 하숭끼 : 阿僧祇(헤아릴 수 없는 무한한 수)

◦ 쪈셰겁 : 前世(전세겁, 헤아릴 수 없는 전 세월)

◦ 위 ㄹ : 位(위, 임금자리)+ㄹ(목적격조사)>임금 자리를

◦ ㅂ리샤 : ㅂ리(버리다)+시+아(나렬형)>버리시어

  * ㅂ리다(棄, 버리다) : 버리다(羅列, 나열하다)

◦ 졍샤애 : 精舍(정사, 불도를 닦는 곳)+애(처격)

◦ 안잿더시니 : 앉(동)+앳(아+잇, 완료상)+더+시+니>앉아 있으시더니

◦ 더시>시더(음운도치)

◦ 과거시제 : 아잇>앳>앗>았

  * 어잇>엣>엇>었

◦ 휜슝ㅣ : 원수+ㅣ(주격)>원수가

◦ 나랏쳔 : 나라+ㅅ(의)+쳔(錢, 돈)>나랏돈

◦ 일버ㅅ : 일벗(훔치다)+아(부사형)>훔치어

◦ 디나아가니 : 디나(지나, 구개음화)+아(보조연결)+가+니>지나가니

<제4장>

◦ 모를씨 : 모ㄹ(동)+ㄹ씨(구속형)>모르므로

◦ 발자쵤 : 발자최(명)+ㄹ(목)>발자취를

◦ 바다 : 받(밟다)+아(나열)>밟아

◦ 남기 : 나모(단독형)+ㄱ(곡용)+익(특수처격)>나무에

◦ 쎄여 : 쎄(貫)+여(나열, ㅣ모음 순행)>꿰어

◦ 성명을>生命을

◦ ㅁ츠시니 : 뭋(마치다)+ㅇ+시+니(이다)>마치십니다

◦ 몸앳 : 몸(명)+애(처격)+ㅅ(의)>몸에 있는

∘ 뫼화 : 뫼호(모다)+아(나열)>모아

∘ 그르세 : 그릇+에

∘ 내슨븟니 : 나(동)+이(사동)+습+으+니(이다)>(태어)나게 합니다

<제5장>

∘ 어엿브신 : 어엿브(가엾다)+시+ㄴ(관)>가엾으신

∘ 명죵에 : 命終(목숨을 마침)+에

∘ 감쟈씨 : 甘蔗(감자)씨(석가종족의 조상, 소구담의 피로 남녀를 만들어
그 성을 감자씨라 함)

∘ 니슨샤물 : 닛(잇다)+으+샤(시의 이형태)+ㅁ(명사형)+올>이으심을

∘ 일우니이다 : 일(이루다)+우(사동)+니이다>이루게 했습니다.

∘ 두외싫돌 : 두외(되다)+시+ㄹ(관)+ᄒᆡᆼ(된소리부호)+ᄃᆞ(의존명사)+ㄹ(목
적격)>되실 줄을

∘ 두욀다 : 두외다>되다

∘ 포광뿛 : 普光佛(보광불, 날 적에 몸가에 빛이 등불처럼 밝았다는 부처
로서 석가의 成佛을 예언함)

∘ 니ᄅᆞ시니이다 : 니ᄅᆞ(이르다, 謂)+시+니이다>이르(말씀하)셨습니다.

4.2. 飜譯文學(번역문학)

훈민정음이 창제 반포되어 일반 백성에게 보급되면서 지금까지 한문으로 전해지던 중국의 불경, 경서, 문학서 등이 간경도감을 비롯하여 집현전과 홍문관 등에서 번역되어 諺解本(언해본)이 나오게 되었다. 번역사업은 조정에서 직접 주관하였으므로 더욱 박차를 가할 수 있게 되었으며, 이러한 번역문학은 국문학 발전에도 기여하게 되었다.

번역된 대표적인 불경으로는 소헌왕후의 명복을 빌기 위해 지은 석가모니의 일대기인 <釋譜詳節>(세종 29, 1447)과, '월인천강지곡'을 본문으로 삼고 석보상절을 주석으로 합본한 <月印釋譜>(세조 5, 1459)가 있으며, 이 외에도 <楞嚴經諺解>(세조 8, 1462)와 <金剛經諺解>(세조 10, 1464) 등이 있다. 經書(경서)로는 중국과 우리나라의 '忠·孝·烈'에 뛰어난 행적을 기록한 것을 번역한 <三綱行實圖諺解>(성종 12, 1481)와 유자징이 小學을 번역한 아동의 수신서인 <飜譯小學>(중종 13, 1518), 번역소학을 새로 번역한 <小學諺解>(선조 19, 1586), 그리고 효도를 설명한 <孝經諺解>(선조 23, 1590)가 있다. 문학서로는 두보의 시를 번역한 <杜詩諺解>(성종 12, 1481), 초학자에게 한시를 가르치기 위해 시 100수를 뽑아 언해한 <百聯抄解>(조선 명종) 등이 있다. 이 외에도 위급한 환자를 구하는 약방문을 한글로 번역한 <救急方諺解>(세조 12, 1466)가 있다.

杜詩諺解(두시언해)

<두시언해> 초간본은 성종 12년(1481)에, 중간본은 인조 10년(1632)에 간행되었다. 原名은 '分類杜工部詩諺解'로 원작자는 杜甫(두보)이며, 譯者(역자)로는 조위, 의침, 유윤겸(초간본), 오숙, 김상복(중간본)을 들

수 있다. 번역시의 작품인 두시언해의 의의는 최초의 번역시집으로 음운 변천 연구에 귀중한 자료가 되며, 한시 및 한문학 연구에도 중요한 참고가 된다. 한문학의 수입 및 보급을 대중화하기 위해서 제작되었으며 초간본과 중간본의 차이점을 들면 다음과 같다.

사항	초간본	중간본	참고사항
간행연대	1481년(성종12)	1632년(인조10)	약 150년 차이
주관	홍문관	오숙(경남감사)	
판본	활자본	목판본	초간본은 19권 중간본은 25권
표기법	방점이 있음 연철표기	방점 소실 간혹 분철이 보임	:사·룸 → 사름 이스른 → 이슬은
음운의 변천	△, ㆁ자가 쓰임 구개음화(X) 모음조화 삽입모음 철저 자음접변(X)	△, ㆁ 소실 구개음화(O) 모음조화 붕괴 삽입모음 불규칙 자음접변(O)	모두 ㅇ으로 바뀜 디는>지는 브료믈>브료믈 혜윰>혬 돈뇨믈>돈뇨믈

* 두보와 이백의 비교

	두　보(712 - 770)	이　백(701 - 762)
성격	인자, 온후	호탕
사상	유교적, 평민적, 극기	도교적, 귀족족, 달관
작품	현실적 사실주의, 평민문학, 인생파	낭만주의, 귀족문학, 유미파

연구문제

1. 두시언해의 국어사적 의의와 국문학사적 의의에 대해 써라.

2. 이 작품의 초간본과 중간본의 표기상에 나타난 음운체계면의 차이
   점을 제시하라.

3. <江村>에서

   (1) 이 글의 가장 두드러진 표현기법과 성격을 써라.

   (2) 후대에 와서 語義轉成된 말을 찾아 써라.

   (3) '녀름'과 '여름'을 한음절의 漢字로 구별하라.

   (4) '오ᄂᆞ닌', '갓갑ᄂᆞ닌', '우흿'을 분석하라.

   (5) '밍ᄀᆞᄂᆞ다'의 기본형과 초간본임을 알려주는 단어는?

   (6) '낯'과 '낛'의 차이를 써라.

4. <歸雁>에서

   (1) '보미', '왯ᄂᆞ'을 분석하라.

   (2) '노피'의 15세기 명사를 써라.

   (3) '난이 긋거든', '애를 긋노라'를 해석하라.

5. <春望>에서

   (1) 이 글의 형식과 작자의 심정에 대해 말하여라.

   (2) '나라히'와 같은 곡용의 말을 예로 들라.

   (3) '나모'의 처소격(15세기 표기)을 써라

   (4) '기펫도다', '여희여슈믈', '놀래노다', '지빗'을 분석하라.

   (5) '시절을 감탄ᄒᆞ니', '만금이 ᄉᆞ도다'를 해석하라

6. <江南逢李龜年>에서

   (1) '岐王ㅅ집' : '崔九의'에서 'ㅅ'과 '-의'의 차이를 써라.

(2) 이 글이 초간본이라 할 만한 근거는 무엇인가?

(3) 8종성법에 따라 원형태가 바뀐 낱말을 모두 골라 써라.

(4) '알픠', '디윌', '안해', '보다니', '맛보과라'를 문법적으로 설명하라.

7. <月夜憶舍弟>에서

(1) '앗이'의 단독형과 목적형을 써라.

(2) 초간본의 근거가 되는 말을 찾아 써라.

(3) '사롬', '부페', 'ᄀ올히', '블갯ᄂ니라'를 문법적으로 설명하라.

(4) 'ᄀ술히흔그려긔소리로다', '이스른오눐바믈조차히니'를 현대어로 해석하라.

江村(강촌)

> 믈ᄀᆫᄀᆞ룺ᄒᆞ고비ᄆᆞᅀᆞᆯ홀아나흐르ᄂ니긴여룺江村애일마다幽深ᄒᆞ도
> 다절로가며절로오ᄂ닌집우횟져비오서르親ᄒᆞ며서르갓갑ᄂ닌믌가
> 온딋ᄀᆞᆯ며기로다늘근겨집죠히롤그려쟝긔파놀ᄆᆡᆼᄀᆞᆯ어늘져믄아ᄃ
> ᄅᆞᆫ바ᄂᆞᆯ룰두드려고기낫ᄀᆞᆯ낙ᄉᆡᆼᄆᆡᆼᄀᆞᄂᆞ다한病에얻고져ᄒᆞ논바ᄂᆞ오직
> 藥物이니져구맛모미이밧긔다시므스글求ᄒᆞ리오

이 작품은 760년(작자 49세)에 초당을 짓고 무료히 지내던 여름에 지은 작품으로 긴 여름날의 한가로움을 묘사한 글로 마치 한폭의 그림을 연상하게 한다. 구성으로 기는 강촌의 한가한 모습을, 승은 자연물(져비 : 갈며기)의 평온함을, 전은 인간(늘근 겨집 : 져믄 아들)의 한가로움을, 결은 신병에 의한 자신의 처지를 나타내었다. 그리고 '제비와 갈매기', '늙은 처와 어린 아들', '흰종이와 바늘', '장기판과 낚시' 등의 대구를

통해 그렸다. 七言律詩의 형식으로 초간본이며 주제는 여름날 강촌의
한가로움이다. <초간본 권7>

<어형 분석>

◦ ᄀᆞᄅᆞᆷㅅ : ᄀᆞᄅᆞᆷ(강)+ㅅ(의)

◦ 고비 : 곱(곡 ‑ 형)+이(명접)+제로주격>굽이가

◦ ᄆᆞ슬ᄒᆞᆯ : ᄆᆞ슬(ᄆᆞᄋᆞᆯ>마을)+ㅎ(ㅎ 곡용)+ᄋᆞᆯ>마을을

◦ 아나 : 안+아(나열)>안고

◦ 녀름ㅅ : 녀름(여름)의

  * 녀름(夏, 여름) : 여름(實, 열매)

◦ 幽深ᄒᆞ도다 : 그윽하고 깊도다

◦ 오ᄂᆞ닌 : 오+ᄂᆞ(현재)+ㄴ(관)+이(의존명)+ㄴ(보조사)>오는 것은

◦ 우흿 : 우 ㅎ(위)+의(처격)+ㅅ(의)>위에의

◦ 져비오 : 져비(제비)+고(ㄱ탈락)>제비요(ㅣ 모음 역행동화, 단모음화)

◦ 서르>서로(유추, 이화, 강화)

◦ 갓갑ᄂᆞ닌 : 갓갑+ᄂᆞ+ㄴ(관)+이+ㄴ>가까운 것은

◦ 겨지븐 : 겨집(계집, 아내)+으+ㄴ>아내는

  * 가시>갓(妻)+이

    겨집 : 여자

  예) 남진(남편)과 겨집(아내)괘 굴히요미 이시며(夫婦有別) <내훈>

      여자는 겨지비라 <월인석보 1:8>

◦ 죠ᄒᆡ>죠이(ㅎ 탈락)>종이(ㅇ 첨가)

◦ 밍ᄀᆞ러늘 : 밍ᄀᆞᆯ+거늘(설명형, ㄱ 탈락)>만들거늘

◦ 져므 : 졈(형)+은(관)>젊은(ㄹ 첨가)

◦ 낫ᄀᆞᆯ : 났(낚다)+ᄋᆞᆯ>낚을

◦ 낙슬 : 낛(釣, 낚시)+을>낚시를

◦ 한 病 : 한(많은, 여러) 병)>많은 병

◦ ᄒᆞ논 : ᄒᆞ+ᄂᆞ(현재)+오+ㄴ(관)>하는

◦ 져구맛(관)>조그마한

◦ 밧긔 : 밧+ㄱ(곡용)+의(처격)>밖에

◦ 므스글 : 므슥(대명)+을>무엇을

歸雁(귀안)

> 보미 왯ᄂᆞᆫ 萬里옛 나그내ᄂᆞᆫ 亂이 긋거든 어느 ᄒᆡ예 도라가려 뇨 江城에 그
> 려기 노피 正히 北으로 나라가매 애ᄅᆞᆯ 긋노라

이 작품은 작자가 53세 때, 성도에서 북으로 돌아가는 기러기를 바라
보며 애끊는 향수를 읊은 시로 형식은 五言絶句이며 주제는 鄕愁이다.
  구성은 '기 - 승'은 타향에서 봄을 맞이하는 화자, '전 - 결'은 歸雁(기
러기)을 보며 고향을 생각하는 화자를 그렸다. <중간본 권17>

<어형 분석>

◦ 보미 : 봄+이(특수처소격)>봄에

◦ 왯ᄂᆞᆫ : 오+아+잇ᄂᆞᆫ(완료상)>와 있는

◦ 오+앳(과)+ᄂᆞᆫ(관)>온

◦ 만리옛>만리+예(처소격)+ㅅ(사잇소리)>만리에의, 만 리 밖에 있는

◦ 긋거든 : 긋(긏다, 8종성법)+거든(종속어미)>그치거든

◦ 江城에 : 강가에 있는 성(두보가 와 있는 성도성)에

- 그려기+제로주격>기러기가(작자 자신)
- 노피 : 높(형)+이(부접)>높이(부사)
- 노픽 : 높+익(명사화접미사)
- 正히(부)>바로
- 애롤>창자를
- 긋노라 : 긋(긏(斷)-8종성법)+노라(감어)>긏노라(끊는구나)

春望(춘망)

나라히破亡ᄒ니뫼콰ᄀ롬쑨잇고잣앉보미플와나모쑨기펫도다時節
을感嘆ᄒ니고지눉므를쓰리게코여희여슈믈슬후니새ᄆᅀᅳᆷ믈놀래ᄂ
다烽火ㅣ석ᄃᆞᆯ니세시니지빗音書ᄂ萬金이ᄉ도다셴머리롤긁구니
쏘뎌르니빈혀를이긔디몯홀듯ᄒ도다

이 작품은 작자가 46세에 봉선현에 寄食하고 있는 가족을 만나기 위해
들어 갔다가, 白水에서 안녹산의 군대에게 사로잡혀 장안에 연금되었을
때 처자의 생각으로 머리가 빠질 만큼 집안을 걱정한 노래로 전란의 비극
을 침통하게 그려낸 시이다.

구성으로 기는 전란으로 인한 폐허를, 승은 전란으로 인한 괴로움을
그렸으며, 전은 가족에의 그리움을, 결은 쇠약해진 몸에 대한 탄식을 잘
표현하였다. 五言律詩의 형식으로 주제는 전란의 비극이다.   <초간본
권10>

<어형 분석>

- 나라히 : 나라+ㅎ(ㅎ 곡용)+이(주격)>나라가

◦ 뫼콰 : 뫼(山)+ㅎ(ㅎ 곡용+과>산과

◦ 파망ㅎ니>>망하니

◦ 잣 안ㅅ : 잣=잿(城)+안 +ㅅ(의)>성 안의

◦ 기펫도다 : 깊+엣(어+잇, 완료상)+도다(감어)>깊어 있도다

◦ 時節을>시국을

◦ 感嘆ㅎ니 : 감탄ㅎ+오('니' 앞에 들어가는 선어말어미) +니>애통히
  느끼니

◦ 쓰리게코 : 쓰리(쑤리, 원순모음화)+게+코(ㅎ+고)>뿌리게 하고

◦ 여희여슈믈 : 여희(이별하다)+이(피동접미사)+어시(엇, 과거)+우('ㅁ'
  앞에 들어가는 삽입모음)+ㅁ+을>이별하여졌음을

◦ 슬호니 : 슳+오+니>슬퍼하니

◦ 놀래노다 : 놀라+이(사동접미사)+노다(감탄형)>놀라게 하도다

◦ 烽火ㅣ>전란이

◦ 니어시니 : 니어(이어)+이시니(있으니)

◦ 지븻 : 집+의(특수처소격)+ㅅ(의)>집에의, 집으로부터의

◦ 音書 : 편지

◦ 萬金이 : 만금+이(비교격)>만금보다, 많은 돈보다

◦ ᄉ도다>ᄉ다(형용사, 값이 있다)+도다(감어)>빗(빈)+ᄉ다(형용사, 高
  價)>비ᄊ다>비싸다
  예) 빗 갑시 ᄉ던가 디던가(布價高低) <노걸대언해>

◦ 싸다(安價)

◦ 글구니 : 긁+우+니(설명형)>긁으니

◦ 뎌르니 : 뎌르(형)+니>짧으니

◦ 빈혀룰 : 빈혀(비녀, ㅎ탈락)+룰>비녀를

江南逢李龜年(강남봉이구년)

> 岐王ㅅ집안해샹녜보다니崔九의집알픠몃디윌드러뇨正히이江南애
> 風景이됴ᄒ니곳디ᄂ時節애쏘너를맛보과라.

이 작품은 유랑생활을 한 지 12년 만인 59세(770) 때, 潭州(담주)에서 쓴 작품으로 당대의 명창 李龜年(이구년)을 만나 감회를 읊은 시이다.

구성으로 기·승은 즐거웠고 소중했던 지난 날을 회상(기왕과 최구의 집에서 이구년의 명창을 자주 들음), 전은 눈앞에 펼쳐진 강남의 경치가 아름다움(현실)을, 결은 타향에서 나그네 되어 만난 반가움으로 눈물이 남을 잘 표현하였다. 七言絶句의 형식으로 주제는 邂逅(해후) 그리움이다. <초간본 권 16>

<어형 분석>

◦ 岐王ㅅ : 岐王+ㅅ(존칭의 유정명사 다음에 오는 사잇소리), 당시 文士인 李範

◦ 안해 : 안+ㅎ(ㅎ 곡용)+애>안에

◦ 샹녜 : 늘, 자주

◦ 보다니 : 보+다(더+오>다, 1인칭 화자의 회상시제)+니(설명형)

◦ 崔九의 : 崔九+의(유정명사이지만 높임의 대상이 아니므로 관형격 조사 사용), 본명은 崔滌으로 '九'는 연령순으로 불린 이름

◦ 알픠 : 앒+의(특수처소격)>앞에

◦ 몃 : 몇(관형사, 8종성법)

◦ 디윌 : 디위(의존명)+ㄹ(목적)>번을

◦ 드러뇨 : 듣+어뇨(과거를 나타내는 의문형어미)>들었느냐?

◦ 正히 : 정히(부사)>정말로

○ 江南애 : 강남(여기서는 潭州)+애
○ 맛보과라 : 맛[逢]+보[見]+과(거+오)라(감탄형어미)>만났구나
  *과라 : 1인칭의 과거 감탄형어미

月夜憶舍弟(월야억사제)

防戍ᄒᆞᄂᆞᆫ딋부폐사름ᄃᆞ니리그츠니邊方ᄉ ᄀᆞ슬히ᄒᆞᆫ그려긔소리로다
이스른오늜바ᄆᆞᆯ조차히니ᄃᆞ른이녯ᄀᆞ올히ᄇᆞᆯ갯ᄂᆞ니라잇ᄂᆞᆫ앗이다ᄒᆞ
러가니지비주그며사름무롤ᄃᆡ업도다브텨보내ᄂᆞᆫ書信이댱샹수못디
몬거ᄂᆞᆯᄒᆞᄆᆞᆯ며兵戈ㅣ마디아니ᄒᆞ놋다

759년 서쪽 변방 秦州(진주)에서 쓴 작품으로, 白露節(백로절)날 달밤
에 安史의 난으로 인하여 사방으로 흩어진 아우들을 그리며 읊은 시이다.
구성으로 기는 북소리에 인적이 끊어진 변방에서 외로운 외기러기의
처절한 소리를 마치 자신의 처지를 나타낸 것으로, 승은 백로절에 중천에
뜬 밝은 달은 옛날 고향 생각을 나게 해서 삶의 무상함조차 느끼게 하고,
전은 전란으로 흩어진 아우들에 대한 그리움이 절실하며, 결은 아우에
대한 소식도 알 수 없을 뿐만 아니라, 시국에 대한 탄식을 토로하였다.
五言律詩의 형식으로 주제는 달빛 풍경에 아우를 그리워함이다. <초간
본 권8>

<어형 분석>
○ 防戍ᄒᆞᄂᆞᆫ : 변방을 지키는
○ 戍 : 국경을 지키는 임무
○ 딋 : 딕(의존)+ㅅ(관형격촉음)>곳의

◦ 부페 : 붚(북, 이화)+애>북소리에
◦ 둔니리 : 둔니+ㄹ(관)+이(의존)> 다니는 것이
　* 둔(走)+니(行)>둔니다>둔니다>듣니다>다니다
◦ 그츠니 : 긏(동)+으니(설명)>그치니
◦ 긏다(자동) : 그치다
　* 긏다(타동) : 끊다
◦ ᄀᆞᅀᆞᆯ히 : ᄀᆞᅀᆞᆯ+ㅎ+이(특수처소격)>ᄀᆞ올>ᄀᆞ을>가을
◦ 그려긔 : 그려기+의(관형격)>기러기의
　* 져븨 : 져비+의>제비의
◦ 바ᄆᆞᆯ조차 : 밤+ᄋᆞᆯ+좇+아
◦ 히니 : 히(형)+니>희(白)니
◦ 이 : 이것(대명)
◦ ᄀᆞ올히 : ᄀᆞ올+ㅎ(ㅎ 곡용)+이(특수처격)>고을에
◦ ᄀᆞᆲ : ᄀᆞ올>고올>골
◦ 불갯ᄂᆞ니라 : 붉+앳(아+잇, 완료상)+ᄂᆞ니라(서술)>밝아 있느니라
◦ 앗이 : 앗(아우)+이(주격)>아우가
　* 단독형은 '아ᅀᆞ[弟]' 앗이(주격), 앗ᄋᆞᆯ(목), 앗익(관), 아ᅀᆞ와(공동)
◦ 사롬 : 살+오+ㅁ>살아 있음
◦ 무롤 : 묻+오+ㄹ(관)>물을
◦ 브텨 : 브티+어>부치어[送付]
　* 븥+이(사동)>브티다
◦ 당샹 : 늘, 언제나
◦ ᄉᆞᄆᆞᆺ디 : ᄉᆞᄆᆞᆾ(통달하다, 8종성법)+디(부사형)>통달하지
◦ ᄒᆞ믈며 : 하물며(부)
◦ 兵戈ㅣ : 전쟁이
◦ 마디 : 말+디(부사)>말지

4.3. 歌辭文學(가사문학)

가사는 고려 말기에 귀족층의 문학이었던 경기체가가 쇠퇴하고 시조가 그 형태를 갖추어갈 무렵을 전후하여 나타난 문학 장르로서, 조선조에 들어와 본격적으로 창작되어 주로 士大夫 사회에서 널리 유행하였다.

가사의 내용은 서정적인 것과 서사적인 것으로 분류할 수 있지만, 대체로 사물이나 생활에 관한 여러 내용을 敎述的(교술적)으로 서술한 독특한 詩歌文學(시가문학)이라고 할 수 있다.

가사의 형식은 3·4조, 또는 4·4조를 기본 잣수율로 한 4음보의 연속체로서, 마지막 구는 대개 시조의 종장과 같이 3·5·4·3의 음수율을 보인다. 가사의 주제는 주로 임금에 대한 연군의 정, 자연과 더불어 지내는 유유자적한 생활이 주를 이루었다.

발달과정은 초기인 성종대 정극인의 '賞春曲'을 효시로 보지만, 고려 말의 나옹의 '西往歌'를 최초의 가사로 들기도 한다. 그러다가 송순의 '俛仰亭歌', 백광홍의 '關西別曲'이 나왔다. 중기에는 정철과 박인로가 나와 뛰어난 작품을 발표함으로써 가사문학의 전성기를 이루었다. 말기에는 희극미와 비판의식을 담은 평민가사가 나왔다. 또한, 가사의 의의는 운문에서 산문으로 넘어가는 과도기 문학으로 산문정신을 싹트게 했으며, 시조와 아울러 조선시대의 시가문학을 대표하게 되었다.

思美人曲(사미인곡)

선조 18년(1585)에서 22년(1589) 사이에 정 철이 지은 서정가사, 양반 가사로 주제는 연군의 정이다. 한 부인이 이별한 남편을 사모하는 형식으로 적은 작품이다. 이 작품의 의의로는 '續美人曲'과 아울러 서정가사의 대표적이며, 배경은 송강이 50세 되던 해 사헌부와 사간원의 배척을 받고 고향인 창평으로 내려와 지은 작품이다. 사미인곡은 여인 혼자서 임을 그리워하는 형식의 서술이나, 속미인곡은 여인 둘이 문답을 하는 극적 구성으로 이루어졌다.

특징으로 고려가요 <정과정>의 전통을 이어 받은 여성적 어조의 작품이며, 김만중은 <서포만필>에서 이 글을 초나라 굴원이 지은 離騷(이소)에 비유하여 극찬하기도 하였다.

구성은 序詞, 本詞(春恨, 夏恨, 秋恨, 冬恨), 結詞의 3단 구성이다. 序詞의 주제는 평생 연분인 임과 이별, 임에 대한 그리움, 세월의 무심함으로 인한 작자의 시름을 그렸다.

本詞는 임에 대한 인한 情恨으로 춘하추동 계절의 변화에 따라 화자의 감정이 매우 섬세하게 나타나고 있다. 우선, <봄>의 중심소재는 매화(지조, 절개가 곧은 작자 자신), 暗香(작자의 충성스런 마음), 달(임, 선조임금)이며, 내용은 봄이 되자 제일 먼저 피는 매화를 임에게 보내고 싶은 심정으로 자신의 衷情(충정)을 임에게 알리고 싶어 한다. <여름>의 중심소재는 방장, 병풍(아늑한 안정감을 주는 것으로 고적감을 줌), 옷(원앙금+오색선 : 임에 대한 알뜰한 정성), 산, 구름(간신)으로 내용은 외로움에 몸부림치는 모습이 짙게 반영되었으며, 그런 고독으로부터 벗어나기 위해 공작병풍으로 바꿔 두르기도 한다. 주제는 긴긴 여름날의 외로움과 옷을 지어 임께 보내고 싶은 심정(정성)이다. <가을>의 중심소재는 기러기(계절과 아울러 외로움과 그리움을 나타냄), 달, 별(임인 임금을 나타냄), 온 세상에 비침(善政)으로 내용은 동양의 유교사상(임을 달과 별에 비유), 당쟁으로 인한 조정을 풍자하며 밝은 정치를 소망함('심산궁곡 - 밍그쇼셔')과 세월의 빠름을 아쉬워하며, 주제는 달과 별이 뜬 가을 밤하늘을 바라보며 임을 그리워함과 선정을 갈망함이다. <겨울>의 중심소재는 陽春(생성의 이미지로 따뜻한 정성), 紅裳, 翠袖(젊은 나이에 홀로된 모습), 전공후(외로움을 해소해 주는 매개물) 鴦衾(부부애)로 내용은 따뜻한 봄볕을 쪼여 임의 추위를 덜어주고자 하는 갸륵한 정성과 낮과 밤을 외로움으로 원앙이불을 적시는 처량한 모습, 외로움과 시름을 벗어나고자 악기를 켜는 등 안타까운 심정을 잘 표현하였다. 주제는 추운 날씨에 임을 걱정하는 그리움(정성)과 자신의 외로움이다.

結詞의 중심소재는 병(戀君으로 인한 병), 범나비(작자의 변신), 향(임금에 대한 사랑(忠)으로 죽어서라도 임에 대한 자신의 연모의 열정을 탄식과 시름이 담긴 감정의 표현으로 잘 나타냈다. 주제는 임에 대한 한결같은 충성으로 끝내 임을 따르려는 사랑의 집념이다.

연구문제

1. 사미인곡의 문학적 우수성과 국어상의 특징을 설명하라.
2. 이 작품을 서사, 본사(춘·하·추·동), 결사로 나누고 각각 중심내용을 말하라.
3. <서사>에서
   (1) 피동접미사가 들어 있는 단어를 찾아 써라.
   (2) '노려오니', '짓노니', '디노니'를 분석하라.
   (3) '님', '광한전', '하계'는 각기 누구 및 어디를 가리키는가?
4. <본사>에서
   (1) 4계절에 따라 작자의 심정이 어떻게 반영되었는지를 설명하라.
   (2) 고독과 연군이 선명한 구절은?
   (3) '공쟉'과 '뎐공후'의 공통적인 기능은?

(4) 임과 자기를 비유한 낱말을 각기 하나씩 골라 써라.

(5) 다음 낱말의 뜻을 써라.

　　댜룬, 부처, 견화이셔, 니믜츠고, 뉘라셔, 플텨, 머흘시고

(6) '밧긔', '한딕', '기둣던고', 'ㄱ줄시고', '비겨시니'를 분석하라.

5. <결사>에서

(1) 작자의 충성이 상징화되어 나타난 단어는 ?

(2) '이 님의 탓이로다'에 나타난 작자의 심정은 ?

(3) '눌애', '싀여디여', '쎄텨시니'를 분석하라.

(4) '님이야 날인 줄 모르셔도 내 님 조츠려 ᄒ노라'의 속 뜻은 ?

〈序詞〉

> 이몸삼기실제님을조차삼기시니ᄒ 싱緣연分분이며하늘모를 일이런
> 가나ᄒ나졈어잇고님ᄒ나날괴시니이ᄆ 옴이스랑견졸딕노여업다平
> 평生생애願원하요딕흔딕녜자ᄒ얏더니늙거야므스일로외오두고 그
> 리ᄂ고엇그제님을뫼셔廣광寒한殿뎐의올낫더니그더딕엇디ᄒ야 下
> 하界계예ᄂ려오니올저긔비슨머리허틀언디삼년일쇠연脂지粉분 잇
> 닉마ᄂ눌위ᄒ야고이ᄒ고마음의미친실음疊텹疊텹이짜혀이셔짓ᄂ
> 니한숨이오디ᄂ니눈믈이라人인生싱은有유限흔흔딕시룸도그지업
> 다無무心심흔歲셰月월은믈흐룻 듯ᄒᄂ고야炎염凉냥이째룰아라 가
> ᄂ 듯고텨오니듯거니보거니늣길일도하도할샤

<어형 분석>

∘ 삼기실 : 삼기(동)+시(비존칭)+ㄹ(관)>생겨날, 태어날

　* 삼기다>샘기다>생기다

 * 자동사 : 생기다, 타동사 : 만들다, 생기게 하다

◦ 조차 : 좇(동)+아(나열형)>따라

◦ 흔 생>일생, 한평생

◦ 緣分 : 하늘이 마련한 인연

◦ 흔나(부사) : 오직, 오로지

◦ 졈어 : 졈+어>젊어(단모음화, 음운첨가)

◦ 괴시니 : 괴(사랑하다)+시+니>사랑하시니

◦ 모음>마음

 * 무숨>무음>모음>마음

◦ 소랑>사랑

 * 17세기 이후로 思(생각하다)>愛(사랑하다)

◦ 견졸>견줄

◦ 노여>다시, 전혀

◦ 願흐요딕 : 원흐+요(삽모)+딕(설명)>원하되

 * 원흐+오+딕>원흐요딕

◦ 흐+오>흐요(모음충돌회피, 반자음 [j] 삽입)

◦ 흔딕(부)>함께, 한 곳에

◦ 녜쟈 : 녜(동-가다)+쟈(의도)>지내고자, 살아가고자

◦ 늙거야 : 늙+어야(구속)>늙어서야

◦ 므스(관)>무슨

◦ 외오 : 외(獨)+오(부접)>외따로

◦ 그리ᄂ고 : 그리+ᄂ고(의문)>그리워하는고

 * 그리다(동) : 그립다(형)

◦ 廣寒殿>달 속에 있다는 궁전

◦ 그 더딕 : 그+딜(의명-동안)+이(처격)>그 동안에

◦ 下界예>인간세상에, 속세에(여기서는 창평)

◦ 느려오니 : 느려오+니(과거의문)>내려왔느냐?

◦ 얼킈연디 : 얼킈+거(과거시제)+ㄴ+디>헝클어진 지가

◦ 연지분 : 화자가 여성임을 나타냄

◦ 고이 : 곱+이(부접)>고븨>고이(부)=곱게

◦ 민친 : 및(동)+히(피동)+ㄴ(관)>맺힌

◦ 짜혀 : 짷(동)+이(피동)+어(부)>쌓이어

◦ 짓ᄂ니 : 짓(동)+ᄂ(관)+이(의명)>짓는 것이

◦ 디ᄂ니 : 디(타동)+ᄂ(관)+이(의명)>떨어뜨리는 것이

　* 디다(자동) : 떨어지다

　* 디다(타동) : 떨어뜨리다, 흘리다

◦ 흐ᄅ듯 : 흐ᄅ(동)+듯(어미)>흐르듯

◦ 흐ᄂ고야>하는구나

◦ 炎涼>더움과 서늘함, 계절의 순환

◦ 가ᄂ듯 : 가ᄂ+듯(부)>지나가는 듯하더니 곧

◦ 듯거니 보거니>듣기도 하고 보기도 하여

　* 듯다(7종성법 표기)>듣다

◦ 하도할샤 : 하(多)+도+하(多)+ㄹ+샤>많기도 많구나

〈本詞〉

東동風풍이건듯부러積적雪셜을헤텨내니窓창밧긔심근梅매花화
두세가지픠여셰라ᄀᆞ득冷닝淡담ᄒᆞᆫ딩暗암香향은므스일고黃황昏혼
의ᄃᆞᆯ이조차벼마틱빗최니늣기ᄂᆞᆫ듯반기ᄂᆞᆫ듯님이신가아니신가ᄒᆞ며 梅
매花화것거내여님겨신딩보내오져님이너를보고엇더타너기실고

ᄭᅩᆺ디고새닙나니綠녹陰음이깔렷ᄂᆞᆫ딩羅나幃위寂적寞막ᄒᆞ고繡슈幕
막이뷔여잇다芙부蓉용을거더노코孔공雀쟉을둘러두니ᄀᆞ득시름 한
딩날은엇디기돗던고鴛원鴦앙錦금버혀노코五오色색線션플텨내여
금자ᄒᆡ견화이셔님의옷지어내니手슈品품은ᄏᆞ니와制졔度도도 ᄀᆞ졀
시고珊산瑚호樹슈지게우ᄒᆡ白ᄇᆡᆨ玉옥函함의다마두고님의게보내오
려님겨신딩ᄇᆞ라보니山산인가구롬인가머흐도머흘시고千쳔里리萬
만里리길ᄒᆡ뉘라셔ᄎᆞ자갈고나거든여러두고날인가반기실가

ᄒᆞᆯ밤서리김의기러기우러널ᄌᆡ危위樓루에혼자올나水슈晶졍簾념
을거든말리東동山산의달이나고北븍極극의별이뵈니님이신가반기
니눈물이절로난다淸쳥光광을픠여내여鳳봉凰황樓누의븟티고져樓
누우ᄒᆡ거러두고八팔荒황의다비최여深심山산窮궁谷곡을낫ᄀᆞ티
밍그쇼셔

乾건坤곤이閉폐塞ᄉᆡᆨᄒᆞ야白ᄇᆡᆨ雪셜이ᄒᆞᆫ비친제사람은ᄏᆞ니와놀새도
긋쳐잇다瀟쇼湘샹南남畔반도치오미이럿커든玉옥樓누高고處쳐야
더옥닐너무슴ᄒᆞ리陽양春츈을부쳐내여님겨신딩쏘이고져

茅모簷쳠비췬ᄒᆡᆯ롤玉옥樓누의올리고져紅홍裳샹을니믜ᄎᆞ고翠취袖
슈랄半반만거더日일暮모脩슈竹듁의혬가림도하도할샤댜른해수이
디여긴밤을고초안자靑쳥燈등거론겻ᄐᆡ鈿뎐箜공篌후노하두고ᄭᅮᆷ에
나님을보려ᄐᆞᆨ밧고비겨시니鴛앙衾금도ᄎᆞ도출샤이밤은언졔샐고

<어형 분석>

◦ 東風 : 봄바람

◦ 건듯(부) : 문득, 잠깐

◦ 밧긔 : 밧ㄱ+의(특수처소격)>밖에

◦ 심근 : 심ㄱ(동사, 植)+은(관)>심은

◦ 픠여셰라 : 픠(동)+여셰라(감)>피었도다

  * 퓌다>픠다>피다

◦ ᄀᆞᆺ득(부) : 가뜩이나, 그렇지 않아도

◦ 暗香 : 그윽히 풍겨오는 향기

◦ 벼마틔 : 벼맡(명)+의(처소)>베갯머리에

◦ 늣기ᄂᆞᆫ듯 : 늣기(흐느끼다)+ᄂᆞᆫ(관)+ᄃᆞᆺ(의명)>흐느끼는 듯

◦ 보내오져 : 보내+고져(소망)>보내고 싶구나

◦ 羅위 : 엷은 비단으로 만든 포장

◦ 수막 : 수놓은 장막

◦ 芙蓉 : 연꽃을 수놓은 비단 휘장

◦ 공작 : 공작을 그린 병풍

◦ 한ᄃᆡ : ᄒᆞ(多)+ㄴ+ᄃᆡ>많은데

◦ 기돗던고 : 길(형용사)+돗(느낌의 어미)+더+ㄴ고(의문)>길던고

◦ 鴛鴦錦 : 원앙새를 수놓은 비단

◦ 플텨 : 플+티(강세)+어(부)>풀어

◦ 금자히 : 금자ㅎ+익(사용격 조사)>금으로 만든 자로

◦ 견화이셔 : 견호(동)+아이셔(나열)>재어서

◦ 手品은ᄏᆞ니와 : 수품+은+ᄏᆞ니와(조사)>솜씨는커녕, 솜씨도 물론이거니와

◦ ᄀᆞ졸시고 : ᄀᆞᆽ(형)+올시고(감)>갖추어 있구나

◦ 珊瑚樹 : 나뭇가지 모양의 산호

◦ 머흐도 머흘시고 : 머흘(형)+도+머흘+ㄹ시고(감)>험하기도 험하구나

◦ 니거든 : 니(동)+거든>가거든

◦ ᄒᆞᄅᆞ밤>하룻밤

◦ ᄒᆞᄅᆞ>ᄒᆞ로>하루

◦ 서리김의>서리 내릴 무렵에

◦ 우러녤제 : 울+어(나열)+녜(行)+제(의명)>울고 갈 때에

◦ 危樓 : 높은 누각

◦ 거든마리 : 걷(동)+은마리(설명)>걷으니

◦ 픠워 : 픠+우(사동)+어(부)>발산하게 하여

◦ 北極 : 북극성, 임금을 상징

◦ 鳳凰樓 : 임금이 계신 곳을 아름답게 일컫는 말

◦ 븟티고져 : 브티(送付=부치다)+고져(소망)>보내고 싶구나

  * 븟티다(혼철)

◦ 八荒 : 온 세상

◦ 졉낫ᄀᆞ티 : 대낮(한낮)같이

◦ 乾坤 : 천지

◦ 늘새 : 날짐승, 날아다니는 새

◦ 긋쳐잇다 : 그치+어+잇>끊어져 있다

◦ 치오미>추움이

  * 칩+오+ㅁ>치봄>치옴

◦ 玉樓高處 : 임금이 계신 곳

◦ 닐너>일러

◦ 부처내여 : 붖(부채로 부치다)+어+내여>부채로 부치어 일으켜 내어

◦ 茅簷(모첨) : 초가집 처마

◦ 니믜츠고>여미어 입고

◦ 翠袖(취수) : 푸른 소매

◦ 日暮脩竹(수죽) : 해가 저물었을 때 긴 대나무에 의지함

◦ 혬가림 : 혬(헤아림), 여러 가지 생각

◦ 댜른 히 : 댜르(짧다, 형용사)+ㄴ(관형형)>짧은 해

◦ 수이(부) : 쉬이, 얼른

　＊ 수비>수이

◦ 디여 : 디(落)+어>지어, 넘어가, 떨어져

◦ 고쳐(부) : 꼿꼿이

◦ 鈿공후 : 자개로 장식한 공후라는 현악기

◦ 턱밧고 : 턱+밧고>턱을 바치고

◦ 비겨시니 : 비기+어시(엇)+니>기대었으니

◦ 鴛衾>원앙새를 수놓은 이불

〈結詞〉

> ᄒᆞᄅᆞ도열두째혼돌도셜혼날져근덧싱각마라이시름닛쟈ᄒᆞ니ᄆᆞᆷ의
> 민쳐이셔骨골髓슈의쎼텨시니扁편鵲쟉이열히오나이병을엇디ᄒᆞ리
> 어와내병이야이님의타시로다ᄎᆞ하리싀어디여범나비되오리라곳나
> 모가지마다간ᄃᆡ죡죡안니다가향무틴ᄂᆞᆯ애로님의옷싀올ᄆᆞ리라님이
> 야날인줄모로셔도내님조ᄎᆞ려ᄒᆞ노라 〈松江歌辭〉

<어형 분석>

◦ 열 두 째 : 열 두 시

◦ 져근덧(부) : 잠깐 동안

◦마라 : 말(동)+아(나열)>말아서

◦닛쟈 : 닛(동)+쟈(의도)>잊어버리려고

◦골수 : 뼛속(마음 속)

◦쎄텨시니 : 쎄(동)+티(강세)+어시(엇, 과거)+니>사무쳤으니

◦扁鵲(편작) : 중국 춘추시대 명의(秦越人)

◦열히 : 열ㅎ+이(주격)>열이(사람이)

◦오나 : 오(동)+나(방임)>오더러도

◦싀여디여 : 싀여디(사라지다, 泯)+여>사라져서, 죽어서

◦간듸죡죡 : 간 곳마다

◦안니다가 : 앉+니(行, 지속)+다가(중단)>앉고앉고하다

◦므틴 : 믇(동)+히(사동)+ㄴ(관)>묻힌(원순모음화)

◦늘애 : 늘개(ㄱ탈락)>늘애

◦오싀 : 옷+의(처격)>옷에

◦올므리라 : 옮+으+리라>옮기리라

◦조츠려 : 좇+으+려(의도)>좇으려, 따르려

續美人曲(속미인곡)

　선조 18(1585) - 22(1589)년에 정철이 지은 서정가사로 대화체(문답형식)로 이루어졌으며 주제는 '戀君'으로 출전은 松江歌辭(星州本)이다. 특징은 송강이 50세 이후 고향인 전남 담양군 창평으로 귀양가 있을 때에 지은 작품으로 <思美人曲>의 속편이며, <사미인곡>이 계절의 변화에 따라 아내가 남편을 그리워하는 형식으로 구성되었다면, <속미인곡>은 두 여인의 대화 형식으로 구성되었다. 그리고 두 여인을 甲女인 친구와 주인공인 '나'(乙女=송강)로 설정하였으며 <사미인곡>보다 한자어를 더 많

이 사용하고, 문체가 더 곱다.

내용은 한때, 임의 사랑을 받다가 이제는 그 사랑을 받지 못하고 은거 생활을 하고 있는 자신의 처지를 한탄하지만 현재 자신의 처지에 대해 어느 누구도 원망하거나 탓하지 않고, 운명이라고 생각하는 태도에 은사 로서의 겸손한 모습이 나타나며, 실연의 애수를 느끼게 한다. 甲女는 보 조역인 친구이지마는 결과적으로 乙女와 함께 松江을 대변한다.

또한, 여러 가지 그립고 잊혀지지 않는 일들을 임을 중심으로 노래하 며, 네 계절을 통하여 기거와 식사 등 일상생활을 염려하는 충정이 잘 나타나 있다.

연구문제

1. 이 작품은 문답체로 되어 있다. 따라서 대화로 문단을 나누고 그 중심 내용을 써라.
2. 이 작품과 '思美人曲'의 차이점을 설명하라.
3. '사미인곡'과 '속미인곡'의 마지막 행에서 느끼는 차이가 무엇인지 말하여라.
4. 본문에서 두드러진 문법적 특징을 제시하고 그에 대한 어구를 찾아 써라.
5. '뎬뎌이고'와 '아득흔뎌이고'의 어미를 비교하여 그 차이를 써라.
6. '다히', '빗길히나 보랴ᄒᆞ니', '어동졍'의 의미를 써라.
7. 다음의 뜻을 써라.
   '바자니니', '져근덧', '바라나니', '오뎐된', '헤쓰며',
   '번드시', '싁여디여', '슬ᄏᆞ장', '슙쟈', '씌돗던고

〈序詞〉

> 뎨 가는 뎌 각시 본 듯도 흔뎌이고 .天텬上샹白백玉옥京경을 엇디흔
> 야離니別별하고 흰 다져 져믄 날의 눌을 보라 가시는고.
> 어와 네여이고 이 내 스셜 드러보오 내 얼굴 이 거동이 님 괴얌즉
> 흔가마는 엇딘디 날 보시고 네로다 녀기실싴 나도 님을 미더 군뜨디
> 젼혀 업서 이릭야 교틱야 어즈러이 흔돗쩐디 반기시는 눗비치 녜와
> 엇디 다릭신고. 누어 싱각흐고 니러 안자 혜여흐니 내 몸의 지은 죄
> 뫼굿티 빠혀시니 하늘히라 원망흐며 사룸이라 허믈흐랴 셜워 플텨
> 혜니 造조物믈의 타시로다.

<어형 분석>

◦ 뎨 : '뎌긔'의 준말, 뎌긔>져긔>져기(단모음화, 구개음화)

◦ 각시 : 가시>각시(젊은 여자)

  갓 : 아내, 妻는 가시라 <월석1:12>

◦ 흔뎌이고>흐+ㄴ뎌이고(감어)>하구나

◦ 져믄>져믈(저물다)+은>저문

◦ 눌을>누(대)+를>누구를

◦ 네여이고>너(대)+ㅣ(서술격)+여이고(감)>네로구나

◦ 스셜(辭說)>잔 사정 이야기

◦ 얼굴 : 형상, 형체

  오늘날 얼굴(낯)이 된 것은 18세기 이후임. 얼굴 顔(兒學下13)

◦ 괴얌>괴(사랑하다)+이(피동)+아+ㅁ>사랑 받음

◦ 엇딘디 : 어쩐지(부사)

◦ 녀기실싴 : 녀기(여기다)+시+ㄹ싴(-이므로)>여기시므로

◦ 님을 : 님(분철)+을

◦ 군쁘디>군(他)+쁟(8종성)+이>다른 뜻(생각)이

 열 다ᄉ새 男兒이 뜯과 <重杜解8:50>

◦ 이릭야>이릭(아양)+야(열거격)>아양이며

◦ 교틱야>교틱(嬌態)+야(열거격)>애교부리는 태도며

◦ 어즈러이>어즈(즈)+럽+이(어즈러비)>어지럽게, 지나치게

◦ 구돗썬디>굴(동사, 마구 행동하다)+돗(동사 뒤에서 과거)+더+ㄴ디

 (어미)>굴었던지 / 돗 - 형용사 어간 뒤에서는 강세

◦ 녜와>녜(예, 옛적)+와(비교)>옛날과

◦ 혜여ᄒ니>혜(헤아리다)+여ᄒ(강세)+니>헤아리니

◦ 몸의>몸+의(여기서는 주격 구실)

◦ 싸혀시니>빻(동)+이(피동)+어시(과거-엇)+니(구속)>쌓였으니

◦ 셜워>설워, 서러워 / 셟+어>셜버>셜워>설워

◦ 플텨>플+티(강)+어>풀어

〈本詞〉

글란 싱각 마오.

미친 일이 이셔이다. 님을 뫼셔 이셔 님의 일을 내 알거니 믈ㄱ탄 얼굴이 편ᄒ실 적 몃 날일고. 春춘寒한 苦고熱열은 엇디ᄒ야 디내시며 秋츄日일冬동天텬은 뉘라셔 뫼셧ᄂ고. 粥쥭朝조飯반 朝죠夕셕 뫼 녜와 굿티 셰시ᄂ가 기나긴 밤의 줌은 엇디 자시ᄂ고.

님 다히 消쇼息식을 아므려나 아쟈 ᄒ니 오늘도 거의로다. 니일이나 사름 올가. 내 ᄆ음 둘 ᄃ업다. 어드러로 가쟛말고. 잡거니 밀거니 놉픈 뫼희 올라가니 구롬은ᄏ니와 안개ᄂ 무ᄉ 일고. 山산川쳔이 어둡거니 日일月월을 엇디 보며 咫지尺쳑을 모르거든 千쳔里니를 ᄇ라보랴. 츨하리 믈ㄱ의 가 빅길히나 보랴 ᄒ니 ᄇ람이야 믈결이야 어둥졍 된뎌이고. 샤공은 어ᄃ 가고 빈 빈만 걸롓ᄂ고. 江강天텬의 혼자 셔셔 디ᄂ 히를 구버보니 님다히 消쇼息식이 더옥 아득ᄒ뎌이고 茅모簷쳠 춘 자리의 밤듕만 도라오니 半반壁벽靑쳥燈등은 눌 위ᄒ야 불갓ᄂ고. 오르며 ᄂ리며 헤뜨며 바자니니 져근덧 力녁盡진ᄒ야 픗줌을 잠간 드니 精졍誠셩이 지극ᄒ야 ᄭ움의 님을 보니 玉옥 ᄀᄐ 얼구리 半반이나마 늘거셰라. ᄆ음의 머근 말ᄉᆷ 슬ᄏ장 ᄉᆲ쟈 ᄒ니 눈믈이 바라나니 말ᄉᆷ인들 어이ᄒ며 情졍을 못다ᄒ야 목이조차 메여ᄒ니 오뎐된 鷄계聲셩의 줌은 엇디 ᄭ돗던고.

<어형 분석>

- 글란>그(대)+ㄹ란(주제격)>그것을랑, 그것은
- 미친>및+히(피동)+ㄴ>맺힌
- 이셔이다>이셔('이시다(잇다)'의 부사)+이다(상대높임서술형)>있습
  니다.
- 뫼셔이셔>뫼셔+이셔(셔>서)>모시어서 / '이셔'의 '이'는 무의미한
  음절
- 믈ᄀ튼얼굴>물과 같이 연약한 체질(형상) / 얼굴 : 몸 전체(형상, 체
  질) → 눛(낯)
- 몃 : 몇
- 뉘라셔>누(대)+ㅣ라셔(주격)>누가
- 뫼셧ᄂ고 : 뫼시(모시다)+엇+ᄂ고>모시었는가?
- 뫼 : 진지
- 셰시ᄂ가>셰시(먹다의 존대어로 잡수시다)+ᄂ가(현재의문)>잡수시
  ᄂ는가?
- 자시ᄂ고 : 자(자다)+시+ᄂ고>자시는가(주무시는가)?
  주무시다 : 셰손이 <u>주무시다</u>가 문부를 ᄒ시고 <한중록414>
- 아므려나>어떻게든지
- 아쟈>알(동)+쟈(의도)>알려고
- ᄆᆞᅀᆞᆷ : 마음 / ᄆᆞᅀᆞᆷ>ᄆᆞᅀᆞᆷ('ㅿ'이 탈락된 것으로 표기됨)
  病ᄒᆞ니를 보시고 <u>ᄆᆞᅀᆞᆷ</u>을 내시니 <월인천강지곡상16>
  그딋 혼조초 ᄒᆞ야 뉘읏븐 <u>ᄆᆞᅀᆞᆷ</u>을 아니호리라 <석보상절6:8>
  <u>ᄆᆞᅀᆞᆷ</u>이 알ᄑᆞ니 <소학언해5:19>
  늘근 노미 <u>ᄆᆞᅀᆞᆷ</u>이 측ᄒᆞ야 <두시언해중간본5:6>
- 놉픈 : '높은'의 혼철표기임

◦ 뫼희 : 뫼(산)+ㅎ+의(특수처소격)>산에

◦ 구롬은ᄏ니와 : 구롬(구름)+은+ᄏ니와(조사, 커녕)>구름은커녕

◦ 무스 : 무슨(관형사)

◦ 어둥졍 : 어둥졍(어리둥절)

◦ 뒨뎌이고 : 되+ㄴ뎌이고(-는구나)>되는구나

◦ 님 다히>님+다히(의명- 쪽, 편)>임 계신 곳

◦ 헤쓰며 : 헤쓰(허둥거리다)+며>허둥거리며

◦ 바자니니 : 바자니(바장이다, 부질없이 짧은 거리를 오락가락 거닐
  다)+니>바장이니

◦ 져근덧 : 잠깐

◦ ᄭᅮᆷ의 : ᄭᅮᆷ+의(에)>꿈에

◦ 얼구리 : 얼굴+이>얼굴이

◦ 늘거셰라 : 늙+어+셰라(구나)>늙었구나

◦ 슬ᄏ장 : 실컷

◦ 숣쟈 : 숣(사뢰다, 여쭙다)+쟈(자, 청유형어미)>사뢰고자

◦ 바라나니 : 바라나(곁따라 나다)+니>덧좇아 나니

◦ 오뎐된 : 방정맞은

◦ ᄭᆡ돗던고 : ᄭᆡ(깨다)+돗(과거)+던+고>깨었던고

〈結詞〉

> 어와, 虛허事ㅅ로다. 이 님이 어듸 간고 결의 니러 안자 窓창을 열고
> 바라보니 어엿븐 그림재 날 조출 뿐이로다. 출하리 싀여디여 落낙月
> 월이나 되야이셔 님 겨신 窓창 안히 번드시 비최리라.
> 각시님 들이야ㅋ니와 구즌 비나 되쇼셔. (松江歌辭)

◦ 결의 : 즉시
◦ 니러 : 닐(일어나다)+어>일어나서
◦ 그림재 : 그림자+ㅣ(주격조사)>그림자가
◦ 싀여디여 : 싀어디(죽다, 없어지다)+어>없어져서
◦ 되야이셔 : 되어서
◦ 안히 : 안+ㅎ+익(에)>안에
◦ 번드시 : 뚜렷이

5. 조선후기국어

훈민정음의 창제로 국어사적인 기록과 변천은 중세국어 연구에 많은 도움을 주었다. 15세기 중세국어는 임진왜란을 전후로 음운과 문법적인 면에서 많은 변화를 가져왔다. 조선전기의 15세기 - 16세기 중엽의 국어 와 조선후기의 16세기 말 - 17세기의 문헌에 나타나는 국어의 차이는 매우 큰 데, 이 차이는 갑작스런 변화에서 온 것이 아니고 16세기를 거치면서 나타난 音韻, 文法, 語彙의 거듭된 변화의 결과였다.

이런 변화된 음운적 특징을 정리하면, 우선 15세기 국어에 사용된 四聲의 성조가 16세기 이후 사라졌고, 'ㅿ'과 'ㆁ'도 15세기에는 철저히 쓰이던 것이 16세기 후반에 점차 사라지면서 17세기 국어에는 그 모습을 완전히 감추었다. 그리고 어두 자음군(합용병서)이 된소리로 변하였으며, 일부 平音이 또한 된소리나 유기음으로 변하였다. 그리고 15세기에는 규칙적으로 사용되던 화자의 의도를 나타내는 선어말어미 '-오/우-'가 16세기에 들어서면서 혼란되기 시작하다 17세기에 소멸되었다. 또한, 양순음(ㅁ,ㅂ,ㅍ) 밑의 모음 '-으'가 '-우'로 변하는 圓脣母音化가 일반화되기 시작했으며, 16세기부터 사라지던 'ㆍ'가 18세기에는 완전히 소멸되었다. 그리고 15세기에 사용되던 8종성법이 17세기에 7종성법으로 바뀌어 사용되었으며, 움라우트 현상이 일어났고, 18세기 초에는 구개음화 현상이 일어났다.

어휘적인 특징으로는 '뫼, ᄀ름, 슈룹, 아ᅀ' 등 순수한 고유어들이 많이 소멸되었으며, 단어의 의미도 변화되었다. 예를 들면 '스랑ᄒ다(생각하다 → 사랑하다)'로, '어리다(어리석다 → 어리다)'로, 그리고 '어엿브다(가엾다 → 예쁘다)'를 들 수 있다.

문법체계면에서 17세기 문헌에 주격조사 '가'의 사용이 나타났으며, 처소격 조사 '에, 애, 예, 이/의'가 '에'로, 관형격 조사 '이, 의'가 '의'로 단순화되기 시작했다.

연구문제

1. 이 시기의 어휘상·문법상의 특징을 설명하라.
2. 조선전기와의 차이점은 무엇인지 설명하라.
3. 이 시기의 음운상의 특징을 예를 들어 설명하라.

5.1. 歌辭文學(가사문학)

임진왜란을 겪으면서 가사에도 큰 변화를 가져왔다. 특히 산문적인 영향으로 서정적인 내용에서 서사적인 내용으로 바뀌었다. 따라서 가사의 길이도 길어졌으며, 내용도 정형적인 틀에서 벗어나 삶의 전반에 걸친 생활상을 그렸다. 그리고 작자도 양반에서 서민으로까지 확대되었다. 따라서 작자 미상의 내방가사와 평민가사가 많이 나타났다.

조선전기 정철의 가사문학은 후기에 들어와 박인로에 의해 계승되었다. 정철이 순수국어의 사용으로 서정성과 비유와 상징의 문학성이 풍부한 반면에 박인로는 한문투의 사실적인 문체로 그의 독특한 가사문학을 형성했다. '태평사(1598), 선상탄(1605), 누항사(1611)' 등이 대표적인 그의 작품이다.

박인로 이후, 김인겸, 홍순학 등의 기행가사와 안조환, 김진형의 유배가사가 나타났다.

船上歎(선상탄)

선조 38년(1605)에 朴仁老(박인로)가 지은 전쟁가사로 주제는 전쟁의 비탄과 평화 희구이다. 이 작품의 의의는 왜적에 대한 적개심과 민족적 정기의 기개를 담고 있으며, 특징으로는 한자 어구와 고사 인용이 많은 점을 들 수 있으며, 출전은 <노계집>이다. 원명은 「蘆溪先生文集」으로 3권 2책의 목판본이며 초간은 정조 24년(1800)에, 중간본은 광무 8년(1904)에 간행되었다.

이 작품은 反日 감정과 조선을 침략한 일본을 꾸짖는 호탕함이 들어 있어 박인로의 애국심과 평화주의 정신을 극명하게 드러내고 있다. 특히, 임진왜란 당시 舟師로 직접 체험한 것을 바탕으로 쓴 작품이라 내용의 진솔함이 들어 있다.

표현상의 특징으로는 비교, 대조를 잘 활용하였는데, 이는 한시의 영향(절구의 3구와 4구, 율시의 3구와 4구, 5구와 6구)인 듯싶다. 그리고 고사를 인용하여 전달 내용의 효과를 거두었으며, 한문투의 문장 및 관용구 남용을 지니고 있다. 또한, 4음보의 3·4, 4·4조의 전통적 운율에서 많은 부분이 파괴되었는데, 이는 반일 감정과 평화에의 의지를 적극적으로 전달하기 위한 결과로 볼 수 있다.

구성과 내용으로는 우선, 배 위에 올라 대마도를 굽어보는 모습이 있는데, 이는 왜란시 침략을 가능케한 것은 배가 있었기 때문이므로 이 배를 만든 것이 헌원씨이기에 그를 원망하는 것이다. 그리고 헌원씨와 진시황을 탓하는 내용이 있는데, 이는 진시황이 불사약을 구하기 위해 파견한 사신인 서불(徐市)이 망명하여 서불의 후손이 퍼져 생겨난 후손이 왜인이란 전설이 있기에 진시황을 탓한 것이다.

또한, 평화와 전쟁 때의 배는 같은 배이면서도 근심과 즐거움이 다름을 표현하였다. 즉, 옛날 배 위에서는 杯盤이 狼藉(평화를 상징하는 유흥)했으나 지금의 배 위에는 무기가 있을 뿐(전쟁의 상황)으로 배는 원래 평화의 도구이지 침략의 도구가 아님을 강조하고 있다.

다음으로 憂國丹心(우국단심)을 노래하였다. 국난과 작자의 우국충정, 왜구를 무찌르고 말겠다는 武人의 기개를 옛 고사들을 인용함으로써 자신은 제갈과 손빈보다도 나은 처지에 있으므로 왜적을 격파할 자신감을 피력하였고, 마지막으로 태평성대를 기원하였다.

[**참고**] 중요한 고사 풀이

① '死諸葛도 -- 멀리 좃고'

　仲達이 평소에 제갈공명을 무서워하여 감히 공격을 못하더니, 공명이 죽었다는 말을 듣고 쳐들어 왔으나 공명이 의젓하게 가마에 타고 나오므로 도망쳤다는 일로 실은 가마에 타고 있던 것은 공명의 시체였다고 한다.

② '발업슨 -- 잡아거든'

　손빈이 춘추전국시대 병법가로 유명한 사람인데, 방연이 손빈의 재주를 시기하여 친구인 그의 발을 잘랐다. 후에 서로 다른 나라의 장수가 되어 싸웠을 때, 방연은 손빈에 의해 죽게 된다.

③ '飛船에 -- 落葉가치 헤치리라'

　나는 듯이 빠른 배에 달려들어 선봉을 휘몰아치면 9, 10월 서릿바람에 낙엽 지듯 헤치리라.

④ '七縱七擒을 우린들 못홀 것가'

　제갈공명이 남만의 오랑캐 장수인 孟獲을 일곱 번 놓아 주었다가 다시 잡았다는 이야기로 마음대로 할 수 있음을 의미한다.

⑤ '秋月春風에 -- 다시 보려 ᄒ노라'

　가을달 봄바람에 베개를 높이 베고 누워 있어, 성군 치하의 태평성대를 다시 보고 싶다는 심정을 드러냈다.

연구문제

1. 이 작품과 송강의 작품 <사미인곡, 속미인곡>을 비교하여, 그 표현 상의 특징과 주제면에 대해 설명하라.
2. 이 글의 시대적 배경과 주제를 써라.
3. 이 작품에 나오는 故事를 정리하라.
4. 다음 어형의 뜻은 무엇인가?
  '호야스라, 호쟈스라, 호노라, 호놋다'
5. 다음을 어법적으로 분석하라.
  '밧골, 빗기, 계운, 가진빅, 디이ᄂ다, ᄀ자, 저흘쏘냐'

늘고病든몸을舟師로보닉실식乙巳三夏애鎭東營ᄂ려오니關方重地에 病이깁다안자실랴一長劍비기ᄎ고兵船에구테올나勳氣瞋目ᄒ야 對馬 島을구어보니ᄇ람조친黃雲은遠近에사혀잇고아득ᄒ滄波ᄂ긴하늘과 ᄒ빗칠쇠

船上에徘徊ᄒ며古今을思憶ᄒ고어리미친懷抱애軒轅氏를애ᄃ노라大 洋이茫茫ᄒ야天地예둘려시니진실로빅아니면風波萬里밧긔어늬四夷 엿볼넌고무솜일ᄒ려ᄒ야비못기를비롯ᄒ고萬世千秋에ᄀ업슨큰弊되 야普天之下애萬民怨길우ᄂ다

어즈버씬ᄃ라니秦始皇의타시로다빅비록잇다ᄒ나倭를아니삼기던들 日本對馬島로빈빅절로나올넌가뉘말을미더듯고童男童女를그딕도록 드려다가海中모든섬에難當賊을기쳐두고痛慣ᄒ羞辱이華夏애다밋나 다長生不死藥을얼믜나어더닌여萬里長城놉히사고몃萬年을사도쩐고 놉딕로죽어가니有益ᄒ줄모ᄅ도다어즈버싱각ᄒ니徐市等이已甚ᄒ다 人臣이되야셔셔亡命도ᄒᄂ것가神仙을못보거든수이나도라오면舟師이

시렴은전혀업게삼길럿다

두어라旣往不咎라일너무엇ᄒᆞ로소니속졀업슨是非를후리쳐더뎌 두쟈

潛思覺悟ᄒᆞ니내뜻도固執고야黃帝作舟車ᄂᆞᆫ윈줄도모ᄅᆞ로다張翰江東

애秋風을만나신들扁舟곳아니타면天淸海濶ᄒᆞ다어ᄂᆡ興이 졀로나며三

公도아니밧골第一江山애浮萍ᄀᆞᆺᄒᆞᆫ漁父生涯을一葉舟 아니면어ᄃᆡ부쳐

든힐ᄂᆞᆫ고

일언닐보건던ᄇᆡ삼긴制度야至妙ᄒᆞᆫ뎟ᄒᆞ다마ᄂᆞᆫ엇디ᄒᆞᆫ우리물은ᄂᆞᆫ 둣

ᄒᆞᆫ판옥선(板屋船)을주야의빗기타고臨風咏月ᄒᆞ되ᄃᆡ興이젼혀업ᄂᆞ게오

昔日舟中에ᄂᆞᆫ杯盤이狼藉터니今日舟中에ᄂᆞᆫ大劍長鎗ᄲᅵᆫ이로다ᄒᆞᆫ가지

ᄇᆡ언마ᄂᆞᆫ가진ᄇᆡ다라니其間憂樂이서로ᄀᆞᆺ지못ᄒᆞ도다

<어형 분석>

◦ 늘고 : 늙고

◦ 舟師 : 水軍

◦ 비기 : 빗기>비기>비스듬히

◦ ᄇᆞ람조친 : ᄇᆞ람(ᄇᆞᄅᆞᆷ>ᄇᆞ람>바람)+좇+이(피동접미사)+ㄴ>바람을 따른

◦ ᄒᆞᆫ비칠쇠 : ᄒᆞᆫ+빛+일쇠>한 빛일세

◦ 어리미친 : 어리석고 미치광스러운

◦ 길우ᄂᆞ다 : 기르+우(사동접미사)+ᄂᆞ다(의문형어미)>기르게 하는가

◦ 일너 : 니ᄅᆞ(謂)+어>닐어(15세기)>말하여

◦ ᄒᆞ로소니 : ᄒᆞ+로소니(구속형)>하기에

◦ ᄇᆡ못기 : ᄇᆡ+못(築造)+기>배 만들기

◦ 쇽졀업슨 : 별 도리가 없는

◦ 어ᄂᆡ>어느(관형사)

◦ 고집고야 : 고집+고야(감어)>고집하는구나

◦ 왼 : 외(그르다, 잘못되다)+ㄴ(관)>잘못된

◦ 扁舟(편주) : 작은배, 조각배+곳(강조조사)>조각배만 아니타면

◦ 밧골 : 밧고(바꾸다)+ㄹ>바꿀

◦ 浮萍(부평) : 개구리밥인 풀이름

◦ 一葉舟(일엽주) : 一葉扁舟의 준말

◦ 어딗부쳐 : 어디부터

◦ 돈힐눈고 : 돈(走)+니(行)+ㄹ(관)+ᄂ(의명)+ㄴ고(의)>다닐것인가

◦ 물 : 무리(群, 衆)

◦ 빗기 : 빗기(부-비스듬히)

◦ 臨風詠月(임풍영월) : 맑은 바람과 밝은 달을 대하여 시를 짓고 즐겁게 놂

◦ 狼藉(낭자)터니 : 어지럽더니

◦ 大劍長鎗 : 큰 칼과 긴 창

◦ 빅언마ᄂ : 빅+건마ᄂ(ㅣ모음 아래 'ㄱ' 탈락) >배건마는

◦ 가진빅 : 가진+ㅂ(의명)+ㅣ(주격)>가진 바가

時時로멀이드러北辰을ᄇ라보며傷時老淚를天一方의디이ᄂ다吾東方
文物이漢唐宋애디랴마ᄂ國運이不幸ᄒ야海醜兇謀애萬古羞을안고이
셔百分에ᄒ가지도못시셔ᄇ려거든이몸이無狀ᄒ들臣子ㅣ되야이셔
다가窮達이길이달라몬뫼ᄋᆞᆸ고늘거신들憂國丹心이야어ᄂᆡ刻애이즐
넌고
慷慨계운壯氣는老當益壯ᄒ다마ᄂ됴고마ᄂ이몸이病中에드러시니雪
憤伸寃이어려올둧ᄒ건마ᄂ그러나死諸葛도生仲達을멀리좃고발 업
슨孫臏도龐涓을잡아거든ᄒ믈며이몸은手足이ᄀ자잇고命脈이 이어
시니鼠竊狗偸을저그나저흘소냐飛船에ᄃ려드러先鋒을거치면九十月
霜風에落葉가치헤치리라七縱七擒을우린들못ᄒ것가
蠢彼島夷들아수이乞降ᄒ야ᄉ라降者不殺이니너를구틔殲滅ᄒ랴吾王
聖德欲竝生ᄒ시니라太平天下애堯舜郡民되야이셔日月光華ᄂ 朝腹
朝ᄒ얏거든戰船ᄐ던우리몸도漁舟에唱晚ᄒ고秋月春風에놉히베고
누어이셔聖代海不揚波를다시보려ᄒ노라 <盧溪先生文集>

<어형 분석>

◦멀이드러 : 머리 들어

◦디이ᄂ다 : 디(떨어지다)+이(사동)+ᄂ다(감어)>떨어뜨리는구나

◦吾東方 : 우리나라

◦디랴마ᄂ>지랴마는(구개음화)

◦海醜兇謀(해추흉모) : 왜구의 흉악한 꾀

◦萬古羞(만고수) : 천추에 씻을 수 없는 부끄러움

◦臣子ㅣ : 臣子+ㅣ(주격)>신하가

◦몬 뫼ᄋᆞᆸ고 : 몬(못)+뫼(모시다)+ᄋᆞᆸ+고>못 모시옵고

◦憂國丹心(우국단심) : 나라를 걱정하는 정성어린 마음

◦ 어늬 : 어느+긱(때, 시각)+애>어느 때에

◦ 이즐넌고 : 잊+으+ㄹ넌고(미래의문)>잊을 것인가

◦ 慷慨(강개) : 정의심이 복받치어 슬퍼하고 한탄함

◦ 못시셔 : 못(不)+싯+어>못 씻어

◦ ㅂ려거든 : ㅂ리(棄, 버리)+어+거든>버리거든

◦ 계운 : 계우(이기지 못하다)+ㄴ>이기지 못한

◦ 됴고마ᄂ : 조고만한(구개음화, 단모음화)>조그마한

◦ 壯氣(장기) : 씩씩한 기운

◦ 老當益壯(노당익장) : 늙으면서 더욱 기운이 씩씩함

◦ 좃고 : 좇(逐, 7종성법)+고>쫓고

◦ 雪憤伸寃(설분신원) : 분함을 씻고 가슴에 맺힌 원한을 풀어버리는 것

◦ ᄀ자 : ᄀᄌ다>갖추어지다

  * ᄀ초(갖추다)+아>갖추어

◦ 저그나 : 적+으나>조금이라도

◦ 저흘소냐 : 젛(두려워하다)+으+ㄹ소냐(미래 의문형 어미)>두려워할
  소냐

◦ 飛船(비선) : 나는 듯이 달리는 배

◦ 선봉 : 맨 앞장

◦ 거치면 : 휘몰아치면

◦ 乞降(걸항) : 항복하여 용서를 빎

◦ ᄒ야ᄉ라 : ᄒ+야ᄉ라(명령형어미)>하려므나

◦ 欲並生(욕병생) : 함께 살고자 함

◦ 堯舜君民(요순군민) : 요순시대와 같은 임금과 백성

◦ 日月光華(일월광화) : 해와 달의 빛으로 임금의 성덕

◦ 누어이셔 : 눕+어+이+셔>누버이셔>누워서

日東壯遊歌(일동장유가)

영조 39년(1763) - 40년(1764)에 金仁謙(김인겸)이 3·4조(4음보)의 형식으로 11개월(1763. 8. 3 - 1764. 7. 8) 동안 江戶(동경)를 왕래하면서 旅程(여정)을 기록한 紀行歌辭(기행가사)이다. 통신사 일행의 여행 중 생활, 문물제도, 인물, 풍속 등을 표현하였다. 주제는 일본 여행에서 얻은 견문과 여정이며, 특징은 사실적, 직서적 서술이며, 국어로 쓰여진 최장편 기행가사로 총 4책으로 구성되었다.

제1책은 일본에서 친선 사절을 청하여, 여러 수속 끝에 8월 3일 서울을 출발하여 용인, 충주, 문경, 예천, 안동, 영천, 경주, 울산, 동래를 거쳐 부산에 이르고, 제2책은 10월 6일, 부산에서 승선하여 발선하는 장면에서부터 대마도, 일기도, 축전주, 람도를 거쳐 적간관에 도착하여 머물고, 제3책은 정월 초하루 적간관의 명절 이야기로부터 오사카, 교토, 와다와라, 시나카와를 거쳐 에도(동경)에 들어가 사신의 임무를 마친 내용이다. 그리고 제4책은 3월 11일 귀로에 올라 6월 22일 부산에 귀환, 7월 8일 서울에 와서 영조께 아뢰는 내용이다.

연구문제

1. 이 작품의 내용을 여정에 따라 정리해 보자.
2. 작자는 일본 사람들을 어떻게 보았는지 관련된 구절을 인용하여 말하여라.
3. 이 작품의 국어상의 특징을 설명하라.
4. 다음을 어법적으로 분석하라.
   '내드라서, 모닷닉, 뫼와, 가치옷, 쩌디시니, 안자시니'

> 평싱(平生)의 소활(疎闊)ᄒ야 공명(功名)의 ᄠ디 업닉.
> 진수 청명(淸明) 죡ᄒ거니 대과(大科)ᄒ야 무엇ᄒ리.
> 댱듕졔구(場中諸具) 업시ᄒ고 유산(遊山) 힝장(行裝) 출혀 내여
> 팔도(八道)로 두루 노라 명산(名山) 대쳔(大川) 다 본 후의,
> 풍월(風月)을 희롱(戲弄)ᄒ고 금호(金湖)의 누엇더니,
> 북창(北窓)의 ᄌᆞᆷ을 ᄭᅵ야 셰샹 긔별 드러 ᄒ니,
> 관븍(關白)이 죽다 ᄒ고 통신ᄉᆞ(通信使) 쳥ᄒᆞᆫ다닉.

<어형 분석>

◦ 평싱의 : 평싱(평생)+의(에)>평생에

◦ ᄠ디 : ᄠᅳ(8종성법)+이>뜻이

◦ 출혀 내여 : 차려 내어 / 출히다>출이다>차리다

◦ 노라 : 놀+아>놀아

◦ 누엇더니 : 눕+엇(과거)+더+니>누웠더니

◦ 금호 : 금강(공주)

◦ 긔별 : 기별(소식)

◦ 관븍(關白) : 옛날 일본의 관직, 여기서는 당시 일본의 통치자 도꾸가
   와 이에모리(德川家重)를 말함

◦ 통신사(通信使) : 조선 때 일본으로 보내던 사신

이 째는 어느 쌘고. 계미(癸未) 팔월 초삼이라.

북궐(北闕)의 하딕(下直)ᄒ고 남대문 내도라셔,

관왕묘(關王廟) 얼픗 지나 전싱셔(典牲署) 다도르니,

ᄉ힝을 젼별(餞別)ᄒ랴 만됴(滿朝) 공경(公卿) 다 모닷늬.

곳곳이 댱막(帳幕)이오 집집이 안마(鞍馬)로다.

좌우 전후 뫼와 들어 인산인힉(人山人海) 되어시니,

졍 잇는 친구들은 손 잡고 우탄(吁嘆)ᄒ고,

쳘 모르는 소년들은 불워ᄒ기 측량(測量) 업늬.

<어형 분석>

◦ 하딕ᄒ고 : 하딕ᄒ(하직하다)+고>하직하고

  셰ᄌ는 밧긔 겨시더니 군신이 절ᄒ야 하직ᄒ니라 <산성일기>8)

◦ 내도라셔 : 내돋(갑자기 힘차게 뛰어 나가다)+아셔>내달려서

◦ 얼픗 : 얼핏(얼른)

◦ ᄉ힝(使行) : 통신사의 행렬

◦ 전별ᄒ랴 : 전별ᄒ(이별하다)+랴(의도)>이별하려고

◦ 모닷늬 : 몯(모이다)+앗(과거)+늬(어미)>모였네

  * 몯다 : 못하다

◦ 안마 : 안장 얹은 말

◦ 뫼와 : 뫼오(모으다)+아>모여

  * 뫼호다>뫼오다>모으다(모이다)

◦ 되어시니 : 되+엇+이니>되었으니

◦ 우탄(吁嘆) : 슬피 탄식함

---

8) 山城日記는 인조 때 어느 궁녀가 쓴 글임.

◦ 불워ᄒ기 : 불워ᄒ(부러워하다, 원순모음화)+기>부러워하기

　브러ᄒ다>블워ᄒ다>불워하다

　브러ᄒ며 할아미 올티 아니ᄒ니라 <번역소학>

　可히 차탄ᄒ여 블워ᄒ며 <소학언해5:102>9)

　셕양(夕陽)이 거의 되니 낫낫치 고별(告別)ᄒ고,

　상마포(上馬砲) 세 번 노코 ᄎ례로 쩌나갈식,

　졀월(節鉞) 젼빅(前陪) 군관(軍官) 국셔(國書)를 인도ᄒ고

　비단 일산(日傘) 슌시(巡視) 녕긔(令旗) ᄉ신(使臣)을 뫼와셧다.

　내 역시 뒤흘 ᄯ라 역마(驛馬)를 칩더 ᄐ니,

　가치옷 지로나쟝(指路羅將) 깃 꼿고 압희 셔고,

　마두셔쟈(馬頭書子) 부쵹ᄒ고 짱겻마 잡앗고나.

　셰ᄑ긴놈의 된소릭로 권마셩(勸馬聲)은 무슴 일고.

　아모리 말나여도 전례(典例)하고 부딕 ᄒ니.

　빅슈(白鬚)의 늙은 션비 졸연(猝然)이 별셩(別星) 노릇,

　우습고 긔괴(奇怪)ᄒ니 눔 보기 슈괴(羞愧)ᄒ다.

<어형 분석>

◦ 낫낫치 : 낫낫(낱낱, 하나하나)+치>낫나치>낱낱이

　낱낱이>낫나티>낫나치(7종성법, 구개음화)

◦ 상마포(上馬砲) : 말에 오르라는 신호

◦ 졀월(節鉞) : 사신 앞에 등대시키는 절과 부월로 生殺權을 상징

◦ 젼빅(前陪) : 벼슬아치의 행차 때 앞을 인도하는 하인

---

9) 飜譯小學(번역소학)은 중종 13년 1518년, 小學諺解(소학언해)는 선조 19년 1586년에 간행된 책임.

◦ 국셔(國書) : 국가의 원수가 국가의 이름으로 보내는 외교 문서

◦ 일산(日傘) : 양산

◦ 슌시(巡視) : 돌아다니며 사정을 보살핌. 또는 그런 사람

◦ 녕긔(令旗) : 군령을 전달하는 데 쓰는 깃대 이름

◦ 뫼와셧다 : 뫼오(모시다)+아+셧다(섰다)>모시어 섰다

◦ 뒤흘 : 뒤+ㅎ(ㅎ곡용어)+을>뒤를

◦ 칩더 트니 : 올라 타니

◦ 가치옷 : 갖옷>갓옷>갖옷(털가죽을 안에 대고 지은 옷)

◦ 꼿고 : 곶(꽂다)+고>꽂고

◦ 압희 : 앞+의>앞에

◦ 부쵹ᄒ고 : 부축하고

◦ 쌍겻마 : 쌍으로 끄는 말

◦ 된소릭 : 큰소리

◦ 말나여도 : 말리어도

◦ 부듸 : 부디

◦ 졸연>갑자기

◦ 별셩(別星) : 임금의 명령을 받들고 외국으로 가는 사신

◦ 노릇 : 노릇, 구실

◦ 우습고 : 웃+습>우습>우습고

◦ 슈괴ᄒ다 : 부끄럽다

댱풍(壯風)이 돗츨 드라 뉵션(六船)이 홈끠 써나,

삼현(三絃)과 군악 소리 산히(山海)를 진동ᄒ니,

믈 속의 어룡들이 응당이 놀라도다.

ᄒ구(海口)를 엇픗 나셔 오뉵도(五六島) 뒤지우고,

고국(故國)을 도라보니 야쇠(夜色)이 챵망(滄茫)ᄒ야

아모것도 아니 뵈고, 연ᄒ 변진(邊鎭) 각 포(浦)의

불빗 두어 뎜이 구름 밧긔 뵐 만ᄒ니

<어형 분석>

◦ 댱풍(壯風) : 댱풍>쟝풍>장풍(거센 바람)

◦ 돗츨 : 돗(帆)>돚+을>돛을

　　ᄇ름을 타 **돛글** 돌고 밧비 나가거늘 <태평1:3>

◦ 함끠 : 함께

◦ 믈 : 물

◦ 엇픗 : 얼픗>언뜻

◦ 뎜이 : 졈>졈+이

◦ 밧긔 : 밧(밖)+ㄱ+의(에)>밖에

◦ 뵐 : 보+ㅣ(피동)+ㄹ>보일

비방의 누어 이셔 내 신셰를 싱각ᄒ니,

ᄀᆞ둑이 심난ᄒᆞᄃᆡ 대풍이 니러나니,

태산 ᄀᆞ튼 셩낸 믈결 텬디의 ᄌᆞ옥ᄒ니,

큰나큰 만곡쥐(萬斛舟ㅣ) 나모닙 브치이ᄃᆞᆺ,

하늘의 올라다가 디함(地陷)의 ᄂᆞ려지니,

열 두 발 빵돗대ᄂᆞᆫ 지이텨로 구버 잇고,

쉰 두 복 초셕 돗츤 반둘쳐로 빅블럿ᄂᆡ.

굵은 우레 준 별악은 등 아래셔 딘동ᄒ고,

셩낸 고래 동ᄒᆞᆫ 놉은 믈 속의셔 희롱ᄒᄂᆡ.

방 속의 요강 타구 잣바지고 업더지고,

샹하 좌우 비방 널은 닙닙히 우ᄂᆞᆫ구나.

\<어형 분석\>

∘ ᄀᆞ둑이 : 가뜩이나

∘ ᄀᆞ튼 : ᄀᆞᇀ+ᄋᆞ+ㄴ>같은

 곧다>ᄀᆞᆺ다>같다, 곧ᄒᆞ다>ᄀᆞᇀ다>곧ᄐᆞ다>ᄀᆞᇀ다

∘ 텬디 : 천지

∘ 만곡쥐 : 만곡(萬斛) 쥬(舟)+ㅣ(주격조사)>만곡주가

∘ 나모닙 : 나모(나무)+닙(잎)>나뭇잎

∘ 하늘의 : 하늘+의(에)>하늘에

 하ᄂᆞᆶ해(하ᄂᆞᆶ+ㅎ+애) 갯다가 ᄂᆞ려와 \<석보6:19\>

∘ 준 : 줄(잘다)+ㄴ>잔

∘ 별악 : 벼락

이윽고 ᄒᆞᆡ 돗거늘 장관(壯觀)을 ᄒᆞ여 보ᄉᆡ,

니러나 빗문 열고 문셜쥬 잡고 셔셔,

ᄉᆞ면을 ᄇᆞ라보니 어와 장홀시고,

인싱 텬디간의 이런 구경 ᄯᅩ 어ᄃᆡ 이실고.

구만(九萬) 니 우듀 속의 큰 믈결분이로ᄉᆡ.

등 뒤흐로 도라보니 동ᄂᆡ(東萊) 뫼이 눈섭 ᄀᆞᆺ고,

동남을 도라보니 바다히 ᄀᆞᆺ이 업ᄂᆡ.

우아ᄅᆡ 프른 빗치 하늘 밧긔 다하 잇다.

슬프다 우리 길이 어ᄃᆡ로 가ᄂᆞᆫ쟉고,

홈긔 써ᄂᆞᆫ 다슷 비ᄂᆞᆫ 간 ᄃᆡᄅᆞᆯ 모롤로다.

ᄉᆞ면을 두로 보니 잇다감 믈결 속의

부체만 쟈근 돗치 들낙날낙 ᄒᆞᄂᆞᆫ구나.

<어형 분석>

∘ 돗거늘 : 돗(돋다, 7종성법)+거늘>돋거늘

　두 ᄒᆡ 돋다가 세 ᄒᆡ 도ᄃᆞ면 <월석1:48>

∘ 문셜쥬(이중모음) : 문설주

∘ 이실고 : 이시(잇)+ㄹ고>있을까?

∘ 니 : 리

∘ 우듀 : 우듀>우쥬>우주

∘ 믈결 : 물결

∘ 뫼이 : 뫼(산)+이

　뫼ᄒᆡ 져고믈 ᄒᆞᆫ 번 보리라 <두시언해13:1>

∘ 바다히 : 바다+ㅎ+이>바다가

∘ ᄀᆞᆺ이 업네 : ᄀᆞᆺ이업다(끝이 없다)>끝이 없네

○ 우아릭 : 위아래

○ 두로 : 두루

○ 잇다감 : 이따금

○ 쟈근 : 쟉은>작은

> 션듕을 도라보니 저마다 슈질(水疾)ᄒ야,
> 똥물을 다 토ᄒ고 혼졀(昏絶)ᄒ야 죽게 알닉.
> 다ᄒᆡᆼ홀샤 죵ᄉ샹(從使上)은 태연이 안ᄌ시구나.
> 빅방의 도로 드러 눈 곰고 누엇더니,
> 되마도 갓갑다고 샤공이 니ᄅ거늘,
> 고텨 니러 나와 보니 십 니는 남앗고나.
> 왜션 십여 쳑이 예션ᄎ로 모다 왓닉.
> 그제야 돗츨 치고 빅 머리의 줄을 믹야,
> 왜션을 더지으니 왜놈이 줄을 바다,
> 제 빅예 믹여 노코 일시의 ᄂ리으니
> 션ᄒᆡᆼ(船行)이 안온ᄒ야 좌슈포(佐須浦)로 드러가니,
> 신시(辛時)는 ᄒ여 잇고 복션(卜船)은 몬져 왓다

<어형 분석>

○ 알닉 : 앓네

○ 니ᄅ거늘 : 니ᄅ(이르다, 말하다)+거늘>이르거늘

부톄 <u>니ᄅ샤ᄃᆡ</u> <석보23:4>

내 샹녜 이리 <u>니르다니</u> <석보13:60>

○ 갓갑다: 가깝다

○ 고텨 : 고쳐, 다시

◦ 모다 : 모두

◦ 더지으니 : 더지(던지다)+으니>던지니

　창을 미처 더지니 <三譯1:21>(1703년)

　어듸라 더디던 돌코 <악장, 청산별곡>(중종)

◦ 비예 : 비(배)+예(에)>배에

포구(浦口)로 드러가며 좌우를 둘러보니,

봉만(峰巒)이 삭닙(削立)ᄒ야 경치가 긔절(奇絶)ᄒ다.

송슘(松杉) 듁빅(竹栢) 귤뉴(橘柚) 등감 다 몰쇽 등쳥일싀.

왜봉(倭奉) 여슷 놈이 금도졍(劍道亭)의 안잣구나.

인개(人家ㅣ) 쇼됴(疎凋)ᄒ고 여긔 세 집 뎌귀 네 집

합ᄒ야 혜게 되면 ᄉ오십 오 더 아니타.

집 형샹이 궁슝(穹崇)ᄒ야 노젹덤이 ᄀᆞ고내야.

<어형 분석>

◦ 긔졀(奇絶)ᄒ다 : 기절하다(아주 신기하고 기이하다)

◦ 몰쇽 : 몽땅

◦ 안잣구나 : 앉+앗+구나>앉았구나

◦ 인개(人家ㅣ) : 인가+ㅣ(주격조사)>인가가

◦ 여긔 뎌귀 : 여기 저기

◦ 혜게 : 혜(헤아리다, 생각하다)+게>헤아리게

5.2. 時調文學(시조문학)

임진왜란의 민족적 시련을 겪으면서 지난날처럼 자연을 벗삼아 노래하는 安貧樂道(안빈낙도)나 어떤 戀情(연정)만을 노래할 수는 없었다. 전란을 통한 민족적 비분과 참담한 삶을 사실적으로 그린 시조문학이 대두되었으며, 한편으로는 보다 심오한 철학적 사상이 반영된 자연을 노래하는 작품이 나왔다.

歌客(가객)들은 양반들 중심의 풍류적 운치를 자신들의 풍류적 삶으로 바꾸었으며 창작에 힘을 기울였다. 따라서 그때까지 지어진 시조들을 모은 시조집을 편찬하였다. 그리고 서민생활을 해학과 풍자로 그린 사설시조가 나와 당시 시조형식을 과감히 탈피하게 되었다. 즉, 새로운 美意識(미의식)을 담아 시가문학의 새 지평을 열었으며, 이는 조선후기 시조문학의 중요한 계기를 마련하였다. 또한 당시 시대적 정신을 반영시킨 점에서 시조문학의 큰 의의가 있다.

山中新曲(산중신곡)

尹善道(윤선도)가 1642년(인조 20)에 지은 연시조.로 ≪孤山遺稿(고산유고)≫ 권6에 수록되어 있다. 작자가 전라남도 해남의 金鎖洞(금쇄동)에서 지은 시조로 모두 18수이다. <漫興(만흥)> 6수를 비롯하여 <朝霧謠(조무요)>·<日暮謠(일모요)>·<夜深謠(야심요)>·<饑世嘆(기세탄)> 각 1수, <夏雨謠(하우요)> 2수, 그리고 <五友歌(오우가)> 6수이다.

윤선도는 성산현감에서 파직되어 고향으로 돌아와 있다가 병자호란 때에 의병으로 출정하였다. 그러나 임금의 환도에 즉시 문안하지 않았다 하여 경상북도 영덕으로 귀양가게 되었는데, 풀려 나온 뒤의 심정을 노래

한 것이 <산중신곡>이다. 자연 속에 파묻혀 사는 것을 작자의 분수에
맞는 일로 여기며 인간세계에서 소외된 작자의 고독을 드러냈다. 또한
자연물을 벗으로 선택하여 작자의 세계관과 가치관이 잘 드러나 있다.

1. 만흥(漫興)

> 山水間(산수간) 바회 아래 뛰집을 짓노라 ᄒ니,
> 그 모론 ᄂᆞᆷ들은 욷는다 ᄒ다마ᄂᆞᆫ,
> 어리고 햐암의 뜻의ᄂᆞᆫ 내 分(분)인가 ᄒ노라.

∘ 바회 : 바위
∘ 욷는다 : 웃는다
∘ 모론 : 모로(모르다)+ㄴ>모른
∘ 어리고 : 어리석고
∘ 햐암 : 鄕闇(향암)>시골 백성

> 보리밥 픗ᄂᆞ믈을 알마초 머근 後(후)에,
> 바횟긋 믉ᄀᆞ의 슬ᄏᆞ지 노니노라.
> 그나믄 녀나믄 일이야 부롤 줄이 이시랴.

∘ 알마초 : 알맞게
∘ 바횟긋: 바회+ㅅ(의)+긋(끝)
∘ 믉ᄀᆞ의 : 믈ᄀᆞ(물가)+의(에)
∘ 슬ᄏᆞ지 : 실컷(슬ᄏᆞ장)

◦ 부를 : 불(부러워하다)+율>부러워할

　*블다 : 부러워하다

　　잔들고 혼자 안자 먼 뫼흘 브라보니,

　　그리던 님이 오다 반가옴이 이리 ᄒᆞ랴.

　　말슴도 우움도 아녀도 몯내 됴하 ᄒᆞ노라.

◦ 혼자 : 호자

　시냇ᄀᆞ의 <u>호자</u> 안자 (상춘곡)(1470년)

　<u>혼자</u> 달오미 몯홀 거시니 <번역소학9:48>(1518년)

◦ 뫼흘 : 뫼(산)+ㅎ+을>산을

◦ 우움도 : 웃+우+ㅁ>우숨>우움>우움(웃음)

◦ 몯내 : 못내

　<u>몯내</u> 알거시라 <월석1:14>

　<u>못내</u> 즐겨 ᄒᆞᄂᆞ다 <청구영언>

　　누고셔 三公(삼공)도곤 낫다 ᄒᆞ더니 萬乘(만승)이 이만ᄒᆞ랴.

　　이제로 헤어든 巢父許由(소부허유)ㅣ 냑돗더라.

　　아마도 林泉閑興(님천한흥)을 비길 곳이 업세라.

◦ 누고셔 : 누고(누구)+셔(주격조사)>누구가

◦ 헤다 : 헤아리다

◦ 냑돗더라 : 냑(약다, 형용사)+돗(강세)+더라>약더라

◦ 업세라 : 없+어+ㅣ라(감어)>없구나=없도다

> 내 셩이 게으르더니 하늘히 아르실샤,
>
> 人間萬事(인간만사)를 혼일도 아니 맛뎌,
>
> 다만당 두토리 업슨 江山(강산)을 딕희라 ᄒ시도다.

◦ 셩이 : 셩(셩질)+이>셩질이

◦ 맛뎌 : 맡기어

◦ 두토리 : 두토(다투다)+ㄹ+이(것)>다툴 것이

◦ 딕희라 : 딕희(지키다)+라>지키라

> 江山(강산)이 됴타 흔들 내 分(분)으로 누얻ᄂ냐.
>
> 님군 恩惠(은혜)를 이제 더옥 아노이다.
>
> 아므리 갑고쟈 ᄒ야도 히올 일이 업세라.

◦ 됴타 : 둏+다>좋다

◦ 갑고쟈 : 갚고자

◦ 히올 : ᄒ+ㅣ(사동)>히(시키다)+오+ㄹ>해야 할

◦ 업세라 : 없+에라(구나, 도다)>없도다=없구나

2. 조무요(朝霧謠)

> 월츌산이 놉더니마ᄂᆞᆫ 믜운거시 안개로다
> 텬왕 뎨일봉을 일시예 ᄀᆞ리와다
> 두어라 히 퍼딘 휘면 안개아니 거드랴

∘ 놉더니마ᄂᆞᆫ : 놉(높다,)+더니+마ᄂᆞᆫ>높다지마는
∘ ᄀᆞ리와다 : ᄀᆞ리왇(가리다)+아>가리워서
∘ 퍼딘 : 퍼진

3. 하우요(夏雨謠)

> 비오ᄂᆞᆫᄃᆡ 들희 가랴 사립 닷고 쇼 머겨라
> 마히 ᄆᆡ양이랴 잠기 연장 다스려라
> 쉬다가 개ᄂᆞᆫ 날 보아 ᄉᆞ래 긴 밧 가라라.

∘ 들희 : 들+의(에)>들에
∘ 닷고 : 닫(닫다, 7종성법)+고>닫고
∘ 쇼 : 소
∘ 마히 : 마(장마)+ㅎ+이>장마가
∘ ᄆᆡ양 : 늘, 항상
∘ 잠기 : 쟁기
∘ 밧 : 밭(7종성법)

> 심심은 ᄒ다마ᄂᆞ 일 업슬 슨 마히로다
> 답답은 ᄒ다마ᄂᆞ 閑暇홀슨 밤이로다
> 아히야 일즉 자다가 東 트거든 닐거라.

○ 업슬 슨 : 없+을+ᄉ(것)+ㄴ>없을 것은

○ 일즉 : 일직>일찍

○ 닐거라 : 닐(일어나다)+거라>일어나거라

4. 일모요(日暮謠)

> 夕陽(셕양) 넘은 후에 山氣(산긔)ᄂᆞ 됴타마ᄂᆞ
> 黃昏(황혼)이 갓가오니 物色(물ᄉᆡᆨ)이 어둡ᄂᆞᆫ다
> 아히야 범 므셔온ᄃᆡ 나ᄃᆞᆫ니디 마라라

○ 산긔 : 산기(산 기운)

○ 됴타마ᄂᆞ : 둏(좋다)+다+마ᄂᆞ>좋다마는

○ 므셔온ᄃᆡ : 므셥+으+ㄴ+ᄃᆡ>므셔볼ᄃᆡ>므셔운ᄃᆡ>무셔온ᄃᆡ>무서운데

○ 나ᄃᆞᆫ니다 : 나ᄃᆞᆫ니다>나ᄃᆞ니다>나다니다

5. 야심요(凍深謠)

> ᄇᆞ람 분다 지게 다다라 밤들거다 블 아사라,
> 벼개예 히즈려 슬ᄏᆞ지 쉬여보쟈,
> 아히야 새야 오거든 내 ᄌᆞᆷ와 ᄭᆡ와스라

◦ 지게 : 지게(戶)>지게문
◦ 블 : 불
◦ 아사라 : 꺼라
◦ 벼개예 : 벼개+예(ㅣ모음 다음)
◦ 히즈려 : 히즐이(드러눕다)+어>드러누워

6. 기세탄(饑歲歎)

> ◦ 환자타 산다 ᄒ고 그룰사 그르다 ᄒ니,
> 이제(夷齋)의 노픈줄을 이렁구러 알관디고,
> 어즈버 사름이야 외랴 히 운의 타시로다

◦ 환자타 : 환자(還子)=還穀(조선 시대에, 곡식을 사창(社倉)에 저장하였
  다가 백성들에게 봄에 꾸어 주고 가을에 이자를 붙여 거두던 일)+타
  (받아)
◦ 그룰사 : 그릇(그르다)+ㄹ+사(ᄉ+아)>그를 것아
◦ 이렁구러 : 이렁굴어(이러구러)>이럭저럭
◦ 외랴 : 외(그르다)+랴>그르랴
◦ 운의 : 운수의
◦ 타시로다 : 탓+이+로다

7. 오우가(五友歌)

1. 서수

> 내 버디 멋치나 ᄒ니 水石과 松竹이라
> 東山의 ᄃᆞᆯ오르니 긔더옥 반갑고야
> 두어라 이 다슷밧긔 ᄯᅩ더ᄒᆞ야 머엇ᄒ리

◦ 버디 : 벋(벗, 8종성법)+이>벗이
◦ 다슷밧긔 : 다슷(다ᄉᆞᆺ)+밧긔(밧+ㄱ+의>밖에
◦ 머엇ᄒ리 : 무엇하리

2. 水

> 구룸빗치 조타 ᄒ나 검기를 ᄌᆞ로ᄒᆞᆫ다
> ᄇᆞ람 소릭 ᄆᆞᆰ다 ᄒ나 그칠 적이 하노매라
> 조코도 그츨뉘 업기ᄂᆞᆫ 믈뿐인가 ᄒ노라

◦ 구룸 : 구름
◦ 빗치 : 빛이
◦ 조타 : 좋(깨끗하다)+다>깨끗하다
◦ ᄌᆞ로 : 자주
◦ ᄇᆞ람 : 바람
　 블이 ᄃᆞ라디고 춘 ᄇᆞᄅᆞᆷ 블어늘 <월인상37>
◦ 하노매라 : 하(많다)+노매라(는구나)>많구나

∘그츨뉘 : 그츠(그치다)+ㄹ+뉘(누구)>그칠 사람
∘믈 : 물

3. 石

> 고즌 므스 일로 퓌며셔 쉬이 디고
> 플은 어이ᄒ야 프르ᄂᆞᆺ 누르ᄂᆞ니
> 아마도 변티아닐순 바회ᄲᅮᆫ인가 ᄒ노라

∘고즌 : 곶(꽃)+은>꽃은
∘므스 : 무슨
∘디고 : 지고
∘플은 : 플(풀)+은
∘변티아닐순 : 변티(변치)+아니+ㄹ+ᄉ(것)+ㄴ>변치 아니할 것은

4. 松

> 더우면 곳픠고 치우면 닙디거늘
> 솔아 너ᄂᆞᆫ 엇디 눈서리를 모르ᄂᆞᆫ다
> 九泉의 불휘 고ᄃᆞᆫ줄을 글로ᄒ야 아노라.

∘곳 : 꽃(곶→곳)
∘닙 : 닙(닢, 8종성법)>잎
∘디거늘 : 지거늘
∘불휘 : 뿌리
∘고ᄃᆞᆫ : 곧+ᄋᆞᆫ>곧은

◦글로흐야 : 글로(그것으로)+흐야>하여

5. 竹

> 나모도 아닌 거시 플도 아닌 거시
>
> 곳기는 뉘 시기며 속은 어이 뷔연는다
>
> 뎌러코 四時예프르니 그를 됴하 흐노라

◦나모도 : 나무도
◦플도 : 풀도
◦곳기는 : 곳기(곧기)+는>곧기는

　놉고 고드며 <석보19:7>

　간난흐고 신고흔 절개를 곳다 이르고 <女四解4:17>(1736년)
◦뉘 : 누구
◦시기며 : 시키며

6. 月

> 쟉은 거시 노피 떠서 만물을 다 비취니
>
> 밤듕의 光明이 너만흐니 또 잇느냐
>
> 보고도 말 아니 흐니 내벋인가 흐노라

◦노피: 높+이(부접)>높게
◦너만흐니 : 너+만흐니(만하니)>너만하니
◦벋 : 벗

제6장
종합문제

중세국어문법의
이론과 실제

중세국어문법의 이론과 실제

제6장
종합문제

1. 음운론

1. 다음에 지시하는 대로 기술하시오.

(1) <보기> ①을 참조하여 <표>에 해당되는 중세국어의 음운을 쓰고, 근대국어 및 현대국어 자음 체계와의 차이점을 기술하시오.

<보기> ① 訓民正音二十八字 各象其形而制之 初聲凡十七字

牙音象舌根閉喉之形, 舌音象舌附上顎之形, 脣音象口形, 齒音象齒形, 喉音象喉形

<표> 初聲(子音, 17자)

五音	象 形	기본자	가획자	이체자
牙音	혀뿌리가 목구멍을 막는 꼴			
舌音	혀가 윗잇몸에 붙는 꼴			
脣音	입의 꼴			
齒音	이의 꼴			
喉音	목구멍의 꼴			

② 東國正韻 23초성 체계에는 앞 <표> 초성 17자 외에 전탁음 6자
(ㄲ, ㄸ, ㅃ, ㅆ, ㅉ, ㆅ)가 들어간다.

(2) 세종 당시에 <보기> ②의 전탁자(된소리) 특성을 설명하시오.

(3) '스ㄱ볼'처럼 'ㅸ'은 23자에 들어가지 않으면서도 15세기 당시 우
리말에 많이 사용되었다. 그 이유를 설명하시오.

2. 중세국어의 이중모음이 근대국어, 현대국어에 오면서 단모음으로 되
   었다. 이에 중세국어의 'ㅐ, ㅔ, ㅚ, ㅟ'는 이중모음이었음을 다음 예를
   사용하여 기술하시오.

① 불휘 기픈 남ㄱ
② 妖怪ㄹ뷘 새 오거나
③ 막대예 샹커나, 따해 업데여
④ 孝道ㅎ고, 히미 세오
⑤ 구스리 바회예 디신들

3. <보기>의 예를 바탕으로 '중세국어-근대국어-현대국어' 종성 표기의
   변천에 대해 설명하시오.
   <보기> ① 깁고, 받(田), 몬(不, 釘), 못(池), 벋(友)
           ② 깊고, 밭(田), 곶(花)
           ③ 곳(花), 밧(田), 못(不, 釘, 池), 벗(友)
           ④ 꽃[꼳], 밭[받], 벗[벋]

4. 다음 예문을 통해 중세국어에서 '이[i]'과 'ㅇ[ŋ]'의 사용 특성을 기술하
   시오.
   ① 하나빌 미드니잇가 <용비어천가>
   ② 숲바올 닐곱과 <용비어천가>
   ③ 내 이를 爲윙ᄒᆞ야 어엿비 너겨 <훈민정음>
   ④ 놀애를 부르리 하되 <용비어천가>
   ⑤ 남기 뼤여 셩性명命을 ᄆᆞᄎᆞ시니 <월인천강지곡>

5. 다음 예문을 통해 'ㆆ'이 사용한 용례를 참고로 하여 그 용법에 대해
   설명하시오.
   ① ᄆᆞᄎᆞᆷ내 제 ᄠᅳ들 시러 펴디 몯 ᄒᆞᆶ 노미 하니라 <훈민정음>
      便뼌安한킈 ᄒᆞ고져 ᄒᆞᇙ ᄯᆞᄅᆞ미니라 <훈민정음>
      이런 젼ᄎᆞ로 어린 百ᄇᆡᆨ姓셩이 니르고져 ᄒᆞᇙ배 이셔도 <훈민정음>
      ㅋ는 엄쏘리니 快쾡ㆆ字ᄍᆞ처섬 <훈민정음>
      新신制졩 二ᅀᅵ十씹八밣字ᄍᆞ ᄒᆞ노니 <훈민정음>
   ② 岐山 올ᄆᆞ샴도 하ᄂᆞᇙ ᄠᅳ디시니 <용비어천가>

6. 다음 중세국어 예문을 통해 물음에 답하시오
   ① 굴허에 ᄆᆞ를 디내샤 도ᄌᆞ골 다 자ᄇᆞ시니 <용비어천가>
   ② 삭삭기 세몰애 별헤 나ᄂᆞ 구은밤 닷되를 심고이다 <정석가>
      모딘 쇠를 일우리잇가 <용비어천가>
      나랏 말ᄊᆞ미 中듕國귁에 달아 <훈민정음>
      잇ᄂᆞ 앒이 다 흐러가니 <두시언해>

   (1) ①을 통해 중세국어 표기 원칙을 설명하시오.
   (2) ②의 밑줄 친 부분들이 ①의 원칙에 따르지 않은 이유를 설명하
       시오.

7. 중세국어에서 사잇소리는 현대국어의 사잇소리와는 달리 관형격조사
   의 구실을 하였으나 매우 복잡하면서도 규칙적인 체제로 사용되었다.
   ① 몃 間ㄷ지븨 사ᄅ시리잇고 <용비어천가>

   天下애 功이 크샤ᄃᆡ 太子△位 다ᄅ거시늘 <용비어천가>

   ㄷᄂᆞᆫ 혀쏘리니 斗둫ᄫ字쭝처섬 펴아나ᄂᆞᆫ 소리 <훈민정음>

   ᄀᆞᄅᆷ ᄀᆞ새 자거늘 밀므리 사ᅌᆞ리로ᄃᆡ <용비어천가>

   뮈ᄀᆞ쁘디 일어시늘 聖孫을 내시니이다 <용비어천가>

   ② 正月ㅅ 나릿므른 아으 어져녹져 ᄒᆞ논ᄃᆡ <악학궤범, 동동>

   邊方ㅅ ᄀᆞ슬히 흔 그려긔 소리로다 <두시언해>

   고지 눖므를 쓰리게코 <두시언해>

   ③ 바회 우희 接柱ᄒᆞ요이다 <악장가사, 정석가>

   이 말ᄉᆞ미 이 뎜 밧긔 나명들명 <악장가사, 쌍화점>

   옰 보ᄆᆡ 본딘 ᄯᅩ 디나가ᄂᆞ니 <두시언해>

   (1) ①의 예문을 통해 사잇소리 쓰임의 조건에 대해 설명하시오.
   (2) ①의 예문과 ②의 예문에 사용된 사잇소리 표기의 차이가 생겨
      난 이유는 무엇인가 기술하시오.
   (3) ③은 관형격 조사 '익/의'가 사용되었으나 관형격으로 보기 어
      렵다. 그 이유를 설명하시오.

2. 형태론

1. 다음 예문을 통해 물음에 답하시오.

    (1) ① 뿔길 <u>노핀돌</u> 넌기 디나리잇가 <용비어천가>

        ② 둘하 <u>노피곰</u> 도두샤 <악장가사, 정읍사>

        ③ <u>사룸</u>은 킈니와 놀새도 긋처잇다 <사미인곡>

        ④ 지비 주그며 <u>사룸</u> 무룰디 업도다. <두시언해 초간본>

    (2) ① 기리 : 기릐, 키 : 킈

        ② 여름, 우숨, 우룸, 춤

        ③ 그물다, 깃다

    (1)에서 예문의 밑줄 친 부분에 대해 그 차이를 설명하시오.

    (2)에서 중세국어 파생어의 특성을 제시하시오.

2. 다음 예문을 통해 물음에 답하시오.

    ① 삭삭기 세몰애 별헤 나는 <정석가>

    ② <u>굼기</u> 아니 뵈시며 <월인석보>

    ③ 十二月 분디<u>남그</u>로 갓곤 <동동, 악학궤범>

    ④ 쫄애 山 두 <u>놀이</u> 흔 사래 뻬니 <용비어천가>

    ⑤ <u>홀룬</u> 아츠미 서늘하고 <월인석보>

    ⑥ 四海룰 <u>녀글</u> 주리여 <용가>

    (1) 위의 예문에서 밑줄친 부분은 중세국어의 체언의 형태 바꿈의 예들이다. 이를 분석하고 현대어로 쓰시오.

    (2) 다음 명사를 지시하는 형태로 쓰시오.

        하늘(주격), 여스(목적격), 구무(처소격), 시르(관형격)

3. 다음 예문에서 밑줄친 중세국어 조사의 쓰임에 대해 설명하시오.

  ① 입과 눈과, 나모<u>와</u> 투구<u>와</u>, 히<u>와</u> 둘<u>와</u>

  ② 威神<u>곳</u>, 아니<u>옷</u>, 일<u>옷</u>

  ③ 賞<u>가</u> 罰<u>아</u>

  ④ <u>부텻</u> 모미 여러 가짓 相이 フ즈샤 <석보상절 6:41>

  ⑤ <u>무틔</u>……靑蓮花ㅣ 나며 <월인석보 2:31>

  ⑥ <u>님금하</u> 아르쇼셔 <용비어천가 125>

4. 다음 예문을 통해 선어말어미 '오/우' 사용 용법에 대해 설명하시오.

  ① <u>올모려</u> 님금 오시며 <용가>

  ② 내 이것 <u>업수라</u> <법화>

  ③ 겨집들히 <u>나혼</u> 子息

  ④ 일훔 <u>지호딘</u> 常不輕이라 ㅎ니라 <월석>

  ⑤ 내 이제 훤히 <u>즐겁과라</u> <법화>

  ⑥ 岐山 <u>올ᄆ샴도</u> 하늜 ᄠ디시니 <용가>

5. 다음 <예문>의 밑줄 친 자료를 통해 높임법 선어말어미에 대해 설명 하시오.

  (1) ① 房을 아니 <u>받즈바</u> 法으로 <u>막습거늘</u> <월인>

     ② 내 니믈 <u>그리ᅀᅡ와</u> 우니다니 <정과정>

     ③ 三賊이 <u>좃줍거늘</u> <용가>

     ④ 곧 부텻 法度 <u>아습ᄂᆞ</u> 거시라 <능엄경언해>

     ⑤ 가지 드리워 如來를 <u>둪습고</u> <서보상절>

  (2) ① 모딘 도ᄌᆞᄀᆞᆯ <u>믈리시니이다</u> <용비어천가 35>

     ② 洛水예 山行가 이셔 하나빌 <u>미드니잇가</u> <용비어천가 125>

6. 중세국어의 격조사의 예인데 물음에 답하시오.

① ㉮나랏 ㉯말쓰미 中듕國귁에 달아 <훈민>

② ㉰대장뷔 세상에 나매 <홍길동전>

③ ㉱나라해이셔 ㉲도즈기 자칫 바다 <월인>

④ 흔 고래 ㉳뉘라셔 놀래관딕 <관동별곡>

⑤ ㉴부텻 功德을 <석보상절>

⑥ 옰 ㉵보미 본딕 또 디나가ᄂᆞ니 <두언>

⑦ 狄人ㅅ ㉶서리예 <용가>

⑧ 이 말ᄉᆞ미 이 덤 ㉷밧긔 나명들명 <쌍화점>

⑨ ㉸님금하 아ᄅᆞ쇼셔 <용가>   ⑩ ㉰딩아 돌하 <정석가>

(1) 존칭 호격조사를 사용한 예문의 번호를 쓰시오.

(2) ㉮~㉰에서 주격조사가 들어 있는 기호를 찾아 모두 쓰시오.

(3) ㉮와 ㉴에서 관형격 'ㅅ'을 쓴 이유를 쓰시오.

(4) ㉲와 ㉵의 '의'의 형태는 같으나 그 기능이 다른데 이유를 쓰시오.

(5) ㉶의 격조사에 대해 설명하시오.

(6) ㉷의 '밧긔'를 분석하고 현대어로 쓰시오.

(7) ㉰에서 조사가 다른 이유를 설명하시오.

7. 다음 예문에서 의존명사를 찾아 쓰시오.

① 因緣으로 世間애 나시논 디라 <석보상절>

② 말ᄊᆞᆷ롤 슬ᄫᅳ리 하되 <용가>

③ 설흔여슷 디위를 오르ᄂᆞ리시니 <월석>

④ 大同江 너븐 디 몰라서 <서경별곡>

⑤ 아니시며 거츠르신 둘 <정과정>

⑥ ᄀᆞ장 다올 씨 究竟이라 <석보상절>

⑦ 왕이 죄의 야ᄋᆞ로 상고ᄒᆞ야 <석보상절>

⑧ 빅셩이 니르고져 홇배 이셔도 <훈민정음>

⑨ 날로 뿌메 便安킈 ᄒᆞ고져 홇 ᄯᆞᄅᆞ미니라 <훈민정음>

⑩ 열 돐 마내 외녁 피ᄂᆞ 男子ㅣ 두이오 <월인석보>

8. 다음 예문을 읽고 물음에 답하시오

①王ㅅ그에 가리라. / ②내 어저ᄭᅴ 다숫 가지 ᄭᅮ믈 ③ᄭᅮ우니 / 邊方
ㅅ ④ᄀᆞ술히 흔 ⑤그려긔 소리로다. / ᄃᆞ른 ⑥이 녯 ⑦ᄀᆞ올히 ⑧붓갯
ᄂᆞ니라. / ⑨붐 티ᄂᆞ니와 ⑩거즛 일후미 셔너라. / 곳 ⑪디ᄂᆞ 時節애
너를 ⑫맛보거라. 새로 ⑬스믈여듧字를 ⑭밍ᄀᆞ노니 / ⑮몃 間ᄃᆞ지
븨 사ᄅᆞ시리잇가 / ⑯내 아ᄃᆞ리 날 위ᄒᆞ야 잇ᄂᆞ니.

(1) ③과 ⑭는 공통된 선어말어미를 갖는다. 그 이유를 쓰시오.

(2) ②와 ⑯은 형태는 같지만 그 문법 기능이 다르다. ②의 문법 기
능을 쓰시오.

(3) ④와 ⑦은 어기에 결합된 공통된 문법 특성이 있다. 무엇인지
쓰시오.

(4) ⑥의 품사를 쓰고, ⑧을 분석하시오.

(5) ⑫에 선어말어미가 결합한 당시 표기로 고쳐 쓰시오.

(6) ⑮의 문장에서 잘못 사용된 조사나 어미를 찾아 바르게 고치시오.

(7) ⑨의 '붐→북'과 ⑬의 '스믈→스물'의 음운현상을 각각 쓰시오.

(8) 위의 예문에 대한 설명에 옳지 않은 것은?

① ①과 같은 여격으로 '손ᄃᆡ, ᄃᆞ려' 등이 사용되었다.

② ⑤의 '그려긔→기러기'와 ⑩의 '거즛→거짓'은 전설모음화
현상이다.

③ ⑪의 '디ᄂᆞ→지ᄂᆞ'의 음운현상은 구개음화 현상이다.

④ ⑯과 같은 격으로 '네'의 경우 ':네'처럼 성조 표시를 하였다.

9. 다음 예문을 읽고 물음에 답하시오.
   ① 崔九의 집 알픠 몃 디윌 드러뇨 <두언>
   ② 兄형(㉠) 쁘디 일어시늘
   ③ 오뎐된 鷄聲의 좀은 엇디 씌돗던고 <속미인곡>
   ④ 岐王ㅅ 집 안해 샹녜 보더니 <두언>
   ⑤ 잣 앉 보미 플와 나모뿐 기펫도다. <두언>
   ⑥ 사름마다 히여 수비 니겨 날로 뿌메 便安킈 ᄒ고져 <훈언>
   ⑦ 天下애 功이 크샤ᄃᆡ 太子태ᄌᆞ(㉡) 位윙 다ᄅᆞ거시늘 <용가>
   ⑧ 수울 어드라 가더니 다 도라 오거다 <번박>
   ⑨ 내ᅀᅡ 주거도 므던커니와 이 아ᄃᆞᆯ 사ᄅᆞ고라 <삼강행실도>
   ⑩ 五百弟子ㅣ 各各 制一이오라 <월인>
   ⑪ 洛낙水쉬예 山行가잇어 하나빌 미드니잇고 <용가>

(1) ㉠과 ㉡에 세종 당시 사잇소리를 쓰시오.
(2) ④, ⑥, ⑦, ⑩은 당시 규칙적으로 사용된 선어말어미가 결합된 표기로 사용해야 한다. 잘못된 것을 찾아 바르게 고쳐 쓰시오.
(3) ①의 '드러뇨'와 ⑤의 '기펫도다'는 15세기 시간표현의 선어말어미가 사용되었다. 어떤 의미로 사용되었는지 각각 분석하시오.
(4) ⑧의 '오거다'의 '오-'는 어미와의 결합에서 당시 불규칙적으로 사용되었다. 바르게 고쳐 쓰시오.
(5) ⑨의 '사ᄅᆞ고라'를 분석하고 현대어로 쓰시오.
(6) ③의 '씌돗던고'의 '돗'과 같은 의미로 사용된 것은?
   ① 도망ᄒ야 나온 이롯더라
   ② 몃 萬年을 사도쎤고 <선상탄>
   ③ 날은 엇디 기돗던고 <사미인곡>
   ④ 어ᄂᆞ야 눕돗던고 <관동별곡>
(7) ⑪은 당시 표기(어간과 어미 사용)에서 잘못 표기된 것이 있다.

바르게 고치시오.

3. 문장론

1. 다음 중세국어 예문에 사용된 종결어미를 유형에 따라 분류하고 그 근거(어미)를 밝히시오. (예) ᄒᆞ라체의 판정의문형어미, ᄒᆞ쇼셔체의 명령형어미)

　① 그ᄃᆡ 엇던 사ᄅᆞ민다 <월인>

　② 한비 스ᅀᆞ리로ᄃᆡ 뷔어ᅀᅡ ᄌᆞ므니이다 <용가>

　③ 아디 몯게라 <두언>

　④ ᄒᆞᄆᆞᆯ며 方便ᄒᆞ야 火宅애 ᄣᅢᅘᅧ거류미ᄯᆞ니잇가 <법화>

　⑤ 藥든 가ᄉᆞᆷ을 맛초ᅀᆞᆸ사이다 <만전춘>

　⑥ 御製ᄂᆞᆫ 님금 지ᅀᅳ샨 그리라 <훈언>

　⑦ 山水구경 가쟈ᄉᆞ라 <상춘곡>

　⑧ 大王이 讚歎ᄒᆞ샤 됴ᄒᆞᆯ쎠 됴ᄒᆞᆯ쎠 <석보상절>

　⑨ 므스게 쓰시리 <월인>

　⑩ 蠢彼島夷들아 수이 乞降ᄒᆞ야ᄉᆞ라 <선상탄>

　⑪ 네 독별이 모ᄅᆞᄂᆞᆫ고나 <노언>

　⑫ 날ᄃᆞ려 ᄀᆞᄅᆞ치고려 <번박>

　⑬ 우리 그저 뎨 가 자고 가져 <飜老>

　⑭ 내 보아져 ᄒᆞᄂᆞ다 슬바쎠 <석보상절>

　⑮ 네 아ᄃᆞ리 허믈 업스니 어드리 내티료 <월인>

　⑯ 功德이 하녀 져그녀 <석보상절>

2. 다음 예문은 중세국어의 사동문과 피동문이다. 이를 두 종류로 나누되
   근거(접미사)를 밝히시오.

   ① 揖히오디 몯ᄒ리라 <월인>

   ② 니믜 알ᄑᆡ 드러 얼이노니 <동동>

   ③ 神通力을 나토샤 <월석 6>

   ④ 투구 아니 밧기시면 <용가>

   ⑤ 東門이 도로 다티고 <월석 23:80>

   ⑥ 한비를 아니 그치샤 <용가>

   ⑦ 모딘 도ᄌᆞᄀᆞᆯ 믈리시니이다 <용가>

   ⑧ 뫼해 살이 박거늘 <월인 其41>

   ⑨ ᄒᆞᆫ ᄆᆞ리 곳다온 ᄃᆡ 비를 도로놋다 <두언>

   ⑩ 그르세 담아 남녀를 내ᅀᅡᄇᆞ니 <월강>

   ⑪ 하ᄂᆞᆯ히 당다이 이 피를 사ᄅᆞᆷ 두외에 ᄒᆞ시리라 <월석>

   ⑫ ᄇᆞᄅᆞ매 竹笋(죽순)이 것거뎻고 <두언 15:8-9>

   ⑬ ᄆᆞᆯ 타 디거나 술 위예 디여 傷ᄒᆞ야 피 솟고며 <구급하>

3. 다음 물음에 답하시오.

   ① 赤眞珠ㅣ 두외야 잇ᄂᆞ니라 <월인석보>

   ② ᄆᆞᄎᆞᆷ내 제 ᄠᅳ들 시러 펴디 몯ᄒᆞᆯ 노미 하니라 <훈언>

   ③ 阿難이 다시 ᄉᆞᆲ보ᄃᆡ 大愛道ㅣ 善ᄒᆞᆫ ᄠᅳ디 하시며 <월인>

   ④ 스승니미 엇던 사ᄅᆞ미시관ᄃᆡ 쥬벼ᄂᆞ로 이 門ᄋᆞᆯ 여르시ᄂᆞ니이다
      <월인>

   ⑤ 내 겨지비라 가져가디 어려ᄫᅳᆯᄊᆡ <월인>

   ⑥ 곶 됴코 여름 하ᄂᆞ니 <용가>

   ⑦ 比丘尼ㅣ 正法을 비호디ᄫᅵ 업시우믈 말ᄊᆞ오 <월인>

   ⑧ 이 ᄠᅳ들 닛디 아니ᄒᆞ쇼셔 <용가>

   ⑨ 德 심고ᄆᆞᆯ ᄒᆞ나 낟비 너기샤 <월인>

(1) 대등적 이어진 문장을 고르시오.

(2) 명사절 안은문장을 고르시오.

(3) 서술절 안은문장을 고르시오.

(4) 종속적 연결어미로 이루어진 문장을 찾되, 특이한 어미가 쓰이면 뒷절에 종결어미에 영향을 미친다. 잘못된 것을 찾아 바르게 고쳐 쓰시오.

(5) ⑧의 문장에서 부정의 높임 명령형으로 바르게 고쳐 쓰시오.

4. 종합문제 답안

4.1. 음운론 답안

1. 세종은 정음청을 궁중에 설치하여 집현전 학자들을 지휘하여 자주정신과 실용정신에 입각하여 이를 만들었다.

글자를 초성, 중성, 종성 등 삼분법으로 나누어, 초성은 발음기관의 모양을 본떠 기본자(ㄱ,ㄴ,ㅁ,ㅅ,ㅇ), 그 밖의 글자들은 기본자에 획을 더한 가획자(ㅋ; ㄷ,ㅌ; ㅂ,ㅍ; ㅈ,ㅊ; ㆆ,ㅎ), 모양은 다르지만 조음위치가 같은 이체자(ㆁ, ㄹ, ㅿ)를 만들었다.

① 訓民正音의 制字原理

<표 1> 初 聲(子音, 17자)

五音	象 形	기본자	가획자	이체자
牙音	혀뿌리가 목구멍을 막는 꼴(牙音象舌根閉喉之形)	ㄱ	ㅋ	ㆁ
舌音	혀가 윗잇몸에 붙는 꼴(舌音象舌附上顎之形)	ㄴ	ㄷ, ㅌ	ㄹ(반설)
脣音	입의 꼴(脣音象口形)	ㅁ	ㅂ, ㅍ	
齒音	이의 꼴(齒音象齒形)	ㅅ	ㅈ, ㅊ	ㅿ(반치)
喉音	목구멍의 꼴(喉音象喉形)	ㅇ	ㆆ, ㅎ	

② 전탁자 설명

전탁자는 병서법으로 만들어진 글자로 각자병서에 의한 글자이다. 'ㄲ, ㄸ, ㅃ, ㅆ, ㅉ'은 全淸音(예사소리)에 의한 병서로 오늘날 된소리로 사용되었다. 반면에 'ㆅ'은 次淸音(거센소리)에 의한 병서로 세조 때 소멸되었다. 중세에 사용된 전탁자는 현대국어에서처럼 된소리 기능이 아니고

蜂뽕, 覃땀, 步뽕, 慈쭝, 邪썅'처럼 중국 한자 원음에 가깝게 발음되도록 만들어진 동국정운식 한자음표기로 사용되었다.

(3) 'ㅸ'은 당시 훈민정음에 사용된 음운이다. ㅸ은 순음 아래 'ㅇ'을 이어쓴 것으로 'ㅂ'의 유성음으로 순수국어에 사용되었다. 이는 새로운 글자가 아니라 'ㅂ'과 'ㅇ'을 연서한 글자이며, 동국정운식 한자음에 순경음을 채택하지 않았기에 제외된 것이다. 각 글자는 발음기관을 모방해서 만들었다.

2. 중세국어, 근대국어, 현대국어의 단모음 체계

중세국어(15, 16세기)의 단모음은 기본자와 초출자로 'ㆍ, ㅡ, ㅣ, ㅏ,ㅗ, ㅓ, ㅜ'의 7모음 체계였다. 16세기에 非語頭 음절에서 'ㆍ'가 소멸되면서 'ㅏ(ᄇᆞ롬>ᄇᆞ람), ㅡ(마ᄉᆞᆯ>마슬)' 등으로 바뀌었으며, 18세기 중엽에는 語頭 음절에서 'ㆍ'가 소멸되어 'ㅏ'로(ᄇᆞ람>바람) 바뀌었다. 이와 더불어 'ᄃᆞ리고>ᄃᆡ리고', '머기>메기' 등 'ㅣ'모음 역행동화 현상이 일어나게 되면서 중세국어의 이중모음이었던 'ㅐ, ㅔ'가 단모음으로 바뀌었다. 따라서 근대국어(17-19세기)의 단모음은 'ㅏ. ㅓ, ㅗ, ㅜ, ㅡ, ㅣ, ㅔ, ㅐ'의 8모음 체계가 되었다. 현대국어(20세기 이후)에서는 이중모음이던 'ㅚ, ㅟ'가 단모음으로 합세하면서 모두 10개의 단모음 체계로 인정하고 있지만, 'ㅚ, ㅟ'가 이중모음인가에 대해서는 의문이 제기되고 있다. ①에서 '불휘'의 'ㅟ'는 'ㅜ+ㅣ[j]'로 제로 주격조사이고, ②에서 '새'의 'ㅐ'는 'ㅏ+ㅣ[j]'로 역시 제로주격 조사로 주격조사가 생략되었다. ③에서 '막대'의 'ㅐ'는 'ㅏ+ㅣ[j]'로 부사격조사 '예'가 오고, '업데여'의 'ㅔ'는 'ㅓ+ㅣ[j]'로 '업데+어→업데여'가 된 것이다. ④에서 '세오'는 '세고'인데 'ㅔ'는 'ㅓ+ㅣ[j]'로 'ㄱ'이 'ㅇ'으로 바뀐 것이다. 그렇지 않으면 '세요'가 되어야 한다. ⑤에서 '바회예'는 'ㅚ'가 'ㅗ+ㅣ[j]'로 부사격조사

'예'가 된 것이다.

 3. 중세국어, 근대국어, 현대국어의 종성 표기

 訓民正音 해례(解例)의 종성해에서 終聲復用初聲 원칙을 규정하고 있다. 이는 초성 (ㄱ, ㅋ, ㆁ, ㄴ, ㄷ, ㅌ, ㅁ, ㅂ, ㅍ, ㅅ, ㅈ, ㅊ, ㅿ, ㅇ, ㆆ, ㅎ)글자를 받침에 그대로 사용한다는 것이지만, 八終聲(ㄱ, ㆁ, ㄴ, ㄷ, ㄹ, ㅁ, ㅂ, ㅅ)만으로도 족하다는 원칙이다. 그런데 8종성법에서 'ㄷ'과 'ㅅ'의 발음상 표기 구별이 어려우므로 17세기 이후 'ㄷ'을 'ㅅ'으로 표기함으로써 7종성법을 사용하게 되었다. 현대국어의 종성법은 근대국어와 마찬가지로 7종성법이지만, 'ㅅ'을 'ㄷ'으로 적는 규정이다. 근대국어가 문자 표기상의 7종성법이었다면, 현대국어는 발음상 표기의 7종성법이다. 즉, 근대국어가 '돋도록>돗도록, 벋->벗' 등으로 표기했다면, 현대국어는 '낫[낟], 낟[낟], 낱[낟], 낯[낟], 낯[낟]'으로 발음 표기한다. ①의 '깁고'는 기본형이 '깊다'인데, 자음과 결합할 때 순음 계열의 기본음인 '깁고', '밭(田)'은 기본형 '밭'의 8종성법 받침 표기이다. 예문 ②는 초성에 사용하는 음운을 종성에 그대로 사용할 수 있는 終聲復用初聲法 표기이다. 그리고 ③은 '밧(田)', '못(不, 釘)', '벗(友)'에서처럼 받침 'ㄷ'이 'ㅅ'으로 표기된 7종성법 표기이다. ④는 표기는 종성부용초성법 표기이지만 발음은 '꽃[꼳], 밭[받], 벗[벋]' 'ㄷ'으로 발음되는 표음적 표기이므로 현대어의 받침 표기이다.

 4. 'ㅇ[ɦ]'과 'ㆁ[ŋ]'

 (1) 'ㅇ'은 두 가지 음가로 사용되었다. 첫째는 성문유성마찰음인 'ㅇ[ɦ]'으로 ③의 '爲윙'처럼 한자음의 종성으로 사용되었으며, ④의 '놀애'에서처럼 '놀개→놀애'로 'ㄱ'이 'ㅇ[ɦ]'으로 변천된 것이다. 둘째는 'ㅇ

[∅]'으로 ③의 '이', '어엿비' ④의 '잇ᄂ니'처럼 음가 없이 어두음의 모
음임을 표시해 하나의 음절임을 나타냈다. 그리고 'ㅇ[ŋ]'은 현대어 자음
'ㅇ[ŋ]'의 음가로 ①의 '미드니잇가', ②의 '솑바올(숦방올)' ⑤의 '셩性명
命'에서처럼 초성과 받침에 사용되었다.

5. 'ᅙ'(여린 히읗) 용법
① 동국정운식 한자음 표기에서 초성의 표기(음가가 있음)에 '安한'
처럼 사용되었다. 그리고 사잇소리의 표기로 받침 'ㅇ'과 안울림소
리 사이에 '快쾡ᅙ字ᄍ' 처럼 쓰였으며, '八밣'처럼 이영보래로 쓰
였다. 또한 우리말의 표기에서 관형사형 어미 'ㄹ'과 함께 쓰임으
로 뒤에 오는 소리를 된소리로 만들어 주거나 소리를 끊어 읽는
절음부호로 사용되었다. 즉, 된소리 부호인 'ᅙ 배, ᅙ ᄯᄅᆷ', 절음부
호인 'ᅙ 노미' 등을 들 수 있다.
② 사잇소리로 '하ᄂᆶ 뜯'을 들 수 있다.

6. (1) 중세국어에서는 오늘날처럼 表意主義(形態主義)법을 사용하여
끊어적은 것이 아니라, 表音主義法을 사용하여 소리나는 대로 이어 적었
다. 이는 앞 음절의 받침(종성)을 다음 음절의 첫 자음(초성)으로 내려
쓰는 표기법으로 받침 있는 체언이나 용언의 어간에 모음으로 시작하는
조사나 어미가 이어질 때에 연철표기(連綴表記)를 하였다. ①은 연철표
기로 소리나는 대로 적은 표음주의 표기법이다.
(2) ②는 형태를 밝혀 적은 표의주의법인 분철표기이다. 중세국어에서
는 특별한 경우에 이에 따른 표기법을 적요하였는데, 울림소리 사이의
'ㄱ[g]'은 '성문유성마찰음인 'ㅇ[ɦ]'으로 바뀐다. 따라서 '세몰개→세몰
애'로 받침 'ㄹ'은 뒤의 음절 초성이 성문유성마찰음인 자음 'ㅇ[ɦ]'이

있어 초성으로 내려가는 연철표기가 되지 못한다. 그리고 'ㄹ' 받침으로 끝난 어간이 사동접미사(오/우, 이)나 피동접미사(이)를 만날 때, '일우다(成)'처럼 분철표기를 하였다. 또한 '-ㄹ/르'의 어간에 모음의 어미가 이어지는 일종의 설측음화일 경우에는 '다ㄹ아>달아'의 경우에서처럼 분철표기를 하였다. 그리고 특수곡용어 'ㅿ/스'의 어기 체언이 곡용한 경우는 '앗이(아우가)'에서처럼 분철표기를 하였다.

7. 사잇소리

명사와 명사가 연결될 때 들어가는 促音(촉음)으로 울림소리 뒤에 들어가는 사잇소리로 관형격조사 '의'의 구실을 한다. 중세국어에는 사이시옷 이외에도 'ㄱ,ㄷ,ㅂ,ㅸ,ㆆ'의 다섯 글자도 사잇소리로 쓰였고, 유성음과 유성음 사이에 반치음이 쓰였는데 'ㅿ'은 용비어천가에서만 나타났다. 이는 선행음인 유성음의 語勢가 후행음에 미쳐 유성음화가 일어남을 방지하며, 후행음을 발음상 강하게 소리나게 한다. 성종 이후는 'ㅅ'으로 통일되어 갔다. 이에 대한 자세한 용례를 도표로 보이면 다음과 같다.

조　건			용　례
선행음	사잇소리	후행음	
ㆁ	ㄱ	무성음	乃냉 終즁ㄱ소리, 兄ㄱ뜯
ㄴ	ㄷ	무성음	君군ㄷ字쫑, 몃 間ㄷ집
ㅁ	ㅂ	무성음	侵침ㅂ字쫑
ㅱ	ㅸ	무성음	斗둫ㅸ字쫑
ㅇ	ㆆ	무성음	快쾡ㆆ字쫑, 先考ㆆ뜯
유성음	ㅿ	유성음	天子ㅿ位, 天子ㅿᄆ슴, 後ㅿ날
유성음	ㅅ	무성음	긼ᄀ새, 빗곶, 엄쏘리
유성음	ㅿ	유성음	눇믈, 님금ㅅ말쏨, 나랏일훔
ㄹ	ㆆ	ㅭ	하ᄂᆳ뜯

(한자어 아래 / 순수 국어 아래)

② 성종 이후에는 중세국어에 다양하게 사용되던 사잇소리가 'ㅅ'으로 통일되어 사용되었다.

正月△ 나릿므른(세종 당시) → 正月ㅅ 나릿므른(성종 이후)

눉므를(세종 당시) → 눉므를(성종 이후)

③은 특수처소격을 사용한 용례이다. '우희'는 '우(上)+ㅎ+의(에)→위에'이고, '밧긔'는 '밧(外)+ㄱ+의(에)→밖에'이다. 그리고 '보미'는 '봄+익(에)→봄에'이다.

4.2. 형태론 답안

1. '노픽, 기릐, 킈' 등은 형용사가 파생명사로 굳어진 예다. 단위를 나타내는 명사로 '노픽(高)[높-(형용사)+ -익(접미사)→노픽(파생명사)], 기릐(長) [길-(형용사)+ -의(접미사)→기릐(파생명사)]', 킈(형)+-의(접미사→킈(파생명사)]. 한편 형용사에 '이'(부사화접미사)가 결합되어 부사를 만든다. '높+이→노피(높게) 길+이→기리(길게), 크+이→키(크게)'. 다음으로 (1)의 ③ 살+움(명사화접미사)>사룸>사람, ④ 살+옴(명사형어미=동명사)>살아 있음. (2)의 ②는 용언 어근에 명사화접미사 '-음'이 결합한 형태(열+음→여름(열매)와 명사형어미 '-움'이 결합한 형태(웃+움>우숨, 울+움→우룸, 츠+움→춤)이지만 '우숨(웃음), 우룸(울음), 춤(춤)'은 동명사 형태가 명사화되었다. ③은 명사 'ㄱ물, 깃'에 霙(∅)의 접사가 붙어 동사 어간이 된 것이다. 'ㄱ물다(旱) [ㄱ물(명사) + -∅(영접미사) + -다(어미)→ㄱ물다(파생동사)>가물다]', '깃다(巢) [깃(보금자리, 명사) + -∅(영접미사) + -다(어미)→깃다(파생동사)>깃들이다]'

2. (1) ①은 'ㅎ'을 끝소리로 갖는 체언으로, 단독으로 쓰일 때는 'ㅎ' 소리가 나지 않지만, 모음의 조사와 결합하면 'ㅎ'이 나타난다. 즉 '별+ㅎ +에>벼랑에'와 같이 '특수체언+ㅎ[소리]+격[조사]'의 형태이다. ③, ⑥은 'ㄱ'덧생김체언으로 '나모+ㄱ+ᄋ로→남ᄀ로(나무로), 녀느(他)+ㄱ+을> 년글(남을)'에서처럼 모음으로 시작되는 조사와 결합할 경우 'ㄱ'이 덧생긴다. ②역시 '구무+ㄱ+이→굼기(구멍이)'로 'ㄱ'곡용어이다. 그리고 ④는 'ㅅ, ㅿ, ㄹ, 르'로 끝나는 명사 중에서 곡용시에 끝 모음이 줄고, 초성은 앞 음절에 받침으로 붙은 형태(아ᅀ+이→앗이(아우가), 노ᄅ+이→놀이(노루가)로 독립형이 꼴을 바꾸어 조사를 붙이는 특수곡용어이다. 그리고 ⑤는 'ㄹ'곡용어로 'ᄒᄅ+은→홀른'처럼 모음으로 시작하는 조사가 결합할 경우에 끝 모음이 탈락하고, 초성은 앞 음절에 올라가 붙으면서 'ㄹ'을 첨가시키는 현상이다.

(2) 하늘(주격): 하늘+ㅎ+이→하늘히(하늘이), 여ᅀ(목적격): 여ᅀ+을 →영을(여우를), 구무(처소격): 구무+ㄱ+의>굼긔(구멍에), 시르(관형격): 시르+의→실의(시루의)

3. ①은 동반, 비교, 접속의 조사이며, ②는 단독의 보조사, ③은 의문 보조사이다. 현대어의 '과/와'는 체언의 끝소리가 자음이냐 모음이냐에 따라 선택되지만, 중세어에는 'ㄹ' 받침 아래에서도 '와'가 쓰였다. 중세어의 조사도 현대어와 같이 격조사, 접속조사, 보조사의 세 갈래를 둘 수 있다. ④는 현대어의 사이시옷이 중세어에는 관형격으로 쓰였음을 보여주는 예이다. 보통, '부텨'와 같은 높임의 명사와 '나라'(나랏말씀)와 같은 無情체언에 붙었다. ⑤는 보통의 관형격 '의'가 처소의 부사격으로 쓰인 것이다. "무틔 술윗 바회닶 靑蓮花ㅣ 나며"<월석 2:31>, '뭍'(뭍,육지) [뭍+의(처소 부사격)],'술윗바회'(수레바퀴), ⑥은 중세어에 높임의

호격 조사 '하'가 있었음을 보여주는 예이다.

4. 현대어에서는 볼 수 없는 중세어의 특수 형태의 선어말어미 '-오/우-'가 있었는데, 이는 화자나 대상의 意圖法(의도법)을 표시하는 문법 요소이다. 따라서 화자의 의도를 드러내는 '-니, -려, -라' 어미 앞에 선어말어미 '오/우'가 결합하여 'ᅘ(니, 려, 라>호(니, 려, 라)' 가 된다. '-오-'는 음성모음 아래에서는 '-우-'로, 서술격조사 아래에서는 '-로-'(이+오+라>이로라)로 바뀌며, 주체높임 선어말어미 '-시-'와 만나면 '-샤-'로 바뀐다. 이에 '①은 옮+오+려→올모려, ②는 없+우+라→업수라, ⑤는 즐겁+거+오+라→즐겁과라'이다. 또한 명사형어미 '-ㅁ'과 설명형어미 '-디' 앞에 선어말어미가 들어간다. 따라서 ④는 '잫+으+오+디→지호디', ⑥은 '옮+ᄋᆞ+시+오+ㅁ→옮+ᄋᆞ+샤+ㅁ→올ᄆᆞᆷ샴'이 된다. 그리고 ③은 관형절에서 꾸밈을 받는 명사가 꾸미는 말의 의미상의 목적어일 경우에 선어말어미 '-오-'가 결합된다.

5. 높임표현의 선어말어미는 문장의 주어인 주체높임을 나타내는 것으로 '-시(샤)-', 목적어에 해당되는 사람이나 사물을 높이는 객체높임(겸양)의 '-ᄉᆞᆸ-(받침 ㄱ,ㅂ,ㅅ,ㅎ 아래), -ᄉᆞᆸ-(모음이나 유성자음 아래), -ᄌᆞᆸ-(받침이 ㄷ,ㅈ,ㅊ 아래)', 그리고 청자에 대한 상대높임으로 ᅘ쇼셔체 선어말어미인 '-이-(평서형)와 -잇-(의문형)'이 있다. (1)은 객체높임 선어말어미 '받+ᄌᆞᆸ+아, 그리+ᄉᆞᆸ+아, 좇+ᄌᆞᆸ+거늘, 알+ᄉᆞᆸ+ᄂᆞᆫ, 돕+ᄉᆞᆸ+고' 등이 사용되었다. (2)의 ①에서는 주체높임 선어말어미 '-시-'와 평서형 상대높임의 선어말어미 '-이-'가 사용되었고, ②에서는 의문형 상대높임 선어말어미인 '-잇-'이 사용되었다.

6. (1) ⑨

   (2) ㉯, ㉰, ㉱

   (3) ㉮ 무정 명사 ㉴ 유정 존칭 명사

   (4) ㉲ 도죽+익(관형격조사)>도적의 ㉳ 봄+익(특수처소격)>봄에

   (5) 서리+예: 'ㅣ'모음 다음에 오는 부사격 조사

   (6) 밧(外)+ㄱ+의(특수처소부사격)>밖에

   (7) 당+아>징아, 돌+ㅎ+아>돌아

7. ① 도+이라>디라   ② 르+의>리   ③ 디위

   ④ 디   ⑤ 도   ⑥ 스+이>시(씨)

   ⑦ 양   ⑧ 바+ㅣ>배

   ⑨ 쏘름   ⑩ 만

8. (1) 화자의 의도를 나타내는 선어말어미 '-오/우-'는 1인칭 화자의
       경우 어미 '-니' 앞에서 사용된다.

   (2) 내 : 나+ㅣ(주격)>나가

   (3) 'ㅎ'곡용어, 익(특수처소부사격)

   (4) ⑥의 '이'는 지시대명사이며, ⑧은 붉+아+잇(완료상)+ᄂ+니라>
       밝아 있느니라

   (5) 맛보과라(맛보거+오+라)

   (6) 사르시리잇가 → 사르시리잇고(의문사와 결합한 설명의문형)

   (7) ⑨ 이화 현상   ⑬ 원순모음화
       ④ 나+ㅣ(관형격)은 '네'. ':네'는 주격임.

9. (1) ㆁ, ㅿ

  (2) ④ 보더니 → 보다니   ⑩ 이오라 → 이로라

  (3) 드러뇨 : 들+어(과거)+뇨, 기펫도다 : 깊+엣(어+잇=완료상)+도다

  (4) 오거다 → 오나다

  (5) 사ᄅ고라 : 살+ᄋ(사동접미사)+고라>살게하고라

  (6) 싄(동사)+돗(과거)ᄃᆞᆫ+고 ② 사도ᅘᆫ고 : 살(동사)+돗(과거)ᄃᆞᆫ+고

  (7) 잇어 → 이시어(이셔) *'잇'은 자음 어미 앞에서, '이시'는 모음
     어미 앞에서 사용, 미드니잇고 → 미드니잇가

4.3. 문장론 답안

1. (1) 의도의문문   (2) ᄒᆞ쇼셔체 평서형어미

  (3) 감탄형어미   (4) ᄒᆞ쇼셔체 수사의문문(반어의문문)

  (5) ᄒᆞ쇼셔체 청유형어미   (6) ᄒᆞ라체 평서형어미

  (7) ᄒᆞ라체 청유형어미   (8) 감탄형어미

  (9) 반말 의문형어미   (10) ᄒᆞ라체 명령형어미

  (11) 감탄형어미   (12) 원망형 명령형어미

  (13) ᄒᆞ라체 청유형어미   (14) ᄒᆞ야쎠체 명령형어미

  (15) ᄒᆞ라체 설명의문형어미 (16) ᄒᆞ라체 판정의문형어미

2. (1) 사동문 - ㅣ(이) (2) 피동문 - 이   (3) 사동문 - 호

  (4) 사동문 - ㅣ   (5) 피동문 - 히   (6) 사동문 - 이

  (7) 사동문 - 리   (8) 피동문 - ∅   (9) 사동문 - ᄋ

  (10) 사동문 - 솟고다   (11) 사동문 - 게 ᄒᆞ

  (12) 피동문 - 어디

3. (1) ⑥   (2) ⑤   (3) ③

   (4) 여르시ᄂ니이다 → 여르시ᄂ니잇가

   (5) 마ᄅ쇼셔

참고문헌

姜圭善(2001), 훈민정음 연구, 보고사.

강규선, 황경수(2003), 중세국어문법론, 청운.

姜信沆(1984), 國語學史, 보성문화사.

_____(1990), 훈민정음 연구, 성균관대출판부.

高永根(1981), 중세국어의 시상과 서법, 탑출판사.

고영근・남기심(1997), 중세어 자료 강해, 집문당.

곽충구(1980), "16세기 국어의 음운론적 연구", 국어연구 43, 국어연구회.

구본관(1996), "15세기 국어의 파생법에 대한 연구", 서울대 대학원 박사논문.

김동소(1998), 한국어변천사, 형설출판사.

_____(2002), 중세한국어 개설, 한국문화사.

김성규(1993), "중세국어 성조의 변화에 대한 연구", 서울대 대학원 박사논문.

김영욱(1997), 문법형태의 연구방법: 중세국어를 중심으로, 박이정.

김영황(1994), 중세어 사전, 한국문화사.

김완진(1971), 국어음운체계의 연구, 일조각.

_____(1977), 중세국어 성조 연구, 일조각.

남광우(1960), 국어학논문집, 일조각.

_____(2006), 古語辭典, 교학사.

민현식(1990), 중세국어 시간부사 연구, 서울대 대학원 박사논문.

박덕유(1999), 중세국어강해, 한국문화사.

_____(2001), "雙花店의 韻律 및 統辭構造 연구", 語文硏究 110, 한국어문교육
연구회.

_____(2002), 문법교육의 탐구, 한국문화사.

_____(2016), 한국어학의 이해, 한국문화사.

_____(2017), 이해하기 쉬운 문법교육론, 역락.

안병희, 이광호(1990), 중세국어문법론, 학연사.

尹錫昌 외(1973), 古典國語正解, 관동출판사.

李基文(1972), 고전국어, 지학사.

_____(1978), 국어사개설, 탑출판사.

이익섭(1986), 국어학개설, 학연사.

李喆洙(2002), 국어사의 이해, 인하대출판부.

李喆洙・朴德裕(1999), 문법교육론, 인하대학교 출판부.

이현희(1994), 중세국어구문연구, 신구문화사.

▌찾아보기

▌저자약력▌

박덕유(朴德裕)

인하대학교 사범대학 국어교육과 교수

<문법> 관련 저서

　　　　한국어의 相 이해(2007)
　　　　학교문법론의 이해(2006, 2008)
　　　　문법교육의 이론과 실제(2005)
　　　　문법교육의 탐구(2002)
　　　　중세국어강해(1999)
　　　　동사상의 이해(1998)
　　　　한국어학습자를 위한 음운교육 연구(2011)
　　　　한국어학습자를 위한 문법교육 연구(2012)
　　　　한국어학의 이해(2016)
　　　　이해하기 쉬운 문법교육론(2017)

[개정판] 중세국어문법의 이론과 실제

개정1판 발행 2018년 11월 15일

저　　자 박덕유
발 행 인 윤석현
발 행 처 도서출판 박문사
책임편집 안지윤
등록번호 제2009-11호

주　　소 서울시 도봉구 우이천로 353 3F
대표전화 (02)992-3253
전　　송 (02)991-1285
홈페이지 http://jnc.jncbms.co.kr/
전자우편 bakmunsa@daum.net

ⓒ 박덕유 2018 All rights reserved. Printed in KOREA.

ISBN 979-11-89292-18-8　93700　　　　　　**정가** 18,000원